本书由
江西师范大学省卓越法律人才教育培养基地建设经费
资助出版

本书为
江西省社科规划一般项目：
《抗战时期江西战区巡回审判制度与司法实践》（14FX15）

正大法学文库

抗战时期
江西战区巡回审判研究

KANGZHAN SHIQI JIANGXI ZHANQU XUNHUI SHENPAN YANJIU

孙西勇◎著

中国政法大学出版社

2016·北京

正大法学文库编委会

总 序

在党的十八届四中全会精神指引下，江西师范大学把加快法学专业发展列入了发展战略规划。2015 年 10 月，学校决定，组建以法学专业为主体的新政法学院。此前，政法学院也通过了一项卓越法律人才基地建设经费资助科研计划。恰逢此时，中国政法大学出版社又向我们伸出了热情的双手，愿意对我们倾力相助。缘此种种天时地利人和，新政法学院决定，利用江西省普通高校卓越法律人才培养基地建设经费，组织出版正大法学文库，尝试以此进一步激活教师们的学术细胞和科研情愫，提高科研热情，营造学术氛围。同时，也可以集中展示法学专业教师的最新研究成果，助力学科建设。

之所以定名“正大法学文库”，既取江西师范大学前身中正大学之简称，又采法律“大公至正”之精神，可谓前承历史，彰显法意。

江西师范大学源于 1940 年创办的国立中正大学。那时的法学专业在国内声名远播、群英荟萃。新中国成立后，学校更名为南昌大学。20 世纪 50 年代院系调整，法学专业整建制调出。学校也只剩下师范部，遂更名为江西师范学院。此后，又几经周折，几经迁址。

现在的法学专业，始于 1993 年的经济法专科，1996 年开始招收本科生。2003 年，获批“宪法学与行政法学”硕士点。2004 年 6 月，法学专业遴选为江西省品牌专业。2007 年，获批法律硕士专业学位授权。2013 年，获批江西省普通高校卓越法律人才教育培养基地。这一时期，学院也从政教系发展到政法系、政法学院，再到新政法学院。

对法学专业而言，过去那段历史虽已尘封，现在的法学专业办学和师资与那时的法学专业也几乎没有承继关系，但那毕竟是我们的真实历史，不妨存入我们的记忆，化作我们的憧憬。

过去的辉煌给我们以信心！前辈的成就激励我们去追随！今天的我们任重而道远！我们必须坚定地走在由理想与现实共同铺就的发展之路上，头顶蓝天，脚踩大地，牵引专业奔向未来！

出版正大法学文库在我们法学专业办学史上是第一次，但肯定不会是最后一次。

对于文库，我们秉持开放态度。第一批选题，绝大部分来自现在学院的青年教师博士论文。我们的想法是，在已有经费渠道和资助标准基础上，先做起来。日后逐渐扩大资源渠道，开拓研究选题，坚持持久连续。待具备一定影响之后，再考虑面向校内外专家学者征集选题，把文库做成我们的品牌，期盼赢得学界的赞许！

愿正大法学文库未来辉煌！愿我们的法学专业越办越好！

聂剑

2016 年 7 月 6 日于瑶湖之畔

序

抗日战争是中华民族从衰败走向振兴的伟大转折点。抗日战争历史文化资源是中华民族的宝贵财富。在战略意义上，抗日战争有前方和后方两条战线。前方军民在战区直接同日本侵略者展开浴血奋战，而巩固的战略大后方，则是坚持持久抗战的基础和赢得反侵略战争的保障。两条战线共同为抗日战争取得伟大胜利做出了巨大的贡献。

近年来，随着抗日战争胜利七十周年一系列活动的推进，国内外掀起抗战研究热潮。作为战时国家政治、军事、经济、文化和外交中枢的战时首都和陪都重庆，率先启动并大力推进“抗战大后方历史文化研究工程”。2010 年，我主持的《抗战大后方司法研究》被列为重庆市委重大课题委托项目；2011 年，在此基础上设计的《抗战大后方司法审判制度的研究》获国家社科基金立项，该课题探讨了战争对司法的影响、司法对战时社会关系的调整和适应以及司法对稳定战时社会秩序的作用，以凸显司法的抗战建国功能。这对于认识司法与战争的关系，无疑具有重要价值和意义。

2011 年秋，孙西勇从江西考入西南政法大学部（司法部）市级重点学科——法律史学科，在我门下攻读博士学位，立即成为导师主持的抗战研究团队成员。司法审判制度与人们社会生活有着密切的关系，对国家政治及社会管理具有重要影响。正如战时司法行政部长谢冠生所论：“司法为国家建设一大端，将以维护国本，奠安黎庶。泯后方之纠纷，斯可励前敌之士气。”鉴于江西地区在抗战时期具有战区和后方根据地的双重身份，对其审判制度的改革与实践研究具有重要意义。考虑到毕业后将回到江西工作，我们共同确定他的研究方向为江西战区抗战研究，具体选题为《战区巡回审判研究》。2015 年夏，孙西勇博士学位论文《抗战时期江西战区巡回审判研究》顺利通过校外专家评审和答辩，获得好评。本书就是在吸收答辩委员会和导师组意见的基础上进一步修订而成的。

巡回审判盛行于英国，在美国、德国、俄罗斯也有类似巡回审判的制度存在，古代中国也有相似的巡回审判制度。董康《中国巡回审判考》认为唐代巡覆使、明代大理评事等，“其职责乃纯粹之巡回审判”。故巡回审判在世界司法制度史上占有一席之地。

抗战时期战区巡回审判，是在战区高等法院或其分院因战争而被迫迁徙后方，导致战区上诉审置于真空的背景下设置的，是战时为维系战区诉讼体系完整而创设的司法补救措施。从制度渊源看，战区巡回审判合理地借鉴了英美巡回审判的某些制度，如“以法官就当事人”运行模式下划定巡回审判区，确定巡回审判路线，在固定的期间进行巡回审判等。与此同时，在参照英美巡回审判制度的基础上，结合当时战区司法状况进行了创新，如巡回审判施行的区域仅限于战区，广大的后方地区仍然实行“以当事人就法官”的普通审判模式，从而突出了战区巡回审判作为战时司法救济措施的特点；战区巡回审判依循《战区巡回审判民刑诉讼暂行办法》，在诉讼程序上做了变通；而且战区巡回审判无检察官之设置，实行检察官职权的转移等。所以，战区巡回审判制度的试验，是近代中国法律移植与本土化的又一次成功的演绎。

本书从司法实践视角展现了战区巡回审判“尚著成效”的概貌，论述了战区巡回审判“便利民众诉讼”初衷的实现；进而论证了其政治上的意义，亦如时任最高法院院长夏勤所言，“兼杜伪组织觊觎起见”，维护了战区司法主权，体现了战时中央政府关心民瘼的态度，为提振战区民众抗日信心提供了正能量；此外，展示了战区巡回审判工作人员忠于职守，积极投身抗战洪流的群体形象，真实地反映了中国人民同仇敌忾、共同抗日的决心和意志。与此同时，作者结合十八大以来中央对司法改革的顶层设计与部署，就巡回审判相应问题作了理论探索，以期作为当下司法改革举措合理性的注脚。

抗战司法研究具有一定的开创性，还有许多问题值得进一步探讨。期望作者继续从司法实践的视角，搜集、整理司法档案和民国时期的相关书籍、杂志、报纸等基础材料，运用法学的、社会学的、历史学的方法进行实证研究，再现抗战时期各级各类司法机关在战时环境下开展刑事、民事和军法审判活动的概貌，反映战时司法的特色，揭示当时人们法律生活的实然状态，探讨全民族抗战视阈下的战时司法制度改革实践的理性与经验，以及战时司法的社会功能，为抗战研究和南京国民政府法制研究的深入做出自己的贡献。

作为一名从教多年的教师，我感觉最满足最欣慰的是经常听到学生成长和成功的喜讯，看到弟子们的成就和成果，哪怕是点点滴滴！在孙西勇博士的专著即将付梓面世之际，作为博士阶段的导师，欣喜之余，援笔为序。

曾代伟

2016 年 6 月于重庆沙坪坝紫荆花园寓所

目录 | contents

绪 论

一、选题缘由

“不是社会以法律为基础，而是法律以社会为基础。”〔1〕法律来源于社会，并服务于社会。德国法社会学家尼克拉斯·卢曼认为，法律是社会中的法律，社会为法律提供了基础，并对其构成了限制。同时，法律作为社会的一个子系统，对于社会的持存具有极为重要的意义。〔2〕当社会处于转型时期，法律或许并不能总是适应社会的发展需求，因为法律有其自身的发展规律和轨迹，与社会发展相比，其往往具有滞后性的一面，但法律发展演变的方向和社会发展的趋势是一致的，此为法律与社会关系的一般规律。

（一）具有创新精神的战区巡回审判

当抗日战争全面爆发，中国社会发展戛然而止，处于战争状态下的中国社会与抗战建国总目标的提出，给予战时司法和法律以重大的影响，它们迅速转入战时状态，与政治、经济、军事等其他社会子系统一样，成为中国战时体制的重要组成部分。“司法为国家建设一大端，将以维护国本，奠安黎庶，泯后方之纠纷，斯可励前敌之士气。”〔3〕而司法与战争也息息相关。曹刿论战曰：“大小之狱

〔1〕付子堂：“转型时期中国的法律与社会论纲”，载《现代法学》2003年第2期。

〔2〕杜健荣：“法律与社会的共同演化——基于卢曼的社会系统理论反思转型时期法律与社会的关系”，载《法制与社会发展》2009年第2期。

〔3〕谢冠生：《战时司法纪要》，“司法院”秘书处1971年重印版，第3页。

虽不能察，必以情，忠之属也，可以一战。”[1]管子曰：刑法不审，则盗贼胜，百姓不安其生；轻民处，而重民散，兵弱而士不厉，战不胜而守不固。[2]抗战时期的司法和法律，为适应战时社会发展的需求，依自身的特点做了巨大的变通与创新。时任司法行政部部长的谢冠生在《战时司法纪要》一书中，将战时司法和法律的变通与创新的内容分为 26 篇详述之，如增设各省法院，简化诉讼程序，改进检察制度，试行巡回审判，特种刑事案件之审理，汉奸之惩治，战区司法人员之监督与救济，统一司法经费，监犯之调服军役及疏散等，这些内容的呈现，充分展示了战时司法和法律应时而变的特征，与战前法律相比，其内涵更丰富、变化更频繁、时代性更强。同时，此变化也反映了司法当局和司法人员应时而动、顺时而为，忠于职守、勇于变革，敢于奉献的精神。“孰谓士师文吏而可自轻其责耶，是用秉承国策，黾勉以从事，不敢因战时环境之困难而忽于改进，筚路蓝缕、铢积寸累，以孳孳于司法之建设。”[3]然而在战时司法变革中，既能集中展现司法和法律应时而为的特征，又能反映当时司法当局勇于创新精神的，当属战区巡回审判制度的制定与实施，这也是本书选择战区巡回审判为研究对象的基本原因。与此同时，选择战区巡回审判为研究对象，可以触动当时中国国土上 3 个政权的司法实情，便于对战时整个中国司法有较为宏观的把握，“由于更清楚地看到三者[4]所面临的战时实情，战区巡回审判就是可以值得探讨的一种课题。”[5]再者，战区巡回审判是一个被学界遗忘的历史课题，对之研究，具有拾遗补阙和一定的创新

---

〔1〕《左传·庄公十年》。

〔2〕《管子》。

〔3〕谢冠生：《战时司法纪要》，“司法院”秘书处 1971 年重印版，第 3 页。

〔4〕三者指中国国民党执政的国民政府之国统区，日军占领与傀儡政权之沦陷区，中国共产党根据地之边区。

〔5〕［日］三桥洋介：“抗战时期重庆国民政府之战区巡回审判制度的制定”，第九届海峡两岸及港澳地区历史学研究生论文发表会，四川大学，2009 年。

意义。

(二) 具有典型意义的江西战区巡回审判

为什么选择江西战区巡回审判为研究对象?究其原因:①抗战时期江西的战略地位非常重要。武汉、广州失陷后,抗日战争进入相持阶段。长沙因是西南前哨,又地处粤汉铁路要冲,成为屏障中国战略大后方大西南的门户,其战略地位上升到特别突出的位置,成为中日对峙的新焦点,但长沙地区的地势不利于防御作战,故与之相邻的赣北就成为敌我双方争夺的重点,成为会战的主战场。与此同时,江西是中国东南战场军粮和工矿物资的供应基地,还是连接东南战场与抗战大后方的交通要道。②江西战区巡回审判具有典型意义。南昌沦陷后,江西省政府迁往泰和继续履行职务,因此江西战区巡回审判得到了当时江西省府政治、经济和军事上的支持与援助。与此同时,在施行巡回审判的9省中,部分地区沦陷的省份居主流地位,江西属于其中之一,所以对江西战区巡回审判的研究,具有典型意义。③江西省档案馆关于江西战区巡回审判的档案资料比较丰富,内容包括战区巡回审判的基本制度、江西战区巡回审判过程中的公文往来、江西战区巡回审判推事审理的具体案例等,这些无人问津的档案资料,为笔者开展相关研究提供了第一手珍贵的资料。

(三) 关键词解释

1. 何为战区。何为战区?"即军事委员会依照军事作战上之需要所划定之地区。"[1]即为抗战需要,由国民政府军事委员会依据战事的发展变化而拟定的对日作战区域。因战事发展阶段不同,国民政府军事委员会对战区划分的范围也随之变化。1938年12月15日,《战区巡回审判办法》颁布并实施,该办法中的"战区",应

---

〔1〕 司法行政部民国三十年十月二十日指令,指(叁)字第10084号,江西省档案馆民国档案,卷宗号:J018-8-00281。

为1938年1月军事委员会重新划分的战区。此时的战区司令长官与所辖区域分别为：第一战区程潜，辖平汉路及陇海路中段；第二战区阎锡山，辖山西；第三战区顾祝同，辖江浙；第四战区何应钦(兼)，辖两广；第五战区李宗仁，辖津浦路方面；第八战区蒋介石(兼)，辖甘、宁、青。[1]而施行战区巡回审判的省份，“此项制度历年推行于湖北、广东、河南、浙江、江苏、安徽、江西、山西、山东九省。”[2]仅从省份上观之，1938年1月的战区范围，远远大于施行巡回审判的战区，即使把第八战区作为抗战后方基地而单列出来，两个战区的范围也不一致。所以，国民政府军事委员会所划定的战区，与施行巡回审判的战区的内涵并不相同。《辞海》关于战区的定义，即“为实现战略计划、执行战略任务而划分的作战区域。也泛指进行战争的区域。”其第一层含义，即为国民政府军事委员会为特定的战略任务而划分的作战区域，已如前述。其第二层含义，泛指进行战争的区域。“查自全面抗战以来，各省各级法院以辖境沦为战区不能执行审判职务者，所在多有。”[3]“伏查本省沦为战区县份，截止现时止，仅九江、星子、彭泽、湖口、瑞昌、武宁、永修、德安等八县，所有巡回审判区域，拟暂定以该八县为限。”[4]既然法院不能执行审判任务，且在战区，所以，这里的“沦为战区”，即为战事发生的区域，即《辞海》所表述的第二层含义。所以，战区巡回审判的“战区”，应该为战事发生的区域。1939年7月12日，司法行政部在第2135号训令中更明确指出，“巡回审判推事往来沦陷区域执行职务，所经戒严路线必须当地军

〔1〕 房列曙、胡启生：“抗战时期国民政府战区划分的演变”，载《抗日战争研究》1995年第1期。

〔2〕 谢冠生：《战时司法纪要》，“司法院”秘书处1971年重印版，第37页。

〔3〕 司法行政部民国二十七年十二月二十一日训令，训字第4780号，江西省档案馆民国档案，卷宗号：J018-3-00996。

〔4〕 江西高等法院民国二十八年三月十五日呈，江西省档案馆民国档案，卷宗号：J018-3-00996。

事长官予以特殊之便利，始能通行无阻”。[1]由此可知，沦陷区域也包括在战区之内。[2]但是，战事发生的区域是不断变化的，哪一个时段和区域才是首次划定施行巡回审判区的战区呢？从省份的角度看，从抗战全面爆发时起，到1938年12月15日《战区巡回审判办法》颁布施行起为止，凡是有战事发生的区域（包括沦陷区），应该为巡回审判施行的战区（山东省[3]除外），“当以该项办法，系为战区各省而定，该省现属战区，自应遵照试办。”[4]“自《战区巡回审判办法》颁布，司法行政部即通令战区各省高等法院遵照试办，指示进行步骤，浙江、广东、湖北、江苏、河南、安徽、江西、山西八省，业已实施。”[5]

2. 何为巡回审判。何为巡回审判？法院审理案件的通常模式，乃是诉讼当事人前往法院所在地，提起诉讼，此乃“以当事人就法院”的审理模式；而巡回审判，则是让法院处于“巡回”的流动状态，所谓“巡回”，乃“按一定的路线到各处进行活动”，所以巡回审判，乃是法庭在特定的辖区内，按照一定的路线流动，审理各处案件的司法审判活动。“‘巡回审判’，指巡视各地，随时审判。譬如在甲地审判案件后，復至乙地，由乙地巡回至丙地、丁地……以及遍行全国之各司法区域，故名‘巡回审判’。”[6]此为

---

〔1〕 司法行政部民国二十八年七月十二日训令，训字第2135号，江西省档案馆民国档案，卷宗号：J018-3-00996。

〔2〕 有的学者认为，战区巡回审判中的“战区”，系指日伪占领区与国民政府实际控制区的中间地带。具体内容请见蒋秋明：《南京国民政府审判制度研究》，光明日报出版社2011年版，第61页。

〔3〕 山东省施行战区巡回审判，开始于1942年。当然，部分省份的战区也随着战事的发展而有所变化，如湖北省等，至于各省内划定的各巡回审判区的具体范围，也会随着战事的发展而变化，如江苏省、湖北省、安徽省等。而江西战区范围和巡回审判区的具体范围，自1939年6月份确定后，再未变动，特此说明。

〔4〕 司法行政部民国二十七年十二月二十一日训令，训字第4780号，江西省档案馆民国档案，卷宗号：J018-3-00996。

〔5〕 罗福惠、萧怡编：《居正文集》，华中师范大学出版社1989年版，第169页。

〔6〕 仇鸣佩：“巡回审判制度之检讨”，载《东方杂志》1935年第22期。

"以法院就诉讼当事人"之审判模式，此种模式便利于诉讼当事人提起诉讼，有利于推进司法和法律深入民间。

二、相关学术研究综述

（一）国内相关研究综述

目前学术界关注的焦点，是对以陕甘宁边区马锡五审判方式为代表的革命根据地巡回审判制度及其司法实践的研究，及其在当代中国法院民事审判的发展模式——就地审判制度的研究。这一点可以从《辞海》关于"巡回审理"一词的解释中看出端倪，"巡回审理，是中国民事诉讼法基本原则之一。人民法院派出法庭，在自己的辖区内定期或不定期地巡回流动，选择案件发生地、当事人所在地或其他方便群众的地点开庭审理民事案件。巡回审理、就地办案，是人民司法工作的优良传统。"《辞海》的此番诠释，就是对马锡五审判方式及其在当代中国发展的就地审判模式内容的高度概括和特点诠释。关于马锡五审判方式及其发展的研究成果很多，如张希坡教授的《马锡五与马锡五审判方式》[1]，该书全面系统地介绍了马锡五同志的生平，马锡五审判方式产生的历史渊源、基本特点与时代意义，是目前研究马锡五审判方式成果中资料最全，阐述最为详细，分析透彻的一部力作，是张老师在早期的《马锡五审判方式》一书基础上的进一步充实和完善。张希坡教授的《马锡五审判方式》,[2]是张老师早年研究马锡五审判方式的研究成果，主要内容包括马锡五审判方式产生的历史背景、典型案例和主要特点等，是研究马锡五审判方式的开山之作。此外还有赵菊香《马锡五断案》,[3]该书汇集了马锡五审理的典型案例，以故事集的形式呈现马锡五审判方式的独特魅力。与此同时，还有研究马锡五生平的

---

[1] 张希坡：《马锡五与马锡五审判方式》，法律出版社2013版。

[2] 张希坡：《马锡五审判方式》，法律出版社1983年版。

[3] 赵菊香：《马锡五断案》，甘肃文化出版社2001年版。

专著，如杨正发《马锡五传》等。[1]而关于马锡五审判方式的文章则灿若群星，不胜枚举。此处只略举几篇谈之：肖周录、马京平《马锡五审判方式新探》，[2]该文指出陕甘宁边区特有的战时环境、乡土环境、边区社会转型和边区司法改革等因素促使了马锡五审判方式的产生。而马锡五审判方式的精神实质是联系群众、为了群众。司法为民与司法公正是马锡五审判方式的普适价值。李娟《马锡五审判方式产生的背景分析》，[3]该文指出马锡五审判方式的产生，源于陕甘宁边区面临的生存困境与司法困境，马锡五审判方式则是对边区困境的有效回应，故顺应了当时社会发展需求。王立民《也论马锡五审判方式》，[4]该文详细阐述了马锡五审判方式颇受边区民众欢迎的原因，马锡五审判方式发展的三个阶段，并认为马锡五审判方式中蕴含的理念、基本形式和审判结果仍可在当今司法发挥其作用。张卫平《回归马锡五的思考》，[5]作者认为马锡五审判方式是特定历史时期的产物，目前重提马锡五审判方式有其特定的原因，但作为一种审判方式，囿于自身特点和理念，马锡五审判方式在当代社会中已经不具有普遍的现实意义。

与马锡五审判方式研究之炙热形成鲜明对比的是，国民政府战区巡回审判制度的研究却门可罗雀、乏人问津。突出的表现为，在大部头的中国法制通史和大学教材中均无只字片语。在曾经施行巡回审判的各省编纂的省志——司法志或法院志或检察志中，只有寥寥数语，或只字片语。国民政府战区巡回审判制度及其实践之研究被忽略的原因，有的学者认为主要有两点：一是由于后来的宣传，做出了把马锡五审判方式等同于巡回审判之形象；二是1949年2

---

〔1〕 杨正发：《马锡五传》，人民法院出版社2014年版。

〔2〕 肖周录、马京平："马锡五审判方式新探"，载《法学家》2012年第6期。

〔3〕 李娟："马锡五审判方式产生的背景分析"，载《法律科学（西北政法学院学报）》2008年第2期。

〔4〕 王立民："也论马锡五审判方式"，载《东方法学》2009年第6期。

〔5〕 张卫平："回归'马锡五'的思考"，载《现代法学》2009年第5期。

月，中国共产党发布了《关于废除国民党〈六法全书〉与解放区司法原则的指示》而来的断绝性，以此，不知不觉忽视了国民政府的战区巡回审判制度。[1]

目前关于国民政府战区巡回审判制度研究的专著尚未出现。一些学者只是在相关的研究中将战区巡回审判制度作为一个部分而阐述之：如蒋秋明研究员在《南京国民政府审判制度研究》的“审级制度变迁和审判组织的建构”一章中，专门有一节谈及战区巡回审判制度，其主要论述创设巡回审判制度的各项主张及其分析，抗战时期战区巡回审判的实践等内容。在谈及战区巡回审判的实践部分，该节主要从制度上论述，并无具体案例之分析。对于战区巡回审判制度及其司法实践的成效，作者认为“巡回审判的成效应当说并不是很显著，象征意义大于实际意义。”[2]作者认为影响战区巡回审判效果的因素主要有4个方面：如军事影响，民众对巡回审判制度知之甚少，经费不足和巡回审判时间短促等，此分析颇具启发性。付海晏博士的《变动社会中的法律秩序——1929～1949年鄂东民事诉讼案例研究》，[3]该文第二章第三节对抗战时期湖北战区第三巡回审判区的司法实践进行阐述。作者认为巡回审判施行之初，包括县政府兼理司法和诉讼当事人，都对巡回审判制度知之甚少；巡回审判时间不足、人员不足；鄂东地区三元政治格局的存在以及经费不足等，都是导致战区巡回审判效果不佳的重要原因。文中涉及具体的民事案例分析，是目前把战区巡回审判制度与具体案例分析结合起来的唯一著作，也是大陆学者中关注战区巡回审判的第一人。谢冬慧博士的《中国刑事审判制度的近代嬗

---

〔1〕［日］三桥洋介：“抗战时期重庆国民政府之战区巡回审判制度的制定”，第九届海峡两岸及港澳地区历史学研究生论文发表会，四川大学，2009年。

〔2〕蒋秋明：《南京国民政府审判制度研究》，光明日报出版社2011年版，第62页。

〔3〕付海晏：“变动社会中的法律秩序——1929～1949年鄂东民事诉讼案例研究”，华中师范大学2004年博士学位论文。

变：基于南京国民政府时期的考察》,[1]该著作第七章第五节专门对战区巡回审判制度及其施行的原因，战区巡回审判推事、区域、程序和结果的相关内容进行阐述，内容比较简洁。罗金寿博士的《国民政府战区巡回审判制度述略》[2]，从战区巡回审判制度实施概况、战区巡回审判基本制度和审判诉讼程序3个部分，对《战区巡回审判办法》和《战区巡回审判民刑诉讼暂行办法》的内容进行详细介绍和评述，是目前对战区巡回审判制度进行详细研究的开篇之作。

实际上，民国时期的学人对巡回审判制度的研究兴致也颇高。在抗战爆发前，许多学者对当时的中国是否施行巡回审判制度进行探讨。1921年，林志钧的《巡回裁判调查报告》，是民国时期较早关注巡回裁判制度的文章之一。该文对英国巡回裁判制度作详细的介绍，包括英国巡回裁判推事的任命、期间的确定、经费的使用和权限的设定等，并进一步阐述巡回裁判的益处：如节省经费；节约人才；便利民众诉讼；便于调查取证；知悉地方习惯，丰富法官办案经验；宣达法益，传播法律等。于是作者认为，“综上观之，则扩张独任审判之范围，采用巡回裁判之制度，殆为吾国今日当务之急。”[3]方善徵的《巡回裁判制议》,[4]也是民国时期较早关注巡回审判制度的文章，文章指出巡回审判制度的优点主要有：①巡回裁判制，富有弹力性[5]；②便于人民之就审；③易于调查证据与

---

〔1〕 谢冬慧：《中国刑事审判制度的近代嬗变：基于南京国民政府时期的考察》，北京大学出版社2012年版。

〔2〕 罗金寿：“国民政府战区巡回审判制度述略”，载徐昕主编：《司法——司法的历史之维专号》，厦门大学出版社2009年版。

〔3〕 林志钧：“巡回裁判调查报告”，载《司法公报》1921年第146期。

〔4〕 方善徵：“巡回裁判制议（续）”，载《法律评论》1926年第2期。

〔5〕 所谓的巡回裁判制富有弹力性，乃与法院人数固定、管辖范围固定，而案件不固定，缺乏灵活性之比较而言，是指巡回法官巡回各地，视案件之繁简定人数之多少。遇有案件积压过多者，则临时酌派法官以清理之；或某处诉讼无几者，则减少巡行次数，以兹调剂。当局有伸缩余地，乃能措置裕如，人才不至于滥用，经费亦可节省，人民亦感诉讼之便利。

习惯。吴公耐的“我国酌量施行巡回审判制之研究”,[1]该文首先对民国以来众多学者关于在中国施行巡回审判制度之倡议在立法与司法上作出回应；其次，作者对当时法院的现状进行详细分析，认为高等法院辖境内县份较多，交通不便，讼案甚少之各省，需要施行巡回审判制度。作者据此详细分析了各省高等法院辖境内县份之具体情况，得出陕西、甘肃、贵州、四川、新疆等省似应设置高等法院临时庭，即采用巡回审判制度的结论。“吴公耐还认为，按一所法院诉讼管辖的县数与区域的交通情况，会发现需要巡回审判的省份和不需要的省份。吴公耐的这等认识，确实牵涉了抗战时期试行的战区巡回审判制度之基础。”[2]诸盈之在“创设巡回裁判私议”一文中指出，“我国地域广袤，交通素道不便，而每案就诉之人，以及人证鉴定等等，则每须牵涉至十数人以上，当事人既受讼累，復须长途跋涉；甚则荒弃职守，劳费时日，何此为甚……是采用巡回裁判以资补救，实为最适切而最需要者矣。”[3]作者在考察了英美法 3 国的巡回审判制度之后，进一步指出设置巡回审判制度的益处有三：即推事的设置富于弹性；人民就诉较为便利；便于证据与习惯之调查，且易于发现事实真相。对于巡回审判制度存在的贻误案件调查与审理的及时性和完整性的问题，作者认为即使有特定的法院，也会存在此类问题，这不是否定施行巡回审判制度的理由。仇鸣佩的《巡回审判制度之检讨》，作者对巡回审判的定义和特质进行简要介绍，对中国历史上和英美法俄等国的巡回审判制度进行考察，对巡回审判制度优劣进行比较，最后得出结论：“我国目前改革司法制度之呼声中，采用巡回审判制度，可谓毫无疑

---

〔1〕 吴公耐：“我国酌量施行巡回审判制之研究”，载《现代司法》1935 年第 1 卷第 3 期。

〔2〕 [日] 三桥洋介：“抗战时期重庆国民政府之战区巡回审判制度的制定”，第九届海峡两岸及港澳地区历史学研究生论文发表会，四川大学，2009 年。

〔3〕 诸盈之：创设巡回裁判私议，载《法轨》1935 年第 1 期。

义。"[1]董康的"中国巡回审判考"[2]对我国古代类似于巡回审判的巡回制度进行考察与梳理，认为巡回审判制度在我国古代早已有之，如唐代的巡覆使，明代的大理评事等，其职责乃纯粹之巡回审判。此篇文章，应该是当时学者热衷于探讨巡回审判是否设置之大背景下的应景之作。1937 年吴祥麟在"改进中国司法制度的具体方案"[3]一文中，提及"司法院"改革司法制度的五项计划，其中第二项计划即采用巡回审判制。作者认为中国"各省幅员辽阔，交通尚感困难。各县人民诉讼每以距省穹远，需费甚钜，不愿上诉。即或上诉又因传提人证，动辄经年累月，不能审结。今宜就各省交通不便之处，筹设巡回审判，以资救济。凡不服各法院判决而上诉于高等法院，每年分上下两期遣派推事三人，检察官一人前往受理。似此办法，既可以图诉讼之迅结，又可以除人民之痛苦矣。"[4]

关于抗战时期战区应采用巡回审判制度的专论，笔者目前只发现一篇，即 1938 年张宗浚的《沦陷区域内应设立巡回法院之刍议》，[5]该文分为五个部分：第一部分是对巡回审判概念的诠释，英美巡回审判制度及其优点的介绍。第二部分，沦陷区为什么要推行巡回审判制度：①沦陷区和邻近沦陷区的司法机关已经瓦解。②沦陷区民众的合法权益与社会秩序的维护迫切需要司法机关的存在，巡回法院的设立有民众基础。③沦陷区现有的军事审判机关和县长兼理司法，无法保护民众的合法权益。同时，司法独立也呼唤

---

〔1〕 仇鸣佩："巡回审判制度之检讨"，载《东方杂志》1935 年第 22 期。

〔2〕 董康："中国巡回审判考"，载《法学杂志》1935 年第 8 卷第 3 ~6 期。

〔3〕 吴祥麟："改进中国司法制度的具体方案"，载《中国法学杂志》1937 年新编第 1 卷第 5 ~6 期。

〔4〕 吴祥麟："改进中国司法制度的具体方案"，载《中国法学杂志》1937 年新编第 1 卷第 5 ~6 期。

〔5〕 张宗浚："沦陷区域内应设立巡回法院之刍议"，载《中华法学杂志》1938 年第 1 卷第 12 期。

巡回法院的设立。④沦陷区的伪司法机关剥夺国家的司法权，从维护国家司法权的角度看，沦陷区也急需设立巡回法院。第三部分，沦陷区设立巡回法院的困难：①沦陷区交通不便；②司法人员畏惧的心里，使他们不敢前去沦陷区，所以选拔具有冒险精神和牺牲精神的合格推事前往沦陷区履职，难度很大；③沦陷区战事靡定，巡回区的划定将颇费周折；④现行的司法制度与现行法律均不适用沦陷区的巡回法院。第四部分，如何克服困难，在沦陷区设立巡回法院：①巡回法院人员的选拔，应从具有报国之心和青年司法人员中去选拔；②巡回区的划定，拟以三个县为一区，设定诉讼案件接收地点，规定巡回时间和巡回路线，定能解决案件接收和审理的问题；③巡回法院的审级，以一审终审制为佳，每月将终结之案件呈报司法行政部覆核；④制定沦陷区临时适用之民刑法规及其他特别法规；⑤巡回法院的设立须经详细的讨论和计划。第五部分，结语。该文为应时而作的佳作，事实证明，作者在文中的许多建议均被后来官方所采纳，所以，此文为战区巡回审判制度的制定与实施，提供了非常有益的借鉴。

（二）国外研究综述

国外学者关于国民政府战区巡回审判制度的研究文章，目前笔者只发现一篇，即日本学者三桥洋介的《抗战时期重庆国民政府之战区巡回审判制度的制定》，该文从三个方面展开：①序文部分，作者主要谈及战区巡回审判制度制定的背景及目前学界对此研究的概况。②正文部分主要分为两部分：首先是抗战初期国民政府采取的司法救济措施，包括预防司法人员擅离职守而采取的4点临时措施；鉴于沦陷区部分法院无法履职，“司法院”公布的《诉讼管辖临时变通办法》。其次是关于战区巡回审判制度的制定过程的阐述，包括吴公耐在“我国酌量施行巡回审判制之研究”一文中，对学者历次提出施行巡回审判的相关提议和立法与司法机关对此的相关回应；对司法行政部为制定《战区巡回审判办法》召开三次会议的具体内容和详细经过的介绍；对《战区巡回审判办法》的主要内容及其施行情况的简介。③结语，该部分再次简要概述了战区巡回审判制度的制定过程，进一步指出战区巡回审判制度乃战时司法之救济措施，其立法的宗旨是“为便利人民诉讼与对于傀儡政权之司法权侵占的牵制”。[1]

综上所述，关于抗战时期国民政府战区巡回审判制度及其实践的研究，目前为止非常薄弱。民国时期学者关于在中国应施行巡回审判的相关文章，仅仅给战区巡回审判的研究提供一些外围的基本理论；当代学者关于以马锡五审判方式为核心的巡回审判制度的研究，只能给战区巡回审判制度的研究提供时空上较为广阔的视野与理论上的借鉴；日本学者三桥洋介的文章，可以给予战区巡回审判研究以背景考察；张宗浚的《沦陷区域内应设立巡回法院之刍议》，可以给予战区巡回审判研究以思路上的借鉴。但具体到战区巡回审判制度及其司法实践的核心内容，即战区巡回审判组织的构建，包括战区巡回审判推事的选拔、巡回审判区的划定、巡回审判路线的确定等内容；战区巡回审判制度及其在诉讼程序上的变通；战区民事和刑事巡回审判的实践，如战争对战区巡回审判民刑案件的影响，战区巡回审判推事如何运用自由心证原则，对变化万千的民刑案件事实进行确信与判断，并给予诉讼当事人合法权益的保护等，均是无人问津的学术空白。通过江西战区个案研究，笔者欲对上述各个问题加以探索与分析，力求呈现战区巡回审判在制度与司法实践上的基本概貌，展现战区巡回审判对维护战区司法主权，保护战区诉讼当事人的合法权益，维护战区社会秩序的效果，并进一步呈现战区巡回审判职员实现巡回审判目标而甘于冒险、勇于牺牲、乐于奉献的可贵品质。

---

〔1〕［日］三桥洋介：“抗战时期重庆国民政府之战区巡回审判制度的制定”，第九届海峡两岸及港澳地区历史学研究生论文发表会，四川大学，2009 年。

三、理论选择、研究方法与文献资料

（一）理论选择

1. 法的变革理论。“法律的稳定与变革是相互联系、相互渗透的。法律稳定中蕴含着变革的趋势，法律变革的目的是维持稳定。”〔1〕此为法律稳定与法律变革之间的辩证统一关系。在法律自然演变的渐进过程中，影响法律变革的动力有很多，如法社会学家诺内特等人关注的十个与法律变革相关的变项：法律目的、合法性、规则、推理、自由裁量权、强制、道德、政治、对服从的期望和参与程度。〔2〕

中国近代百年的法律现代化进程，在南京国民政府的“六法全书”全部面世以后，已达至高潮，具有大陆法系特征的现代法律体系建成。“至国民政府时期，‘六法全书’从体例到内容已经成熟。”〔3〕伴随着法律体系的逐步形成，建立具有现代司法体系的法院组织也在逐步推进。如果按照法律的正常发展演变规律，在法律变革的内在动力驱使下，以“六法全书”为代表的国民政府法律体系会逐步完善。但抗日战争的爆发中断了正常的国家管理秩序和社会发展秩序。社会形势与社会需求也发生了突变，仅靠法律变革的内生动力，显然已经无法应对突变的社会形势和社会需求。国家作为最大的权力主体，及时介入法律变革的进程，对法律进行适度调整与修订，成为法律成功应对突变的社会形势和社会需求的必然选择。“国家是创制法律的一个决定性因素，也是实施法律的主导性力量。”〔4〕当国家把“为便利人民诉讼与对于傀儡政权之司法权侵

---

〔1〕袁晓东：“论法律变革的内在动力”，载《政治与法律》2005 年第 5 期。

〔2〕具体内容请见袁晓东：“论法律变革的内在动力”，载《政治与法律》2005 年第 5 期。

〔3〕李龙、刘连泰：“废除‘六法全书’的回顾与反思”，载《河南省政法管理干部学院学报》2003 年第 5 期。

〔4〕唐宏强：“国家同法律变革与发展关系论”，载《学术交流》2003 年第 5 期。

占的牵制”[1]作为战时司法的主要目标之一时，政治目标与法律目标成为一体，法律变革的动力就由国家政治的直接主导而展开。“法律必须服从发展所提出的正当要求。一个法律制度，如果跟不上时代的需要和要求……那么是没有什么可取之处的。”[2]

2. 法的移植与法的本土化理论。“中国近现代法的基干，并不是中国传统社会的法律，而是外国法，主要是西方法。法律移植是中国近现代法发展的一个基本历史现象。”[3]从晚清法律变革，到民国初年“六法全书”的初步形成，再到南京国民政府时期“六法全书”的系统与成熟，中国法律的现代化是在移植外国法的基础上并将其逐步本土化的一个发展过程。在法律移植的过程中，我们采用走出去（派遣留学生到国外学习）、请进来（邀请外国法专家帮助中国制定相关法律）到自主制定“六法全书”的发展模式，逐步推进法律现代化与本土化。因相关的论述已经很多，兹不赘述。

回归到巡回审判制度的引进与吸收及其本土化的过程。在抗战爆发之前，已经有众多法学家和学者开展了较为充分的讨论，并提出了关于在中国边远地区设立巡回审判法庭的建议。作为舶来品的巡回审判制度，在抗战前已经被学界引进过来，所以，对于国民政府司法当局来说，巡回审判制度并不陌生。抗战后，国民政府讨论准备引进英美巡回审判制度，“司法院”还邀请驻英美大使专门对英美国家的巡回审判制度进行调研，驻美大使胡适于 1938 年 12 月向司法院提交其考察的美国巡回审判制度的报告，虽然当时《战区巡回审判办法》已经颁布，但这种移植外国法须对相关制度进行研

---

〔1〕［日］三桥洋介：“抗战时期重庆国民政府之战区巡回审判制度的制定”，第九届海峡两岸及港澳地区历史学研究生论文发表会，四川大学，2009 年。

〔2〕［美］E. 博登海默：《法理学——法哲学及其方法》，邓正来、姬敬武译，华夏出版社 1987 年版，第 311 页。

〔3〕何勤华：“法的移植与法的本土化”，载《中国法学》2002 年第 3 期。

究的做法还是可取的。“司法院”之所以未见到胡适的调研就颁布《战区巡回审判办法》，是因为学界之前的引进，“司法院”已经对英美巡回审判制度相当知晓的缘故。

在引进英美巡回审判制度的过程中，“司法院”对之进行本土化改造：如从适用环境上的突破，英美都是为加强中央权力、传播国家法律而推出巡回审判制度。但国民政府却只在战区施行，其推行的目的在于“便利人民诉讼与对于傀儡政权之司法权侵占的牵制”，当然其中也包含了加强中央权力和传播国家法律的意蕴。又如在细节上，战区各省高等法院及其分院负责辖区内巡回审判制度的落实，包括巡回审判区的划定、巡回审判推事的遴选、巡回方式的自主确定、巡回期间的灵活制定等，这些与英美巡回审判制度均有所不同，它体现了国民政府在法的移植过程中，基于战区司法生态对英美巡回审判制度进行的本土化改造。

3. 法的正义与效率的理论。“正义与效率可谓法的双翼，法运行于社会的理想状态是正义与效率的最佳平衡。”“效率是正义的基础，正义是效率的目标。”“在坚持一方面优先的同时，只有使另一方维持在一个最低限度，才能达到一种社会效益最大化的平衡状态。”[1]

在司法审判体系断裂的情况下，战区民众失去了法对自身权益的终极保障。作为战区临时司法救济措施，战区巡回审判本身就代表了法的正义。至于战区巡回审判的效率，从其“便于诉讼当事人”的制度设计本身来看，它有利于战区民众的诉讼，提高了民众获得法的正义的可能性和可行性。而从制度设计的细节来看，战区巡回审判制度为战区巡回审判推事提高案件审理的效率提供了制度便利：如巡回审判推事未到达管辖区内该县时，由兼理司法县政府

〔1〕 马德安：“试析法的价值争议问题——正义与效率”，载《法制与社会》2011年第21期。

兼办推事职权范围内的一些行政事务。如“关于民刑诉讼案件审理之期日，得由巡回审判推事预先嘱托当地司法机关或县政府逐案排例，并传集诉讼关系人及一切人证。”[1]又如“对于巡回审判推事之裁判提起上诉或抗告，如巡回审判推事不在当地时，得将书状提出于当地之司法机关或县政府。”[2]再如“上诉书状提出新事实或新证据者，在巡回审判推事未到达前，当地司法机关或县政府得先调查证据或为其他准备程序。”[3]所以，在巡回审判推事未到达该县之前，审前程序已经准备就绪，这为巡回审判推事在很短时间内审结大量民刑案件提供了制度保障。而在执行程序中，兼理司法县政府也担当了部分职责，如“关于接收羁押及徒刑、拘役、易服劳役之执行，有监所地方照旧办理，无监所地方由巡回审判推事交县政府或邻近监所处置。”[4]又如“刑事裁判之执行，由当地第一审检察官或县长为之。”[5]由上可知，战区巡回审判推事的主要职责是案件的审理环节。实际上，在审理环节中也有许多程序简化或省略，以提高推事案件的审结效率，如不经言词辩论而为判决；缺席判决与自为判决；刑事辩护制度、填具意见书和就审期间不适用于巡回审判等。

所以，巡回审判制度的设计突出了提高推事审结案件效率的特点，也即提高法的效率。在此基础上，巡回审判制度并没有否定法的正义，原因有三：①巡回审判制度是为了弥补战区司法断裂的现

---

〔1〕 司法行政部民国二十七年十二月二十一日训令，训字第4780号，江西省档案馆民国档案，卷宗号：J018－3－00996。

〔2〕 司法行政部民国二十八年八月三十日训令，训字第2749号，江西省档案馆民国档案，卷宗号：J018－3－00996。

〔3〕 司法行政部民国二十八年八月三十日训令，训字第2749号，江西省档案馆民国档案，卷宗号：J018－3－00996。

〔4〕 司法行政部民国二十七年十二月二十一日训令，训字第4780号，江西省档案馆民国档案，卷宗号：J018－3－00996。

〔5〕 司法行政部民国二十八年八月三十日训令，训字第2749号，江西省档案馆民国档案，卷宗号：J018－3－00996。

实，回应战区民众对法正义的呼唤而推出的司法救济措施。②战区巡回审判主要负责战区第二审民刑上诉案与刑事覆判案，其司法的基本职能是为了纠正战区第一审裁判中的不当或错误，维护战区第一审裁判中的合法裁判，所以其职能的目标指向就是法的正义。③“爰经呈准采用巡回审判制度施行以来，尚著成效”[1]的基本事实，说明了战区巡回审判实现了其制度设计时的基本目标。而1945年3月，司法行政部根据《战区巡回审判办法》和《战区巡回审判民刑诉讼暂行办法》而拟订的《高等法院巡回审判条例草案》，虽然该草案在立法院未经表决通过，但草案拟订本身，就说明战区巡回审判制度及其司法实践取得了较好的成效，它进一步证明战区巡回审判制度在追求法的效率的同时，也实现了法的正义。所以，战区巡回审判制度及其司法实践，实现了法正义与法效率的动态平衡，并在此基础上，实现了衔接战区司法体系，阻击伪司法侵吞司法主权的企图，实现了法的社会职能。

（二）研究方法

本书通过法学、历史学与社会学的视角，采用法解释学、社科法学和实证研究的研究方法，力图清晰阐述江西战区巡回审判制度的主要内容，并通过法律条文的解读、诉讼程序的解析、案件事实的呈现与法律适用的法理分析，解剖战区巡回审判制度与司法实践的运行轨迹，揭示战区巡回审判的法学意义、社会效果和时代价值。

1. 法解释学的研究方法。“法解释学是法学的传统研究方法，研究法律规范或是和法律规范相关的法律现象。”[2]首先，运用法解释学的研究方法，诠释《战区巡回审判办法》和《战区巡回审判民刑诉讼暂行办法》的立法意图、基本内容和基本特点，并探索

---

〔1〕 谢冠生：《战时司法纪要》，“司法院”秘书处1971年重印版，第48页。

〔2〕 左卫民：“法学实证研究的价值与未来发展”，载《法学研究》2013年第6期。

战争与法的内在联系。其次，通过对法条的解读，勾勒出战区巡回审判的组织构成、人员选拔，巡回审判区的划定与巡回审判路线的确定等基本内容及其特点。

2. 社科法学的研究方法。“社科法学将法律现象作为一种社会现象加以研究，主张运用包括社会学、政治学、人类学、历史学等在内的多种学科的方法与概念来解释与分析法律现象。”〔1〕首先，本书运用历史学的考据法，收集与考订和战区巡回审判相关的材料，厘清江西战区巡回审判的组织构成、运行模式、巡回审判过程与推事审判的典型案例等基本材料；运用史学理论，分析战区巡回审判基本制度的历史成因，呈现战争背景下战区巡回审判中的人物活动与其历史价值的历史画卷。其次，运用社会学的定性分析方法，对典型案例的社会要素进行归纳统计，探索蕴含在案件事实中社会现象的法文化意义。

3. 法的实证研究方法。“实证研究则是在社科法学的基础上，强调基于实证数据的真实、准确、全面地把握某种法律现象，并在此基础上或进行深度阐述，或提出法律改革建议。”〔2〕“该方法运用社会学和经济学等社会科学的方法研究现实社会中的法律，关注法律与社会的互动关系，特别是揭示法律的实施情况，其核心问题是‘现实中的法律是什么’。”〔3〕首先，本书以战区巡回审判推事审理的案件为研究对象，通过数据的统计与分析，揭示战区巡回审判制度实施的基本概况及其在当时司法体系中的价值与社会意义。其次，通过对典型案例全景式的解读与考察，揭示战区巡回审判制度对个案的影响，并进一步探索法的正义与效率的动态平衡。最后，通过对整个案件类型的总体阐述与典型案例的个案解剖，本书

〔1〕 左卫民：“法学实证研究的价值与未来发展”，载《法学研究》2013年第6期。

〔2〕 左卫民：“法学实证研究的价值与未来发展”，载《法学研究》2013年第6期。

〔3〕 黄辉：“法学实证研究方法及其在中国的运用”，载《法学研究》2013年第6期。

进一步探索战区巡回审判制度在实施过程中存在的优点与不足，并探索其对当代中国司法变革的一些启示。

（三）文献资料

1. 档案资料。档案资料以其官方性、真实性与可靠性而备受史学界、社会学界所青睐。本书的档案资料，以江西档案馆民国档案中的江西战区巡回审判资料为主。在浩如烟海的民国档案中，涉及江西战区巡回审判资料的档案有200多卷，非常集中，内容主要包括：①司法行政部、江西高等法院和江西战区巡回审判推事之间的呈、训令和指令等公文往来，内容涉及战区巡回审判的组织构建，如战区巡回审判区的划定，推事的选拔，基本法律的适用，主要表报的规定与呈送，巡回审判推事巡回过程的呈报与指令等。②关于战区巡回审判经费的开支。它涉及战区巡回审判人员俸薪的发放标准及其变化，战区巡回审判办公费用的发放标准及其变化，战区巡回审判经费的困难与解决困难的公文互动等，是窥探战区巡回审判经费使用情况不可多得的宝贵资料。③江西战区巡回审判推事审理案件的月报、年报，以及巡回审判推事审理具体案件的裁判书，这是我们窥探战区巡回审判实践的最佳窗口，也是我们探析战区民众法意识、法观念与战区社会生活状态的有效途径之一。这些宝贵的档案资料，笔者访问之前无人问津，故它成为本书核心资料的主体，也是笔者最终确定以江西战区为考察对象的主要原因，所以，它既是本书资料上的最大亮点，也是本书的最大亮点。

另外，因获得台湾政治大学历史系博士生张智玮君的帮助，笔者有幸获得了台湾“国史馆”关于战区巡回审判的相关档案资料，此外还有湖北省档案馆、中国第二历史档案馆、南昌县档案馆等相关的档案资料，这些档案资料进一步丰富了本书的研究素材。

2. 民国书报。民国时期，涉及战区巡回审判制度与司法审判的书报，也是本书采集的素材之一。首先，专著方面，如谢冠生的

《战时司法纪要》,[1]汪楫宝的《民国司法志》[2]等;涉及民刑法的专著,如史尚宽著的《民法总论》[3]等一系列关于民法总则与分则的专著,陈朴生的《刑法总论》[4]与《刑法各论》[5]等;关于民刑诉讼法的专著,如郭卫的《民事诉讼法释义》,[6]戴修瓒的《刑事诉讼法释义》[7]等。其次,报刊方面,涉及战区巡回审判与民刑法及诉讼法的报刊,如《司法公报》《法学杂志》《中国法学杂志》《现代司法》《法令周刊》《申报》等。

3. 地方志、史。地方志是按照一定的体例,全面记载某一时期某一地域的自然、社会、政治、经济、文化等方面情况的书籍文献。关于江西战区的政治、社会、经济、司法等资料,在江西省志和江西战区各县的县志中有相当的记载,它是笔者研究江西战区巡回审判的背景资料。省志方面如《江西省土地志》《江西省粮食志》《江西省法院志》《江西省检察志》《江西省司法行政志》等,涉及外省的省志,如《江苏省·检察志》《山西省·政法志·审判篇》;关于县志方面,如《南昌县志》《九江县志》《奉新县志》等抗战时期江西省 14 个沦陷区的县志。关于地方史方面的,主要是江西地方史,如《江西通史》《江西八年抗战》《江西抗日战争史》等。

4. 其他文献资料。主要包括个人文集、调查报告与法律汇编。在个人文集方面,如《居正文集》,其中《一年来司法之设施》《三年来之司法概述》《抗战六年来之司法行政》等文章,均涉及战区巡回审判制度及其实践的相关内容。调查报告方面,如《民事

---

[1] 谢冠生:《战时司法纪要》,"司法院"秘书处 1971 年重印版。
[2] 汪楫宝:《民国司法志》,商务印书馆 2013 年版。
[3] 史尚宽:《民法总论》,中国政法大学出版社 2000 年版。
[4] 陈朴生:《刑法总论》,正中书局 1969 年版。
[5] 陈朴生:《刑法各论》,正中书局 1978 年版。
[6] 郭卫:《民事诉讼法释义》,中国政法大学出版社 2005 年版。
[7] 戴修瓒:《刑事诉讼法释义》,中国政法大学出版社 2012 年版。

习惯调查报告录》，其中涉及江西沦陷区县份，如新建县、彭泽县等民间习惯法的相关内容。在法律汇编方面，徐百齐的《中华民国法规大全》，该大全收录了 1935 年以前中华民国颁布的主要法律，是研究民国法律非常重要的工具书之一。另外，还有关于抗战时期颁布的法律汇编，如由青年书店印刷的《战时法规汇编》、沙千里主编的《战时重要法令汇编》等，都为笔者研究战时巡回审判制度提供了便利。

第一章　战区司法组织体系的断裂与重构

一、战区司法组织体系的断裂

（一）国土沦陷与日伪司法组织的建立

1. 国土沦陷。1937 年 7 月 7 日卢沟桥事变爆发，日本全面侵华战争开始。到 1938 年底，除了台湾省、东北三省、热河省、察哈尔省大部和冀东地区早已沦陷外，日军又占领了北平、天津、上海、武汉、广州等大城市和国民政府首都南京。日军铁蹄踏遍了平汉、津浦、平绥铁路沿线和长江下游沿岸及珠江三角洲地区，控制了华北、华中、华东广大富庶地区。

1938 年 6 月，赣北的彭泽、湖口、九江、星子、瑞昌、德安和永修等 7 个县相继被日军攻占。1939 年 3 月南昌会战结束，安义、奉新、高安、新建、南昌市、南昌县、武宁、靖安等也相继失守。到了 1939 年 3 月，江西赣东北、西北共有 14 个县先后沦陷，其中彭泽、湖口、九江、星子、瑞昌、德安、永修、安义、新建、南昌市、南昌县、武宁等县一直是日军重点占领和统治的地方，直到 1945 年 8 月 15 日日军投降后，被日军占领的县份才从日军的殖民统治下获得解放。[1]

2. 战区日伪司法组织的建立。1937 年 12 月 14 日，日军操纵下的“中华民国临时政府”在华北沦陷区建立，伪临时政府设议

〔1〕 陈荣华主编：《江西抗日战争史》，江西人民出版社 2005 年版，第 116～117 页。

政、行政和司法3个委员会，其中董康任司法委员会会长。伪政府管辖河北、山东、山西、河南的沦陷区和北平、天津两市。在华中地区，1938年3月28日，日本在南京建立“中华民国维新政府”，管辖苏浙皖三省的沦陷区和南京、上海两市。[1]1940年3月下旬，汪精卫在南京召开中央政治会议，决定伪政权名称为“国民政府”，用“青天白日满地红”国旗，由汪精卫任国民政府代主席兼行政院长，陈公博任立法院长，温宗尧任司法院长。11月30日，日、汪和伪满签署了《日满华宣言》。[2]

在江西沦陷区，各种汉奸傀儡政权纷纷成立。相应地，日伪基层司法组织也粉墨登台。以湖口和九江两县为例：1938年5月，湖口全县沦陷，1939年春，日伪湖口县自治委员会成立。1940年日伪湖口县政府筹备处成立，“内设有司法科，有科长、科员各一人，掌管司法。”“民国二十九年四月伪湖口县政府成立后，改设司法处”，“有承审员一人，法官若干人，执掌司法”。[3]1939年1月，日伪九江治安维持会成立；同年8月1日，九江治安维持会改组，成立伪九江县政府筹备处；12月，正式成立伪九江县政府。伪县政府设秘书室和政务、财政、建设、教育、宣传科和警察局。“同时设有伪九江县法院，1941年5月改为伪九江地方法院。”[4]

赣北沦陷区的司法机构是由伪司法部于1941年“会饬湖北省高院就近设置九江地方法院及看守所暨九江监狱”的形式存在的，[5]

---

〔1〕 王桧林主编：《中国现代史》（上册），高等教育出版社1988年版，第341~342页。

〔2〕 王桧林主编：《中国现代史》（上册），高等教育出版社1988年版，第366页。

〔3〕 江西省湖口县志编纂委员会编纂：《湖口县志》，江西人民出版社1992年版，第501页。

〔4〕 江西九江县县志编纂委员会编：《九江县志》，新华出版社1996年版，第372页。

〔5〕 “日伪南京国民政府司法行政部关于恢复江西省高等法院的呈”，1943年7月13日。转引自陈荣华主编：《江西抗日战争史》，江西人民出版社2005年版，第213页。

1943 年初才增设南昌地方法院及看守所，并设伪湖北省高等法院南昌分院“处理二审诉讼事件”。[1]1943 年 8 月，日伪南京中央政府核准司法部在江西赣北“和平区设置江西省高等法院”及“江西高等法院检察署”。随着伪江西高等法院、伪江西高等法院检察署的设立，原“湖北高院南昌分院及湖北高等检察署南昌分署尅日撤废”，[2]而原由伪湖北高院管辖的九江、南昌、各地方法院及地方检察署、看守所及九江监狱等，全部划归伪江西高等法院及伪江西高等法院检察署。

作为政治组成部分的司法，其存在方式、组织结构和运行模式均决定于政治。所以，司法的宗旨服从于政治，并为政治服务。日伪政权作为日本军国主义统治中国的代理人，其司法组织建立和运行的目的，必然指向并服务于中国沦陷区的实际统治者，并积极为其统治服务。“北平的伪临时政府，南京的伪维新政府，上海的伪大道政府，那些伪组织都有所谓司法机关，为敌作伥，来剥夺我国权——司法权。”“如果我国在沦陷区内不设立司法机关，任伪司法机关乘虚而入，确定了伪司法基础，和给他扩张司法势力的机会，那么在我国抗战而言，司法的抗战工作上是失败的。”[3]所以“标榜仍奉行三民主义、五权宪法为本”[4]的汪伪政府，虽有所谓的三民主义之表征，却无法改变其傀儡政权之实。作为政府组成部分的司法制度，虽“基本上照搬 1932 年 12 月南京国民政府公布的《法

〔1〕“日伪南京国民政府司法行政部关于恢复江西省高等法院的呈”，1943 年 7 月 13 日。转引自陈荣华主编：《江西抗日战争史》，江西人民出版社 2005 年版，第 213 页。

〔2〕“日伪南京国民政府司法行政部关于恢复江西省高等法院的呈”，1943 年 7 月 13 日。转引自陈荣华主编：《江西抗日战争史》，江西人民出版社 2005 年版，第 213 页。

〔3〕张宗浚：“沦陷区域内应设立巡回法院之刍议”，载《中华法学杂志》1938 年第 1 卷第 12 期。

〔4〕余子道等：《汪伪政权全史》，上海人民出版社 2006 年版，第 473 页。

院组织法》，采用三级三审制”，[1]但其设立和运行的方式是日本军国主义刺刀下的“民主和法制”，奉行的是“大东亚共荣圈”下的规制和顺从，维护的是日本殖民统治下疯狂的掠夺和奴役的“社会秩序”。

（二）战区司法组织体系的破坏与调整

1. 战区司法组织体系的破坏。1938 年 2 月 15 日，司法行政部长谢冠生向司法院长居正报告战区各省司法情况：①关于江苏省，现在江苏高等法院既未能在辖内行使职权，江苏高等法院第四分院已暂行结束，江苏高等法院第五分院是否迁移，久未据报，无从确知。就中，江苏高等法院第一分院已迁兴化办公，而且虽固有人员多已疏散，调用了所属地方法院之司法官就地补充，因此江苏高等法院第一分院，是由司法行政部暂指定的江苏省各县之第二审上诉机关。②关于战区内其他省份：绥远、察哈尔两省全境沦陷，司法权暂时无法行驶。河北、河南、山东、山西、浙江、安徽等 6 省的高等法院尚无不能执行审检职务情形。[2]

在抗战初期，关于法院停办具体情况，请见表 1 - 1：抗日战争初期国民政府法院数量的变化。

由表 1 - 1 可知，1938 年，由于日军大举进攻，除了东北早已沦陷外，华北、华中和华东大片国土沦陷，沦陷区的众多法院无法履职而被迫关闭，法院停办数高达 173 所，占抗战前法院总数的 47%，即有近一半的法院停办，这给战区民众的诉讼带来莫大的困

---

〔1〕 汪伪政府的司法制度，采用“三级三审制”，即把全国法院分为地方法院、高等法院和最高法院三级，初级由地方法院审理，高等法院为第二级，最高法院为第三级，同一案件可经三级法院审判。转引自余子道等：《汪伪政权全史》，上海人民出版社 2006 年版，第 480 页。

〔2〕 “呈为奉令关于规定战区各县兼理司法暨指定上诉机关办法饬遵一案陈明遵办情形祈鉴核备案”，“司法院”档案（32 / 200），中国第二历史档案馆藏。转引自［日］三桥洋介：“抗战时期重庆国民政府之战区巡回审判制度的制定”，第九届海峡两岸及港澳地区历史学研究所论文发表会，四川大学，2009 年。

难。虽然负责一审诉讼的兼理司法县政府也被迫随着战事移动，但因政治和军事关系，战区各县民众仍有提起一审诉讼的可能。

表 1-1　抗日战争初期国民政府法院数量的变化

时间	1936 年 7 月～1937 年 6 月	1937 年 7 月～1938 年 6 月	1938 年 7 月～1938 年 12 月
法院数	365	192	200

资料来源："司法院"编译处：《司法年鉴》，商务印书馆 1939 年版。转引自［日］三桥洋介："抗战时期重庆国民政府之战区巡回审判制度的制定"，第九届海峡两岸及港澳地区历史学研究所论文发表会，四川大学，2009 年。

作为审理第二审诉讼的各省高等法院或分院，在战火中或被撤销，或坚持履职，但却被迫在战火中不断迁徙。因所受地理制约的因素较弱，它们往往迁徙到离原来第二审诉讼管辖区的千里之外。以江西省为例，1939 年南昌沦陷后，江西省政府迁至泰和，高等法院也随着搬迁。自巡回审判运行的 1939 年 10 月起，江西高等法院一直驻扎在江西兴国办公。战前，江西高等法院第二分院驻扎于九江，自 1938 年 7 月 26 日九江沦陷后，江西高等法院第二分院被迫辗转迁移，最后驻扎在金溪。所以，江西高等法院和江西高等法院第二分院迁移他处，其离战区达千里之外。"查自全面抗战以来，各省各级法院以辖境沦为战区不能执行审判职务者所在多有，其所管辖之案件，虽经定有临时指定管辖办法藉资救济，然战区各地方交通失其常态，往往予当事人以赴诉之不便……"〔1〕鉴于各省第二审诉讼审判机关或被撤销，或被迫迁徙的严苛事实，战区民众的第二审诉讼权利基本上无法实现。原因有二：①当各省部分第二审诉讼机关被撤销，原诉讼管辖区之战区民众，根本无提起第二审诉讼的可能。②即使各省部分第二审诉讼机关坚持履职，但因战事而被

〔1〕司法行政部民国二十七年十二月二十一日训令，训字第 4780 号，江西省档案馆民国档案，卷宗号：J018-3-00996。

迫迁徙至千里之外，其导致的结果：首先，路途遥远，给当事人提起第二审诉讼带来人力、物力和财力上的巨大挑战；其次，在战争环境下，交通因战事而断绝，或被迫绕行，加之随时遭受战火的危险，诉讼当事人提起第二审诉讼的过程中，生命权难以保障。基于以上因素，诉讼当事人往往放弃第二审诉讼权利。所以战区国民政府司法体系因战争的影响而断裂。

2. 战区法院组织的调整。1938 年战区之大已延及 14 省，沦陷区域内之法院，其犹能执行职务者仍竭力维持，如上海特区法院，江苏之淮阴、兴化、泰县等处一二两审法院，至今均存在。但其他大部分均因军情变动，进退无常，而不能不暂时结束。在此区域内人民诉讼自感不便。〔1〕为了推动战区司法体系的运作，国民政府被迫采用战时临时变通之救济政策。“法院之管辖区域，依照法院组织法本有一定之规定，但以战区之军队进退无常，各法院多有不能执行职务，人民诉讼极感不便，因之司法院于二十七年二月七日特规定临时变通办法，以资救济。”〔2〕

第一，战区第一审法院组织的调整。“关于第一审案件，如原设有地方法院各县不能执行审检职务者，在未恢复前准暂由各县政府受理。”〔3〕1939 年 3 月，江西赣东北、西北共有 14 个县先后沦陷。战前 14 个县的司法组织，南昌和九江两县为地方法院，其他 12 个县均为县司法处。以南昌和德安两县为例：1927 年 10 月，南昌地方法院成立，设首席检察官 1 人，检察官若干人行使检察权，审判仍由县长兼理，另专设承审员 1 人，具体办理民事、刑事案件。〔4〕1926 年德安县设司法处，受理全县民事、刑事诉讼。司法处

〔1〕 范忠信、龙陈俊、龚先砦选编：《为什么要重建中国法系：居正法政文选》，中国政法大学出版社 2009 年版，第 367 页。

〔2〕 洪钧培：“战时司法法规纪要”，载《中华法学杂志》1940 年第 2 卷第3 期。

〔3〕 洪钧培：“战时司法法规纪要”，载《中华法学杂志》1940 年第 2 卷第3 期。

〔4〕 南昌县志编纂委员会编：《南昌县志》，南海出版公司 1990 年版，第 119 页。

设主任1名，审判官2名（主任兼1名），主任书记官1名，书记官1名，法警4名，录事4名。司法处管辖看守所，设所长1名，看守6名，文书1名。[1]1938年12月，江西高等法院呈文司法行政部，“呈报准江西省政府函送江西省游击战区县份行政调整办法，暨星子等七县司法处停办情形请鉴核由”。[2]1939年1月，司法行政部指令江西高等法院，“呈悉，九江地方法院暨星子等七县司法处，现既均不能执行审判职务，依战区巡回审判办法第十六条，得准用该办法之规定办理，仰即妥速筹办具报备核，此令”。[3]但是，3月江西高等法院呈文司法行政部，“且该八县司法事务，现依照江西省游击战区县份行政调整办法第十五条规定，由各该县县长办理，设置承审员一人，司法书记一人”。[4]“查本省属于战区，县司法处业已停办者，计有南昌等十四县”。[5]5月，司法行政部指令江西高等法院，“该省游击战区各县司法事务现由县长兼理，变更既有困难，各该县第一审案件不妨暂缓施行巡回审判，以免窒碍”。[6]所以，江西沦陷区14县基层司法机构由战前的地方法院和县司法处改为县长兼理司法，即县长兼理司法制度。

县长兼理司法制度，实为古代县知事兼理司法模式的延续，此乃战区特殊环境下的无奈之举。一方面，战区县政府机构和人员大幅度削减，以维持最低层面的政治、经济、军事和司法运作，故人

---

〔1〕 德安县志编纂委员会编：《德安县志》，上海古籍出版社1991年版，第236页。

〔2〕 司法行政部民国二十八年一月二十五日指令，指字第720号，江西省档案馆民国档案，卷宗号：J018-3-00996。

〔3〕 司法行政部民国二十八年一月二十五日指令，指字第720号，江西省档案馆民国档案，卷宗号：J018-3-00996。

〔4〕 江西高等法院民国二十八年三月十五日呈，江西省档案馆民国档案，卷宗号：J018-3-00996。

〔5〕 江西高等法院民国二十九年三月八日呈文，呈字第152号，江西省档案馆民国档案，卷宗号：J018-3-01868。

〔6〕 司法行政部民国二十八年五月九日指令，指字第特4号，江西省档案馆民国档案，卷宗号：J018-3-00996。

员配备比较齐全，功能比较完备的地方法院和县司法处无法存在；另一方面，战区民众大量迁徙，人口锐减，加上经济凋敝、秩序动荡，民众以生存为第一要务，在此情形下，通过诉讼的方式解决矛盾纠纷，较抗战前大幅减少，这为县长兼理司法模式的存在提供了可能。

在司法实践中，县长兼理司法除了审理普通民刑第一审案件外，还兼理军法会审的第一审案件。1938 年 5 月 15 日颁布并施行的《县长及地方行政长官兼理军法暂行办法》规定："凡依法令应归军法审判之案件，得由县长或地方行政长官兼理。""县长或地方行政长官得设置承审员及书记官，助理军法事务，但仍须该县长或地方行政长官于判决书内连署盖章"。[1]在江西战区，兼理司法县政府之军法会审成员由县长兼理军法官，军法承审员和军法书记官各 1 人构成，其中县长兼理检查职务，承审员负责审判。所以，军法承审员实际上既负责军法案件的审理，也负责普通民刑案件的审理，是一套人马两种职权。但因审理的案件不同，故适用诉讼程序与法律均各异，此乃战区县长兼理司法特别之处。军法机关不仅受理军人犯罪，而非军人犯内乱、外患、妨害秩序、贪污、盗匪、汉奸、烟毒等特种刑事案件也由军法机关审理。军法审判适用《陆海空军审判条例》及《战时陆海空军审判简易规程》等法律。

第二，战区第二审法院组织的调整。在临时变通办法中，"关于第二审案件，如高等法院或其分院不能执行审检职务者，在未恢复前，由司法行政部暂定该管区域内一地方法院受理上诉；如无地方法院，暂指定邻区之高等法院或分院或地方法院受理上诉；如邻区亦无法院，暂指定省政府或该管行政督察专员公署所在地之县司法处或县政府受理上诉，至管辖第二审之地方法院、县司法处或县

---

〔1〕"县长及地方行政长官兼理军法暂行办法各省高级军事机关代核军法案件暂行办法"，载《江西省政府公报》1938 年第 1065 期。

政府，其所受之第一审案件，则由司法行政部指定其他法院、县司法处或县政府受理上诉”。[1]1939 年，“在推行战区巡回审判制度之后，战区各县人民之上诉，除划入巡回审判区域者得向巡回推事上诉外，其法院尚能执行职务之区域，仍应上诉于高等法院或其分院”。[2]唯因战争关系，受理上诉之法院往往迁地办公，或交通失其常态，致管辖各县距离之远近，赴诉之难易随之而异。其有呈请变更管辖者，均经斟酌情形予以核准，并于必要时酌情设立高等法院临时庭或分庭，受理附近各县之上诉。如浙江高院之绍兴临时庭，及浙西临时庭，江西高院之袁宜临时庭，广东高院之恩平临时庭，甘肃高院之岷县临时庭，福建高院之闽清分庭。[3]这里，司法行政部将战区各县上诉审分为两部分，一是战区巡回审判负责其管辖区内的第二审民刑上诉案件；二是除战区巡回审判区之外的其他地区，仍由相应的第二审法院审理，如有必要可以变更管辖或增设临时庭。这里，巡回审判成为战区民刑上诉案的主要管辖者。

在江西负责第二审的审判机关，除了江西高等法院外，还设立四个高等法院分院，作为高等法院的派出机构，负责管辖区第二审普通案件的审理。抗战前，江西高等法院驻扎在南昌，其管辖的范围为南昌、新建、丰城、清江、进贤、东乡、余江、临川、崇仁、宜黄、安义、奉新、靖安、高安、万载、宜丰、宜春、萍乡、铜鼓、分宜和万年等 22 个县，其中涉及沦陷区县份的有“南昌、新建、安义、奉新、靖安、高安”等六县。江西高等法院第二分院驻扎在九江，其管辖范围为九江、湖口、彭泽、瑞昌、星子、都昌、浮梁、余干、乐平、鄱阳、婺源、德安、永修、武宁和修水等 15 个县，其中涉及沦陷区县份的有“彭泽、湖口、九江、星子、德

---

〔1〕 洪钧培：“战时司法法规纪要”，载《中华法学杂志》1940 年第 2 卷第3 期。

〔2〕 罗福惠、萧怡编：《居正文集》，华中师范大学出版社 1989 年版，第 170 页。

〔3〕 罗福惠、萧怡编：《居正文集》，华中师范大学出版社 1989 年版，第 170 页。

安、永修、瑞昌、武宁"[1]等八县。至1939年3月，九江、南昌先后沦陷，江西高等法院和江西高等法院第二分院被迫迁徙，这导致江西战区第二审诉讼无法开展，依据司法行政部的相关指示，江西高等法院积极筹备施行战区巡回审判。1939年10月，江西战区巡回审判正式施行，它标志着业已断裂的江西战区审判体系得以恢复。

二、战区司法组织体系的重构

（一）战区巡回审判组织的设立

1. 原因。

（1）维护司法主权的需要。"司法为国家政治机构之一部，其一切设施应以国家整个之政治动向为归趋。自对倭战事发生后，抗战建国同时并举，司法方面竭其最大之努力，以求应付事变，安定国本"，其应"适应抗战之环境并切合其真正之需要。"[2]抗战之初，司法行政部为了维系业已断裂的战区司法审判体系，曾经实施诉讼管辖区域临时变通办法。依该办法，战区第二审诉讼案件的管辖权，由原先的高等法院或高等法院分院，转至地方法院，但更多的是落到基层行政机关县政府手中。"自'司法院'规定诉讼管辖区域临时变通办法后，战区之诉讼，固由是不致稍有停滞，但以行政官兼理司法，终觉有所不妥。"[3]特别是战区第二审诉讼案件，有时也不得不依靠行政官兼理司法来处置，这与民国司法现代化的发展路径背道而驰，也给司法当局带来莫大的窘迫与尴尬。

而在抗战之前业已被法学界探讨已久的巡回审判制度，对于司

[1] 江西高等法院民国二十八年三月十五日呈，江西省档案馆民国档案，卷宗号：J018-3-00996。

[2] 谢冠生："战时司法之进展"，载《中央周刊（1928年）》1941年第3卷第39期。

[3] 洪钧培："战时司法法规纪要"，载《中华法学杂志》1940年第2卷第3期。

法当局来说并不陌生。而巡回审判制度是英美等发达国家施行已久，且成熟的司法制度，学习与借鉴之可以显示司法当局不断学习西方先进国家司法制度的姿态。与此同时，巡回审判组织的简单性，审判的流动性，经费的节约性等特点，非常适合战区环境与司法生态，又可以解决迫在眉睫的战区司法体系断裂的问题。关于巡回审判的优点，张宗浚在《沦陷区域内应设立巡回法院之刍议》一文中概况其要点有四：即便于诉讼当事人，节省人才与经费，便于审判官调查证据，巡回法院是国家与人民之间的桥梁。另外，对于国民政府司法当局来说，战区施行巡回审判制度有助于推动中国治外法权问题的解决，因为在战区援引英美巡回审判制度，可以展现中国政府为司法现代化不断努力的姿态，它为治外法权的收回增添司法现代化的砝码。

关于在战区设立巡回审判制度的缘由，最高法院院长夏勤提及，“缘近来战区范围日广，致使若干省高院或分院在其所管辖之地方，多有不能行使审判权者，为便利人民诉讼，兼杜伪组织觊觎起见，实有使战区内司法权照常活动之必要。”〔1〕日本学者三桥洋介认为夏勤言论乃“司法行政部对战区巡回审判制度制定的核心意图。”〔2〕张宗浚也指出，“那些伪组织都有所谓的司法机关，为敌作伥，来剥夺我国权——司法权。如果我国在沦陷区域内不设立司法机关，任伪司法机关乘虚而入，确定了伪司法基础，和给他扩张司法势力的机会，那么在我国抗战而言，司法上的抗战工作是失败了。所以我们为了国权不丧失，为了司法方面抗战的胜利，沦陷区域内亦应设立巡回法院。”〔3〕所以三桥洋介先生认为：“战区巡回审

〔1〕［日］三桥洋介：“抗战时期重庆国民政府之战区巡回审判制度的制定”，第九届海峡两岸及港澳地区历史学研究生论文发表会，四川大学，2009年。

〔2〕［日］三桥洋介：“抗战时期重庆国民政府之战区巡回审判制度的制定”，第九届海峡两岸及港澳地区历史学研究生论文发表会，四川大学，2009年。

〔3〕张宗浚：“沦陷区域内应设立巡回法院之刍议”，载《中华法学杂志》1938年第1卷第12期。

判制度的设立，背后有了战时的司法实情引发的压力。而这压力来自于日军与傀儡政权司法机关之扩张。"〔1〕

（2）便利诉讼当事人的需要。普通司法审判体系采用诉讼当事人到审判机关提起诉讼，参与诉讼的模式，无论是民事诉讼，还是刑事诉讼中的自诉和公诉机关提起的诉讼，皆是如此。此模式是"以当事人就法官"的审理模式，此乃和平环境下最一般的审理模式。

但"自抗战以来，日寇尽极残酷之手段破坏我国一切建设。因之沦陷区域交通工具全被破坏；虽幸而存在者，其被日寇占领，滥施检查旅客，行人视为畏途。而且有许多交通要道，正在军事行动时期，司法人员无飞鹰之技，当然是难以越过"。〔2〕此乃战区交通断绝的实况。与此同时，因战争关系，江西战区高等法院和江西高等法院第二分院分别迁移到离战区千里之外的兴国和金溪。都昌县的难民向善，曾向江西高等法院提出建议，把都昌县也列为战区巡回审判管辖范围，他在呈文中提及，"抗战时期，二审法院远在千里之外，交通梗阻，时虞危险，往返结束时非数年不可。当局若不亟思补救，不但受诉讼冤抑之难民无申诉之余地，即不肖之官吏因此为利用滥权废职之机会。"〔3〕因此，战区普通民众因交通断绝，第二审法院路途遥远等原因而被迫放弃上诉审的现象比较普遍。如此这般，一方面诉讼当事人的正当权益无法保障；一方面也助长了非法行为的滋生蔓延，同时还为不肖之官吏滥用职权，大发国难财提供便利。所以，改变诉讼当事人第二审上诉的困难，维护法律正义，成为战区司法义不容辞的职责所在，也是国家凝聚战区民众民

〔1〕［日］三桥洋介："抗战时期重庆国民政府之战区巡回审判制度的制定"，第九届海峡两岸及港澳地区历史学研究生论文发表会，四川大学，2009年。

〔2〕张宗浚："沦陷区域内应设立巡回法院之刍议"，载《中华法学杂志》1938年第1卷第12期。

〔3〕江西高等法院巡回审判第一区民国二十九年一月二十六日呈，巡字第292号，江西省档案馆民国档案，卷宗号：J018－3－01868。

心，实现抗战救国的需要。

巡回审判制度的最大特点是审判的流动性，“巡回审判制起源于英国，现时盛行于英美等国，为一种特殊的司法制度。这种制度的适用，大概是由高级法院委派法官，巡视预定的区域，执行审判的职务，所以谓之‘巡回审判’”。〔1〕此种制度，采用法官走出去的模式，以诉讼案件和诉讼当事人为目标，即“以法官就当事人”的模式实现诉讼案件的审理。基于江西战区环境和司法生态，诉讼当事人可以在兼理司法县政府，就第一审案件不服提起上诉或抗告，来主张自己的诉求。诉讼当事人就不再因战时环境险恶，提起上诉路途遥远而放弃自己的诉求，在诉讼程序上实现司法体系的完整。“则诉讼当事人既省金钱，又省时间，更免跋涉之劳，这种司法制度，可以说是最便于诉讼当事人了。”〔2〕“自战事爆发以来，沦陷区域之法院因不能执行职务而停闭……而第二审之上诉案件则苦于交通阻隔无从进行。为谋战区人民之便利，乃创设巡回审判制度。”“据所得之成绩报告，多能深入战区，随审随结，人民称便。”〔3〕在战火纷飞的环境里，推事冒着枪林弹雨，亲临案发地点，为诉讼当事人正当权益的保护提供司法保障，这既可让诉讼当事人感受到国家司法的公平正义，也可坚定诉讼当事人的司法信念，继而影响当地民众，提升司法主权的认同感。

（3）实现抗战救国的需要。1938 年 4 月，在武汉召开的临时全国代表大会决定了以抗战建国为根本国策。战时司法不独为抗战建国大业，一面为适应战时迫切之需要而做种种措施；一面继续进行固有之事务而安定地方秩序，保障人民权利。从此以后一切战时

〔1〕 张宗浚：“沦陷区域内应设立巡回法院之刍议”，载《中华法学杂志》1938 年第 1 卷第 12 期。

〔2〕 张宗浚：“沦陷区域内应设立巡回法院之刍议”，载《中华法学杂志》1938 年第 1 卷第 12 期。

〔3〕 谢冠生：“抗战建国与司法”，载《中华法学杂志》1940 年第 2 卷第 3 期。

上的司法措施，以《抗战建国纲领》为依据而定。[1]所以，抗战建国是战时司法的最高目标，要实现此目标，司法必须积极履行其自身的职责，维护法律正义。同时，基于法律正义之上的传播法律、凝聚人心等更高层次的目标才能实现，进而最终协助军事和政治，实现抗战建国。

维护司法正义的基本途径，乃诉讼当事人诉求和合法权益受到法律的保护，这种保护必须有完善的司法体系，公正的司法审判者，以及对诉讼案件事实的正确认知和法律的正确运用。但战争践踏了神圣的国土，导致了战区司法组织混乱和司法体系断裂。战区民众在战火中重生，他们渴望民族独立，渴望司法主权独立。但"沦陷区的司法机构早已是不存在了，就是离战区数百里的地方，有许多司法机关现在都瓦解了"。[2]战时曾经实施诉讼管辖区域临时变通办法，但"就司法权本身而论，假使以司法事务委诸军法官或行政官，无疑的司法权被剥削"。"我国的司法权，一向已经常受军政和行政的牵制。近一二十年来，我国司法当局极尽心力，期使司法独立免受军事行政之干涉，努力的结果总算成绩可观。如果在抗战的今日骤予自弃，以致功亏一篑，那岂不是太可惜了吗？所以为了在抗战的进程中，要建树强有力的司法权，俾司法权不致为其他部门所牵制，也不得不在沦陷的区域内设立巡回法院。"[3]

战区巡回法院的组建可以弥补业已断裂的司法体系，只有司法体系的完整才有司法诉讼程序的完整，也才有法律正义的基本载

---

〔1〕 谢冠生："抗战建国与司法"，载《中华法学杂志》1940年第2卷第3期。张知本："抗战建国中司法设施之方针"，载《中华法学杂志》1938年新编第1卷第12期。转引自［日］三桥洋介："抗战时期重庆国民政府之战区巡回审判制度的制定"，第九届海峡两岸及港澳地区历史学研究生论文发表会，四川大学，2009年。

〔2〕 张宗浚："沦陷区域内应设立巡回法院之刍议"，载《中华法学杂志》1938年第1卷第12期。

〔3〕 张宗浚："沦陷区域内应设立巡回法院之刍议"，载《中华法学杂志》1938年第1卷第12期。

体。因为有了战区巡回法院，战区民众才能真正感受到国家对战区民众的牵挂与关注，战区民众才有国民的归属感，民众才有拿起法律武器，维护自身权益的勇气和信心。而巡回审判的过程，就是司法主权的宣示过程，就是维护法律正义，传播法律的过程。当民众的合法权益得到了保护，当法律正义成为巡回审判的代名词时，司法和法律的影响力则随着诉讼当事人法律信仰的升起而升起，如星火燎原般在战区传播开来，则战区民众的民心可聚。民心可用，在抗战救国的号角下，民众必能振臂一呼而百应，则抗战救国目标的实现就指日可待。

2. 施行概况。1938 年，居正在《一年来司法之设施》一文中提及：巡回审判制度，在抗战以前曾有人建议设立。因我国幅员辽阔，此项制度可以便利人民，惟利弊兼有，为慎重计，当时未能即予采纳。现以抗战期间战区甚广，为使战区暨战区附近人民诉讼便利，俾流亡人民亦能有所申诉起见，爰决定试行此项制度……此项制度施行，战区人民虽在敌人重围之中，亦犹能获得本国法律上之保障，此不仅为司法方面之一新的设施，且在长期抗战中，其所加于人民心理上之影响，关系甚大。[1]“考巡回审判制倡于英美，原为平时制度，二十四年全国司法会议时即有提议采取斯制者，以格于现行法，未果行。今吾人试用于战时，且予当事人诉讼上之便利，益信‘战争为进步之母’一言为不虚，而其维护法权与系属民心者亦至大。”[2]

自《战区巡回审判办法》颁布，司法行政部即通令战区各省高等法院遵照试办，指示进行步骤。1939 年，“浙江、广东、湖北、江苏、河南、安徽、江西、山西八省，业已实施。每省划分若干

〔1〕 范忠信、龙陈俊、龚先砦选编：《为什么要重建中国法系：居正法政文选》，中国政法大学出版社 2009 年版，第 372 页。

〔2〕 范忠信、龙陈俊、龚先砦选编：《为什么要重建中国法系：居正法政文选》，中国政法大学出版社 2009 年版，第 372 页。

区，每区酌派巡回推事一人或二人，浙江省不分区，其巡回审判由高等法院浙西临时庭推事轮流任之。"[1]其中"湖北分4区，广东分2区，江苏分6区，江西分2区，安徽分2区，河南分3区，山西、浙江各分1区，共21区，辖158个县。到1942年扩大到九省（加上山东省），共分39区，辖301个县。"[2]"巡回审判，在我国尚属创举，而战区交通梗塞，尤具特殊情形；若诉讼程序悉依一般法规办理，势必有所扞格，爰饬据司法行政部拟订战区《巡回审判民刑诉讼暂行办法草案》，经本院修正补充，都凡二十六条，于二十八年八月间公布施行。"[3]

1939年5月9日，司法行政部指令江西高等法院，"该省巡回审判，应准自本年七月一日开始试行"。[4]后来，江西高等法院因战区巡回审判区的划分、经费的划拨与巡回审判推事的遴选等问题均未解决，故延期。7月9日，司法行政部指令，"该省巡回审判准改自本年八月一日开始试办"。[5]8月28日，修正的《江西省战区巡回审判办法施行细则》明确了南昌、九江等十四县为战区，并将其分为两区，这样江西战区巡回审判区最终划定。9月8日，江西高等法院呈文司法行政部，"重庆司法行政部部长谢钧鉴，巡回审判预算业经省务会议通过，兹拟请派罗笃志、左穆署巡回审判推事"。[6]所以，战区巡回审判经费和推事人选问题得到解决。关于

---

〔1〕罗福惠、萧怡编：《居正文集》，华中师范大学出版社1989年版，第169页。

〔2〕司法行政部三年来政绩比较总表，1939～1942年，中国第二历史档案馆藏，卷宗号（七）——7021。转引自蒋秋明：《南京国民政府审判制度研究》，光明日报出版社2011年版，第60页。

〔3〕罗福惠、萧怡编：《居正文集》，华中师范大学出版社1989年版，第169页。

〔4〕司法行政部民国二十八年五月九日指令，指字第特四号，江西省档案馆民国档案，卷宗号：J018－3－00996。

〔5〕司法行政部民国二十八年七月七日指令，指字第5815号，江西省档案馆民国档案，卷宗号：J018－3－00996。

〔6〕江西高等法院民国二十八年九月八日电呈司法行政部，江西省档案馆民国档案，卷宗号：J018－3－00996。

战区名称的确定，1939 年 6 月，司法行政部训令指出，当以应用“某高等法院巡回审判第几区”[1]字样等语。同年 10 月 15 日，江西高等法院巡回审判第一区推事罗笃志在南昌巡审，20 日江西高等法院巡回审判第二区推事左穆在高安巡审，江西战区巡回审判大幕正式拉开。

1945 年 12 月 24 日，司法院颁布废止战区巡回审判办法及战区巡回审判民刑诉讼暂行办法的 751 号令，[2]它标志着战区巡回审判制度历史使命的终结。1946 年 1 月 17 日，江西高等法院给战区巡回审判推事黄汉士、龙超云的训令中指出，“查本省战区巡回审判三十五年度应否裁撤，前经电部请示在案，兹奉部亥世电开，战区巡回审判三十五年度均应撤销”。[3]“查该推事业经另予调用，所有该区其他员工应暂行疏散，自三十五年一月份起停支薪津，合行令仰知照!”[4]所以，江西战区巡回审判于 1946 年 1 月起撤销，即江西战区巡回审判始于 1939 年 10 月，终于 1946 年 1 月，期间共存在 6 年零 2 个月。

（二）江西战区的巡回审判组织体系

1. 江西战区巡回审判区的划定。江西战区巡回审判区的划定有一个变化的过程。首先，1939 年 3 月，江西高等法院给司法行政部的呈中提及，“伏查本省沦为战区县份，截止现时止仅九江、星子、澎泽、湖口、瑞昌、武宁、永修、德安等八县，所有巡回审判区域拟暂定以该八县为限”。“经详查地形，彭泽、湖口、九江、星

〔1〕 司法行政部民国二十八年六月训令，训字第 1872 号，江西省档案馆民国档案，卷宗号：J018－3－00996。

〔2〕 司法行政部民国三十五年三月二十日训令，（京）训（参）字第 1009 号，江西省档案馆民国档案，卷宗号：J018－3－00996。

〔3〕 江西高等法院民国三十五年一月十七日训令，文字第 503 号，江西省档案馆民国档案，卷宗号：J018－3－01885。

〔4〕 江西高等法院民国三十五年一月七日训令，文字第 151 号，江西省档案馆民国档案，卷宗号：J018－3－01885。

子、德安各县地壤相接，瑞昌、武宁、永修各县辖境毗连，爰拟将该八县之巡回审判划为两区，以彭泽、湖口、九江、星子、德安等五县为一区，瑞昌、武宁、永修等三县为一区。"[1]

其次，随着沦陷区的扩大，1939年6月，"惟查本省沦为战区县份，除原有之九江、星子、彭泽、湖口、瑞昌、武宁、永修、德安等八县外，应增加南昌、新建、安义、奉新、高安等六县。若不将巡回审判分区办理，窒碍殊多"。[2]1939年8月20日，江西高等法院院长梁仁杰在给司法行政部的呈中，附上《江西省战区巡回审判办法施行细则》，其规定"本省巡回审判区域，暂以原属江西高等法院管辖之南昌、新建、安义、奉新、靖安、高安及高二分院管辖之瑞昌、永修、武宁、彭泽、湖口、九江、星子、德安等十四县为限，但必要时得推广之。本省巡回审判区域就地形及交通状况暂划分为两区，以南昌、彭泽、湖口、九江、星子、德安等六县为第一区。瑞昌、永修、武宁、安义、靖安、奉新、高安、新建等八县为第二区。每区暂各设第二审巡回审判推事一人，分别巡回审判，共管辖各县第二审民刑诉讼案件"。[3]到此，江西战区巡回审判区的划定尘埃落定，再未改变过。

2. 江西战区巡回审判职员的选任。

(1) 江西战区巡回审判推事的选任。

第一，巡回审判推事的选拔标准。依据《战区巡回审判办法》的规定，"巡回审判以推事一人或三人行之"。[4]最初，江西高等法

---

〔1〕 江西高等法院民国二十八年三月十五日呈，江西省档案馆民国档案，卷宗号：J018－3－00996。

〔2〕 江西高等法院民国二十八年六月日呈，江西省档案馆民国档案，卷宗号：J018－3－00996。

〔3〕 江西高等法院民国二十八年八月二十八日呈，江西省档案馆民国档案，卷宗号：J018－3－00996。

〔4〕 司法行政部民国二十七年十二月十一日训令，训字第4780号附件，江西省档案馆民国档案，卷宗号：J018－3－00996。

院曾提出“每区设第一审及第二审巡回审判推事各一人”的主张。[1]对此，司法行政部指出：“该省游击战区各县司法事务现由县长兼理，变更既有困难，各该县第一审案件，不妨暂缓施行巡回审判，以免窒碍。”[2]故江西战区巡回审判选择了“推事一人行之”的组织模式。“每区暂各设第二审巡回审判推事一人，分别巡回审判，共管辖各县第二审民刑诉讼案件。”[3]

根据《战区巡回审判办法》的规定：“前项推事（即巡回审判推事）以具有法院组织法所定高等法院推事之资格，并有审判民刑诉讼案件之经验者充之。”[4]则江西战区巡回审判推事的选拔从两个方面考察：首先是资格审查，即必须具备高等法院推事资格；其次是司法审判实践审查，即必须具有审判民刑诉讼案件之经验者。

第二，巡回审判推事的选拔[5]过程。“战区巡回审判之能否推行尽利，其关键不仅在制度之本身，尤在推行之是否得人。质言之，尤在巡回审判推事之能否不避艰险，以尽职责。”[6]为了能选拔到合适的人选，司法行政部通过公告、司法函等方式，向全社会公开选拔巡回审判推事，“司法行政部通告普字第四号（登载东南日报）略开：‘凡合于战区巡回审判推事资格，可于二十八年一月

---

〔1〕 江西高等法院民国二十八年三月十五日呈，江西省档案馆民国档案，卷宗号：J018－3－00996。

〔2〕 司法行政部民国二十八年五月九日指令，指字第特四号，江西省档案馆民国档案，卷宗号：J018－3－00996。

〔3〕 江西高等法院民国二十八年八月二十八日呈，江西省档案馆民国档案，卷宗号：J018－3－00996。

〔4〕 司法行政部民国二十七年十二月十一日训令，训字第4780号附件，江西省档案馆民国档案，卷宗号：J018－3－00996。

〔5〕 此处的选拔，仅指对江西战区巡回审判第一任推事罗笃志和左穆的公开选拔，江西战区第二任推事黄汉士和龙超云均由江西高等法院呈报司法行政部直接任命。

〔6〕 司法行政部民国二十八年七月十二日训令，训字第2135号，江西省档案馆民国档案，卷宗号：J018－3－00996。

三十一日以前缮具详细履历，叙明志愿服务区域，并现在通信地址，就近向本部或所在地法院声明登记。'"[1]颇具戏剧化的是，报名日期截止时，在江西高等法院报名的人数寥寥无几，"自本令举办登记以来，呈由本院声请登记者，为数寥寥；而声请登记之人员中，除一二人尚富有审判民刑案件之经验外，类多老耄不堪，或资历欠缺，以之充数，似非其选。"[2]

然而，在司法行政部报名的人数却很多，"案查依照战区巡回审判办法，呈准以战区巡回审判推事登记人员，为数不少。"[3]其中，合于战区巡回审判办法第二条规定，登记推事志愿服务江西的有张骏、叶世南、李寿曾、祝葆仁、徐武安、孙祥增、徐俊彦、俞昌达、程兰湘、李芬、邓呈祥、刘权、蔡廷伟、罗笃志、章肇修、林锺儒、段仍光、王命新、李平均、左穆、彭燮阳、刘生濬、刘应镛、潘鄗、杨善荣等25人。而合于巡回审判办法第十六条[4]，登记推事志愿服务江西的有蒋慰祖、彭年鹤、洪添锺、徐日彰、涂怀楷、李孝华等6人。[5]

仅就符合战区巡回审判办法第二条登记条件的25人分析之，符合登记条件的人数很多，究其原因有二：①从客观上看，武汉战役之后日军控制了华北、华中和华东广大富庶地方。因大片国土沦陷，"战区以内法院及监所在职人员因不能执行职务而离去任所者，

---

〔1〕 署江西上饶县司法处审判官丁德高民国二十八年一月二十九日向高等法院递交的呈，江西省档案馆民国档案，卷宗号：J018－3－00996。

〔2〕 江西高等法院民国二十八年三月十五日呈及附件，江西省档案馆民国档案，卷宗号：J018－3－00996。

〔3〕 司法行政部民国二十八年七月二十一日训令，训字第2366号，江西省档案馆民国档案，卷宗号：J018－3－00996。

〔4〕 巡回审判办法第16条：战区内地方法院或县司法机关不能执行审判职务时，得准用本办法。因江西战区巡回审判最终确定只负责战区第二审诉讼，第一审诉讼自不在考虑之列，所以此处登记的6位推事自不在战区巡回审判推事考虑范围之内，特此说明。

〔5〕 司法行政部民国二十八年七月二十一日训令，训字第2366号，江西省档案馆民国档案，卷宗号：J018－3－00996。

实繁有徒。"[1]在25人的简历上，明确标明因战事紧张而疏散的有程兰湘、刘权、罗笃志等；因战事而荐任候补，听候调遣的有张骏、李寿曾、章肇修等。[2]②从主观上看，抗战期间以安定后方为要，法官地位尊严，尤应镇静从容，为民表率。大批有志于抗日报国的司法人员，响应国民政府的号召，愿意投身于战区司法工作。如时任江西高等法院第一分院推事李平均在申请的呈中说："推事等夙知巡回审判为中央动员司法人员之要著，本为国为民之枕，俱愿在本省担任此项艰巨工作。"[3]

那么，巡回审判推事选拔的决定权在谁的手里呢？"兹将依其志愿分发该省，交该院长遇有战区巡回审判推事员额，遴请核派。"[4]显然，决定权在江西高等法院手中，"兹拟请派罗笃志、左穆署巡回审判推事"。[5]司法行政部则负责核查派遣，"查罗笃志、左穆等经准派充该省战区巡回审判推事，并电复饬遵在案……饬将该员等任事日期，连同履历各四份呈转备查。"[6]

第三，巡回审判推事选拔的特点。

其一，选拔的战时性。巡回审判是国民政府基于战区司法体系断裂而设立的临时司法救济措施。当时，施行巡回审判制度的共有9个省。在江西战区，战时背景表现为：伴随着战区政治上的动

〔1〕居正："三年来司法概述"，载《中央周刊（1928年）》，1940年第3卷第1～2期。

〔2〕司法行政部民国二十八年七月二十一日训令，训字第2366号附件，江西省档案馆民国档案，卷宗号：J018－3－00996。

〔3〕李平均民国二十八年二月向高等法院院长梁仁杰提交的呈，江西省档案馆民国档案，卷宗号：J018－3－00996。

〔4〕司法行政部民国二十八年七月二十一日训令，训字第2366号，江西省档案馆民国档案，卷宗号：J018－3－00996。

〔5〕江西高等法院民国二十八年九月八日电呈司法行政部，江西省档案馆民国档案，卷宗号：J018－3－00996。

〔6〕司法行政部民国二十八年九月二十日训令，训字第3064号，江西省档案馆民国档案，卷宗号：J018－3－00996。

荡，军事上的战火纷飞，经济上的异常凋敝，司法上因江西高等法院和高等法院第二分院的迁徙，战区第二审诉讼出现真空。第一审诉讼机关，则由战前的县法院和县司法处改为战时县长兼理司法，司法审判机关随着县政府的流动而流动。与此同时，日军扶植的傀儡政权，从政治、军事和经济上对抗国民政府，其司法机构也在建立并扩大影响。在此背景下，战区巡回审判不仅肩负实现司法行政部提出的“与其以当事人就法官，毋宁以法官就当事人”的巡回审判目标，而且将通过巡回审判完成战区司法体系的衔接，维护战区司法主权。与此同时“司法亦有与军政两方面配合之必要”,〔1〕以增加战区的游击效能。

其二，选拔标准的严苛性。江西高等法院内设民事庭和刑事庭，分别负责民事和刑事案件的审理。此分工是基于单位集体合作基础上的有效分配，对于推事而言，有利于推事集中有限的时间和精力，集中学习和提升民事或刑事方面的专业知识和审判技巧；对于法院来说，有利于提升整个法院案件审理的专业化，提高案件审结的效率。但此分工也有其弊端，即注重个人专业化的同时，必然影响推事个人综合素质的提升。对于法院而言，各个推事审理民事或刑事案件的知识和审判技巧的专业化与法院的整体化发展是相得益彰的。但对于巡回审判区而言，因采用独任制审判模式，巡回审判推事既需要有审理民事或刑事案件精深的专业知识，更需要有审理民事和刑事案件广博的知识和经验，因为巡回审判推事要审理的是巡回审判区内所有民刑上诉案件和覆判案件。所以巡回审判推事的选拔，既强调候选人要有高等法院推事资格，更强调要有审判民刑案件的经验。

实际上，基于战区特殊的司法环境，加之时代赋予战区巡回审判的特殊使命，巡回审判推事的选拔，还有一些其他隐形的条件。

---

〔1〕 谢冠生：《战时司法纪要》，“司法院”秘书处1971年重印版，第45页。

首先，巡回审判推事要有很强的领导协调能力。作为一个团队，巡回审判职员除了推事外，还有书记官、录事和公丁各一名。在条件极其艰苦的战区巡回审判，充分发挥团队中每一个成员的能力，成为完成巡回审判使命的必要条件之一。正因为如此，巡回审判职员的组成有一个鲜明的特点，书记官、录事由巡回审判推事举荐，经高等法院资格审核与任命，公丁则由推事直接雇用。他们与推事之间的关系密切。以江西高等法院巡回审判第一区书记官胡显宗为例，当书记官胡俊辞职后，罗笃志举荐胡显宗暂代本区书记，经江西高等法院审核派遣，“派胡显宗代理江西战区巡回审判第一区书记官。此令。”[1]经查胡显宗的履历，其于“二十六年二月九日调南昌地方法院检察处办理记录事务。二十七年七月，因南昌接近战区，奉令疏散。”[2]而罗笃志“二十七年八月十一日准由院派暂代南昌地方法院检察官职务，二十八年七月十三日据报疏散。”[3]所以，他们都曾经在南昌地方法院检察处工作过，因彼此了解，才有后来的举荐，也才有巡回审判区的合作。

其次，巡回审判推事要有健康的身体，要比较年轻。巡回审判的流动性、长期性和其过程的艰巨性，对推事本人的身体条件提出了很高的要求，健康和年轻就成为竞争最有力的筹码。在候选的25人中，年龄最大的57岁，最小的31岁，而罗笃志就是那个年龄最小的候选推事；左穆40岁，也是属于比较年轻的。

最后，巡回审判推事要有投身战区司法的信念和勇气。战区环境的严酷性、任务的艰巨性和巡回审判过程的艰苦卓绝，对巡回审判推事是极大的考验。推事如果没有投身战区司法的坚定信念，完

---

〔1〕 江西高等法院民国二十九年十一月二日令，第2631号，江西省档案馆民国档案，卷宗号：J018－3－01873。

〔2〕 江西省巡回审判第一区民国二十九年十月十二日呈，巡字第804号，江西省档案馆民国档案，卷宗号：J018－3－01873。

〔3〕 司法行政部民国二十八年七月二十一日训令，训字第2366号附件，江西省档案馆民国档案，卷宗号：J018－3－00996。

成战区巡回审判的既定目标是无法想象的。以罗笃志为例，在担任南昌地方法院检察官期间〔1〕，“南昌近虽时遭敌机侵袭，但刑事案件则并未减少，候补检察官罗笃志在战时紧张之时迄未离院，照常工作，似不无相当劳绩，非予以登进，实不足资激励。”〔2〕“职自奉电之日〔3〕即下最大之决心，愿以所有之聪敏才智办好巡回审判事务，以图报效于万一。虽任何牺牲与劳怨，均在所不惜。”〔4〕

其三，选拔过程的公开性。普通法院候补推事的遴补，按照“三缺为一轮”〔5〕的选拔方式。遴补的标准，依据候补推事的年资和成绩两项相间叙补。推事的奖罚依据其平时工作业绩的考核，即年考和每三年一次的总考之优劣定等，成绩优异者可以升等或晋级或记功。这种考核与选拔的运作方式是由地方法院到高等法院，再到司法行政部的由下而上的系统运作，因中间环节较

〔1〕即从民国二十六年九月五日起至民国二十七年八月十日止。

〔2〕南昌地方法院首席检察官钟尚武民国二十七年七月十七日呈，江西省档案馆民国档案，卷宗号：J018－8－01583。

〔3〕罗笃志民国二十八年九月二十五日给江西高等法院院长和首席检察官的复电，江西省档案馆民国档案，卷宗号：J018－3－00996。

〔4〕江西省战区巡回审判第一区推事罗笃志民国二十八年十二月二十二日呈，江西省档案馆民国档案，卷宗号：J018－3－01868。

〔5〕1937年《司法官临时叙补办法》规定了“三缺为一轮”的遴补办法。首先，把各省区候补推事、检察官以其出身分为三类，分别列入甲乙丙三种表中，作为遴补的依据。列入甲种表的是“司法官再试及格及司法官初试及格，经训练毕业以再试及格论之候补人员均属之。”列入乙种表的是“民国十五年国民政府第一次法官考试及格，法官训练所第一届毕业，司法储才馆及新民储才馆司法班毕业之候补人员均属之。”列入丙种表的是“前二种表以外之其他候补人员均属之。”其次，“三缺为一轮”的遴补方法：一是各省区地方法院推事检察官员缺以三缺为一轮，即以三个空缺位置为一组；二是标注三个空缺位置的先后顺序，分别从甲乙丙三种表中各遴选一人，依空缺位置的先后顺序补实，完成一轮的遴补。再次，表内候补人员叙补的标准：即年资和成绩两项相间叙补。其一，第一轮以候补年资之深浅定之，如果候补年资相同，再以成绩优劣定之；其二，第二轮斟酌考试成绩或上诉案件计等表，暨推检考绩表或调训成绩高下定之，如果成绩相同，再依候补年资定之；其三，第三轮再以第一轮的标准定之，第四轮以第二轮的标准定之，如此循环，使候补推事中优秀人才有机会实授，完成新老人员交替。最后，如果某种表列无相当人员叙补时，得依次以他种表列人员叙补。每三缺轮补完毕时，得从存记人员中择优叙补一缺，以备下一轮之遴补。

多，选拔受到桎梏的因素也较多。

但此次巡回审判推事的选拔，由司法行政部牵头，以公告或通知函的方式面向全国司法官，选拔包括江西在内的9个省的巡回审判推事。从推事报名地点的可选择性，到推事资格认定的多部门性，均可以认定这是一次全国范围的公开选拔。从选拔的运作方式上看，是从司法行政部到高等法院的由上而下的运作方式。它打破了原来的惯例，这对沉闷的司法官选拔制度而言，不啻于一次重大的尝试和突破，其影响是深远的。

之所以采取公开选拔的方式，究其原因：一是战区推动巡回审判的紧迫性，传统的选拔方式已经无法适应战时特殊需要；二是选拔到合适人选的困难性，因巡回审判使命艰巨、责任重大，非优秀人才不能担当，从全国范围内选拔之，乃是最佳选择；三是顺应抗战建国的民意，在全国范围内公开选拔巡回审判推事，能激发全国人民抗战建国的热情，展现国民政府抗战建国的决心。

战区巡回审判是国民政府战时司法改革的重要组成部分。巡回审判推事的选拔，是司法行政部为尽快在战区推行巡回审判制度的应急举措，也是满足战争状态下战区民众对第二审诉讼极端渴望下的凝聚民心之举。就其本身而言，它既是对战前推事选拔制度的继承，更是一种制度创新。

抗战时期战区巡回审判推事的选拔，对今天中国特色的法官选拔制度的发展和完善也有一定的启示作用：首先，法官选拔的专业化。战区巡回审判推事的选拔，由司法行政部到高等法院，再到司法行政部的选拔路径，其运行模式在司法系统内部。目前，我国的《法官法》虽然规定了初级法官的选拔标准和条件，但它并没有对符合条件者进入法官队伍作出相应的规定，而是将此路径转让给统一的公务员考试，即要成为法官必须通过公务员考试。但是法官行使的是司法裁判权，而公务员行使的是行政权。独立是司法裁判权的特点，而服从是行政权的特点。“法官的思维是客观的，遵循着他的法律观念；行政官的方法是经验式的，是权宜之计。"[1]因此，这种权力的让渡，实际上是职权上的错位，给法官选拔带来不利后果。《人民法院第四个五年改革纲要(2014－2018)》在法官遴选方面提出"推动在省一级设立法官遴选委员会，从专业角度提出法官人选"，此规划首先改变了当前法官遴选制度，提高了法官选拔的官方层级，使法官的选拔模式既符合法官的职业特点，又提升了法官任职的权威性。其次，法官选拔的公开性。目前中国法官的选拔，主要有选拔和任命两种模式。其中，最高人民法院院长由全国人民代表大会选举产生，地方各级人民法院院长由地方各级人大选举产生。除此之外，地区中级人民法院院长，以及各级地方人民法院的副院长、庭长、副庭长、审判员和助理审判员采用任命方式。《人民法院第四个五年改革纲要(2014－2018)》提出完善法官选任制度，针对不同层级的法院，设置不同的法官任职条件。初任法官首先到基层人民法院任职，上级法院法官原则上从下一级法院遴选产生。这为法官公开选拔提供了制度支持，结合省级法官遴选委员会的设立与运行，中国特色的法官遴选制度将逐步呈现在国人面前。再次，法官司法实践能力的重要性。在战区推事选拔中，具有审判民刑诉讼经验为其重要的指标。实际上，民国时期推事的初选，除了有统一的高等考试司法考试外，还有专业能力的培训过程，[2]"法官履行其审判职责需要具

---

[1] 韩波：《法院体制改革研究》，人民法院出版社2003年版，第62页。

[2] 高等考试司法官考试初试及格人员，由司法行政部分发各地方法院学习审判检察事务，其学习期间为二年。但司法行政部认为必要时，得划学习期间之一部，命司法官考试初试及格人员入法官训练所训练司法实务。实习和学习期满后，相关人员还要参加高等考试司法官考试再试，由司法行政部将第十一条之报告书（即地方法院院长或首席检察官对学员操行能力及成绩给予切实评价的报告书），连同学习人员拟作稿件或训练成绩，并其他有关成绩之文件汇送再试典试委员会。再试及格者授以再试及格证书，依法任用，即作为候补推事任用。所以，民国时期推事的选拔过程中，候选推事的专业实习和培训，是再试的重要内容。

备演绎法律的能力、判断证据的能力、概括和推理的能力，以及控制庭审的能力，而我国法学教育的现状尚不能保证其毕业生普遍具备这些能力，法官选拔制度也不能完全解决这个问题。"[1]因此，在法官选拔的过程中，加大对候选法官职业能力的培训和考核，并将之作为选拔的重要标准，是解决目前法官司法实践能力匮乏的关键。其实，大陆法系的国家都非常重视法官司法实践能力的培训。以德国为例，"按照德国《法官法》的规定，预备培训除在普通民事法院、刑事法院或者检察院、行政机关、律师事务所等'强制机构'进行外"，还需要在非强制机构，如联邦或州立法机关等参加培训。[2]这种实习与培训，是提升未来法官法律适用能力的优秀平台，是实现知识理性到司法实践理性转变的纽带。最后，法官综合素质考选的多维度性。江西战区巡回审判推事的选拔，是基于专业知识和经验基础上的综合素质的选拔，突出了推事德性与理性的考核。史尚宽先生曾说，"虽有完美的保障审判独立之制度，有彻底的法学之研究。然若受外界之引诱，物欲之蒙蔽，舞文弄墨，徇私枉法，则反而以其法学知识为其作奸犯科之工具，有如为虎附翼，助纷为虐，是以法学修养虽为切要，而品格修养尤为重要"。[3]《人民法院第四个五年改革纲要（2014 - 2018）》在法官遴选方面提出：除了推动在省一级设立法官遴选委员会，从专业角度提出法官人选外，"由组织人事、纪检监察部门在政治素养、廉洁自律等方面把关，人大依照法律程序任免"，此乃从多维度对法官的遴选进行原则性的规定。法官的遴选标准是"德性、知识、理性和经验"全方位的、多维度的综合素质的考核。与此同时，法官遴选机

[1] 姚莉："中国法官制度的现状分析与制度重构"，载《法学杂志》2003 年第 9 期。

[2] 陈波："法官遴选制度与司法能力建设——以两大法系法官遴选制度为例"，载《北京社会科学》2014 年第 1 期。

[3] 王明新："关于完善中国法官选拔制度的理性思考"，载《人民司法》2005 年第 5 期。

关与任命机关分离，便于人大实施监督，这是符合中国国情，又有中国特色的法官遴选制度。

第四，江西战区巡回审判推事黄汉士与龙超云的任命。与通过公开选拔，成功竞选江西战区巡回审判第一任推事的罗笃志与左穆不同，黄汉士与龙超云由江西高等法院呈报司法行政部，直接任命为江西战区巡回审判第二任推事。1945 年 3 月 20 日，罗笃志调派宁都地方法院院长一职，其遗缺由高等法院“调派黄汉士代理本省战区巡回审判推事”,[1]并报司法行政部审核，“查有临川地方法院推事黄汉士办案明敏，年富力强，并据声明志愿担任巡审工作，拟请准予派署”。[2]1944 年 10 月 15 日，左穆调任江西萍乡地方法院首席检察官一职，其遗缺由推事龙超云接替，“案奉钧院三十三年十月九日人字第三零二一号训令内开：查该员（左穆）业经奉令另有调用，令饬知照在案，遗缺兹派龙超云代理。”[3]

当巡回审判推事因调任他职而卸任后，其原来的员役也随之离开战区，如 1945 年 3 月，罗笃志奉命调任宁都地方法院院长一职，“所请调派邓本骥任宁都地方法院书记官长之处，已据另呈候核办饬遵。仰即知照。”[4]“职定于四月十二日由临川起程，前赴宁都接收，邓本骥已令随同前往宁都，办理接收事宜，合并陈明。”[5]所以，新任巡回审判推事黄汉士将重新举荐书记官、录事和公丁，

---

〔1〕 江西高等法院民国三十四年三月二十日院令，人字第 33 号，江西省档案馆民国档案，卷宗号：J018 -1 -01721。

〔2〕 江西高等法院民国三十四年三月二十一日呈，呈字第 177 号，江西省档案馆民国档案，卷宗号：J018 -1 -01721。

〔3〕 江西高等法院巡回审判第二区民国三十三年十二月十五呈，呈字第 226 号，江西省档案馆民国档案，卷宗号：J018 -1 -01721。

〔4〕 江西高等法院民国三十四年五月十一日指令，人字第 2275 号，江西省档案馆民国档案，卷宗号：J018 -1 -01721。

〔5〕 江西高等法院巡回审判第一区民国三十四年四月十二日呈，移字第 2541 号，江西省档案馆民国档案，卷宗号：J018 -1 -01721。

并报高等法院察核任命和备案。这样，全新的巡回审判员役在新的岗位上开始了战区巡回审判新的征程。

(2) 江西战区巡回审判职员的举荐与雇用。推事一人行之的模式，并非只有推事一人在战斗，而是推事负总责基础上的集体行为。江西高等法院巡回审判除了推事外，还有书记官、录事和公丁各一人。

第一，书记官的举荐与任用。对于巡回审判区书记官的选拔，高等法院一般采用由推事推荐，高等法院资格审核，然后报请司法行政部任命的模式。所以，书记官人选的推荐权便是巡回审判推事重要的人事权力。

"巡回审判每区仅置书记官一员，须兼办记录、文牍、会计、统计及其他一切事务，责重事繁，非熟练者实难胜任，拟请调派江西南昌地方法院书记官分发临川地方法院办事之彭国柱充之（因其曾办记录及会计多年，且身体康健，堪耐劳苦）藉资臂助。"[1]由此观之，罗笃志选用书记官的标准就非常清晰地浮出水面：一是候选人业务能力强；二是身体健康，能吃苦耐劳；三是彼此比较熟悉。彭国柱在南昌地方法院担任书记官职务多年，而罗笃志于"二十七年八月十一日准由院派暂代南昌地方法院检察官职务，二十八年七月十三日据报疏散。"[2]所以两人同在南昌地方法院工作过，比较熟悉。但出乎意料的是，彭国柱以家事繁重和身体有恙辞不赴任。于是罗笃志提出"遗缺拟请以现在钧院会计科办事之书记官唐秉珪派充"。[3]但事与愿违，"据保唐秉珪，询据声称亦不愿

---

〔1〕 罗笃志、左穆民国二十八年十月九日呈，江西省档案馆民国档案，卷宗号：J018－3－00996。

〔2〕 司法行政部民国二十八年七月二十一日训令，训字第2366号附件，江西省档案馆民国档案，卷宗号：J018－3－00996。

〔3〕 江西高等法院巡回审判第一区民国二十八年十月十九日呈，巡字第4号，江西省档案馆民国档案，卷宗号：J018－6－04160。

就。"[1]在此情况下，高等法院直接任命，"派胡俊代理本院战区巡回审判第一区书记官。此令。"[2]到此，巡回审判第一区书记官人选才尘埃落定。那么，巡回审判第一区书记官选任中出现尴尬的原因是什么呢？其一，罗笃志事先未能与候选人沟通好，是彭国柱与唐秉珪辞不赴任的直接原因，"职于离临川时，未悉巡回区之组织，事先并未征得彭君同意"，"闻钧院何主任之女婿唐秉珪君，情愿担任此事，伊前在临川办记录多年，现又在钧院会计科办事，亦属能员，可否以该员继任之处，敬祈裁夺。"[3]其二，战区形势复杂，困难重重，"惟战区危险性逐大，有资格者多不愿相随"，[4]这或许是深层次的原因。

与江西高等法院巡回审判第一区书记官举荐和任命过程的曲折相比，巡回审判第二区书记官的任命过程比较简单，"派彭国柱、黄服畴代理本院战区巡回审判第一、二区书记官。此令"。[5]黄服畴就成为巡回审判第二区第一任书记官。彭国柱虽是巡回审判第一区第一任书记官，但因辞不就任，胡俊则成为巡回审判第一区事实上的第一任书记官。罗笃志就任巡回审判第一区推事时的书记官先后有胡俊和胡显宗，邓本骥。1941 年之前，巡回审判第二区的书记官先后有黄服畴、彭定邦和刘汝霖。[6]黄汉士就任巡回审判第一

[1] 江西高等法院民国二十八年十月三十一日指令，文字第 4368 号，江西省档案馆民国档案，卷宗号：J018－6－04160。

[2] 江西高等法院民国二十八年十一月四日令，第 2259 号，江西省档案馆民国档案，卷宗号：J018－6－04160。

[3] 江西高等法院巡回审判第一区民国二十八年十月十七日呈，江西省档案馆民国档案，卷宗号：J018－6－04160。

[4] 江西高等法院巡回审判第一区民国二十八年十一月二十二日呈，江西省档案馆民国档案，卷宗号：J018－6－04160。

[5] 江西高等法院民国二十八年十月十一日令，第 2117 号，江西省档案馆民国档案，卷宗号：J018－3－00996。

[6] 江西高等法院民国三十年八月十一日公函，会字第 1345 号；江西高等法院民国三十年八月十二日公函，会字第 1346 号，江西省档案馆民国档案，卷宗号：J018－6－04796。

区推事时的书记官是徐国荣[1]；龙超云为第二区推事时的书记官是陈绍基。[2]

第二，录事与公丁的任命。录事"缮写一切文书，至关重要，况在今日为节省油印起见，即判决正本及节本均由录事抄写附卷或送达当事人。"[3]公丁或丁役，应为庭丁、公役的合称，即维护法庭秩序，协助推事、书记官处理庭审事务和日常杂务的人员。录事和公丁可以由推事直接任命，报高等法院察核备案即可。其中，录事有一定的资格要求。如巡回审判第一区第一任录事万嘉鑫，乃"江西私立西江中学毕业"。[4]"查本区录事万嘉鑫、公丁全佩珍均于本年十月十九日在腾桥到区服务……理合检同万嘉鑫履历，备文呈报钧长、首席鉴核备案。"[5]1945 年 1 月，罗笃志"派黄顺珍充本区公丁。"[6]1944 年 11 月龙超云接任左穆的巡回审判第二区推事后，"查本区前任推事左穆任用员役早经离区，兹已派陈绍虞充本区录事，现年十八岁；派丁秉辉充本区公丁，现年二十八岁，理合具文呈请鉴核备查。"[7]

关于公丁的雇用，罗笃志在呈文中提及，"本区仅有公丁一人，调用县政府公役为事实所不许，仅送邮一项已感不敷，再加以前赴

---

〔1〕江西高等法院民国三十四年五月十五日指令，人字第 2345 号，江西省档案馆民国档案，卷宗号：J018-1-01721。

〔2〕江西高等法院巡回审判第二区民国三十四年十一月十七日电，江西省档案馆民国档案，卷宗号：J018-1-01721。

〔3〕江西高等法院巡回审判第二区民国三十一年六月十五日呈，巡呈字第 88 号，江西省档案馆民国档案，卷宗号：J018-6-04812。

〔4〕江西高等法院巡回审判第一区民国二十八年十月十九日呈，巡字第 3 号，江西省档案馆民国档案，卷宗号：J018-6-04160。

〔5〕江西高等法院巡回审判第一区民国二十八年十月十九日呈，巡字第 3 号，江西省档案馆民国档案，卷宗号：J018-6-04160。

〔6〕江西高等法院巡回审判第一区民国三十四年一月二日令，文字第 2471 号，江西省档案馆民国档案，卷宗号：J018-3-02627。

〔7〕江西高等法院巡回审判第二区民国三十三年十一月二十二日呈，文字第 4 号，江西省档案馆民国档案，卷宗号：J018-1-01719。

迢远之县政府借印，自属无法分配。”[1]“查区公丁一人无论如何不敷公配，自开办之日起已用二人，计额内者一人，月给十六元(照预算)；额外者月给十元，由职自行给付。但职俸给已大为减少，且应酬浩大，长此以往实难维持。添雇公丁一名之工饷，下年度务恳设法编入预算之内，以轻赔累。”[2]因工作需要，罗笃志用自己的俸给雇用公丁一人为巡回审判区效力，此举一方面显示巡回审判区工作量之浩大，以及公丁不敷使用的真实现状；一方面也展示了作为巡回审判第一区推事的罗笃志，尽忠尽职、排除万难、全力以赴推动巡回审判施行的奉献精神。

1941 年之前，巡回审判第一区的录事先后有万嘉鑫、罗益之；第二区的录事先后有彭定邦、杨淮。[3]第一区的公丁先后有全佩珍、罗凤初；第二区的公丁是左青山。

3. 巡回审判推事的行政职责。战区巡回审判推事的行政职责，“如任命官吏，依讼案繁简而配置相当之官吏名额；对于司法官加以监督；又各司法机关之经费收支预算决算”，[4]便于上级司法行政部门监督考核的各种书表的上报等。本节主要关注除战区巡回审判推事人事权之外的其他行政职责。

(1) 巡回审判文件的制作。

第一，巡回审判区的基本文件。巡回审判推事需要撰辑、编制与统计的文件，其中涉及经费部分的主要有工作报告、工作日记

---

〔1〕 江西省巡回审判第一区民国二十九年八月十三日呈，江西省档案馆民国档案，卷宗号：J018－3－01873。

〔2〕 江西省战区巡回审判第一区民国二十八年十二月二十二日呈，江西省档案馆民国档案，卷宗号：J018－3－01868。

〔3〕 因 1940 年 5 月书记官黄服畴请假，彭定邦代理书记官职务，于是临时雇佣杨淮为江西高等法院巡回审判二区录事一职。江西高等法院民国三十年八月十二日公函，会字第 1346 号，江西省档案馆民国档案，卷宗号：J018－6－04796。

〔4〕 陈祖信编：《县司法行政讲义》，广西省地方行政干部训练委员会 1941 年印，第 4 页。

簿、出差旅费报告表，以及支出计算书、四柱清册等；涉及案件统计的主要有民事案件报告书、刑事案件报告书、巡回审判民事案件表、刑事案件表等。

其一，经费文件的编撰、统计与报告。战区巡回审判的支出计算书、四柱清册、出差工作日记簿、出差旅费报告表和相应的费用单据，推事均以月报的方式一并向高等法院汇报。如1941年9月，罗笃志向高等法院汇报该年七月份经费开支情况："查本区本年七月份支出计算书表等件，业经编造完竣……计呈送支出计算书、四柱清册各一件，出差工作日记簿、旅费报告表、旅费清单各一件，单据一册，计单据二十一张；又旅费单据一册，计单据六张。"〔1〕此类表簿，直观地展现了巡回审判经费的使用情况，便于司法行政部和高等法院监督。

其二，案件统计的书表与报告事项。首先，关于案件统计与报告书式样，司法行政部特发训令，"兹特颁发民事案件报告书及刑事案件报告书式样及说明，应即转饬各巡回区巡回审判推事，遵照按期造报备查。"〔2〕其次，呈报案件统计书报的时间，按照司法行政部训令规定，民事案件报告书和刑事案件报告书由承办推事、书记官共同签名盖章，于"每一巡回区域巡回周遍后，十五日内办齐赍出"，并"应分报司法行政部及该管高等法院"。〔3〕

但在实际中，推事将民事案件报告书、刑事案件报告书与巡回审判民事案件表、刑事案件表等一起报送，形成了月报与年报制度。

月报即推事对辖区内某县巡回审判完毕后，把接收与审理的覆

〔1〕江西高等法院巡回审判第一区民国三十年九月呈，会字第1251号，江西省档案馆民国档案：J018－6－04813。

〔2〕司法行政部民国二十八年六月训令，训字第1932号，江西省档案馆民国档案：J018－3－00996。

〔3〕司法行政部民国二十八年六月训令，训字第1932号，江西省档案馆民国档案：J018－3－00996。

判案件和第二审民刑案件统计一并呈送高等法院，再转呈司法行政部备案的制度。

1942年7月28日，左穆莅临奉新县巡审，“关于承办奉新县各案，谨填具报告表（民刑上诉案件报告表），呈送钧长俯赐察核”。[1]1943年1月，罗笃志“查本区第七次巡回审判彭泽之第十一次民事案件收结报告书（自三十一年十二月三十日起至三十二年一月二十九日止），业经编造完竣，理合备文呈送钧长鉴核备查”。[2]“查本区第七次巡回审判彭泽之第十四次刑事案件收结报告书……备文呈送钧长鉴核备查。”[3]

巡回审判民事案件表和刑事案件表，伴随着民事案件报告书、刑事案件报告书，也以月报的方式呈报备案。1941年4月，罗笃志莅临彭泽巡审（自三十年三月十八日至四月十七日止）后，计呈送“第四次巡回审判彭泽民事案件表一件”[4]和“第四次巡回审判彭泽刑事案件表一件”。[5]

年报即依照案件类型，按年度分类统计案件受理与审结情况，并报送司法行政部备案。1940年1月27日，罗笃志在呈中提及，“本区民国二十八年度年表业经造竣，理合检同该表备文呈送钧长俯赐存转。”[6]呈送的统计表有：刑事覆判案件表（一）二件（按

---

〔1〕 江西高等法院巡回审判第二区民国三十一年七月二十八日呈，巡呈字第101号，江西省档案馆民国档案：J018－4－03212。

〔2〕 江西高等法院巡回审判第一区民国三十二年一月二十八日呈，统字第1896号，江西省档案馆民国档案：J018－4－03204。

〔3〕 江西高等法院巡回审判第一区民国三十二年一月二十八日呈，统字第1901号，江西省档案馆民国档案：J018－4－03204。

〔4〕 江西高等法院巡回审判第一区民国三十年四月十四日呈，巡字第1076号，江西省档案馆民国档案，卷宗号：J018－4－03142。

〔5〕 江西高等法院巡回审判第一区民国三十年四月十四日呈，巡字第1074号，江西省档案馆民国档案，卷宗号：J018－4－03142。

〔6〕 江西高等法院巡回审判第一区民国二十九年一月二十七日呈，巡字第296号，江西省档案馆民国档案，卷宗号：J018－4－03169。

照特别法罪名归类)，刑事覆判案件表（二）二件（按照第一审法院分类)；刑事第二审案件表（一）二件（按照第一审法院分类)，刑事第二审案件表（二）二件（按照刑法罪名分类)，刑事第二审案件表（三）二件（按照特别法罪名分类)；民事第二审案件表（一）二件（按照第一审法院分类)，民事第二审案件表（一）二件（按照诉讼种类分类)。

第二，巡回审判区特有文件。

其一，巡回审判布告。《战区巡回审判办法》第 4 条规定："巡回审判之期间应由该高等法院或分院斟酌实际情形定之，并于巡回审判区域内先期布告。"[1]布告设计工作由巡回审判推事负责，并报高等法院备案，而张贴工作则由县政府兼理司法负责。1939 年 10 月 25 日，罗笃志莅临南昌开始巡审，"窃推事……同月二十五日到达三江口南昌县政府……到县之日业已开始办公，除布告暨分别函呈外，理合检同布告式样一份，备文呈送钧长、首席鉴核备案。"[2]

江西高等法院巡回审判第一区佈告[3]巡字第　　号

本推事奉令办理江西高等法院巡回审判第一区巡回审判事务，业于十月二十五日到达南昌县，即日起在南昌县政府受理民事刑事上诉及刑事覆判案件，除呈报暨分函外，合行佈告週知。此佈。

中华民国二十　年　月　日

江西高等法院巡回审判第一区推事罗笃志

---

〔1〕 司法行政部民国二十七年十二月十一日训令，字第 4780 号，江西省档案馆民国档案，卷宗号：J018－3－00996

〔2〕 江西高等法院巡回审判第一区民国二十八年十月二十五日呈，巡字第 9 号，江西省档案馆民国档案，卷宗号：J018－6－04160。

〔3〕 江西高等法院巡回审判第一区民国二十八年十月二十五日呈附件，巡字第 9 号，江西省档案馆民国档案，卷宗号：J018－6－04160。

关于布告的效果，罗笃志写道，“此番到南昌，布告系用石印，甚堂皇可观，三江口通衢及各乡均贴满，乡民啧啧称道”。[1]为了巡回审判布告体系更加完善，罗笃志还设计了巡回审判届满时的布告，用于“将来走时，拟再用石印布告”[2]和“预定巡回审判期日布告”，即“窃推事到县及离县布告，业经检同式样呈送钧长备查在案。兹特依照江西省战区巡回审判办法施行细则第五条，制就预订巡回审判期日布告备用。理合检同式样，备文呈送钧长鉴核”。[3]

巡回审判布告的张贴具有重要意义：一是直接告知作用。巡回审判布告告知的时间，也是巡回审判推事开始受理民刑上诉和刑事覆判案的时间，诉讼当事人可以依据时间为即将到来的诉讼做好各种准备。二是宣示司法主权的作用。在战区司法体系断裂的背景下，巡回审判推事的到来，本身就有宣示司法主权的作用；同时也表达了国民政府关心民瘼的态度。三是维护社会秩序的作用。战区因政治、经济和军事的混乱，不法分子认为可以借机犯上作乱，从中渔利而不受法律的惩处。巡回审判推事的到来以及对相关犯罪分子的审判，表达的是司法维护社会秩序的决心，有利于震慑犯罪分子，安抚普通民众，维护社会秩序。

其二，巡回审判工作报告表和工作日记簿。鉴于经费表报与案件统计表报对巡回审判推事工作考核的部分性特征，1942 年初司法行政部推出了对推事进行综合考核的工作报告表与工作日记簿，要求推事将工作日记簿“于每届巡回一週之次日，连同本週工作报

---

〔1〕 江西高等法院巡回审判第一区民国二十八年十月三十日呈，江西省档案馆民国档案，卷宗号：J018 -6 -04160。

〔2〕 江西高等法院巡回审判第一区民国二十八年十月三十日呈，江西省档案馆民国档案，卷宗号：J018 -6 -04160。

〔3〕 江西高等法院巡回审判第一区民国二十九年四月六日呈，巡字第431号，江西省档案馆民国档案，卷宗号：J018 -3 -01872。

告表呈由该院核转来部，以凭查核。”[1]

从1－2表得知，此表包含了战区巡回审判的主要内容。通过此表，可以直观展现巡回审判的过程，清晰呈现各种统计数据，准确反映巡回审判员役的工作状态，及时发现巡回审判中的困难，并提出相应的解决方案。它为巡回审判推事和职员工作业绩和工作风貌的呈现提供了展台，也为司法行政部和高等法院了解和监督巡回审判工作提供了直观的数据，同时为司法行政部和高等法院进一步

表1－2　巡回审判推事工作报告表

某省第　区巡回审判推事巡回第　週工作报告表式[2]											
推事姓名	书记官姓名	所辖县数及县名	本週所历县数及县名	原定巡回审判期间	本週起讫日期	收案数目	结案数目	本週经费实支数	工作困难情形及改进意见	高等法院按语	备考

巡回审判推事署名盖章

中华民国　年　月　日

注：资料来源：司法行政部民国三十一年二月十二日训令，训（总）字第601号附件，江西省档案馆民国档案，卷宗号：J018－3－01878。

---

〔1〕司法行政部民国三十一年二月十二日训令，训（总）字第601号，江西省档案馆民国档案，卷宗号：J018－3－01878。

〔2〕司法行政部民国三十一年二月十二日训令，训（总）字第601号附件，江西省档案馆民国档案，卷宗号：J018－3－01878。

解决巡回审判中的困难提供依据。因此，此工作报告表针对性非常强，有的放矢。1944 年 2 月，罗笃志在呈中提及，“窃本区第八次巡回管区各县业已週遍，理合遵照规定，填具甲种表及工作日记簿，备文呈送察核存转。”[1] 所谓甲种表，即“江西省第一区巡回审判推事巡回第八周工作报告表式”。[2]

工作日记簿是对巡回审判推事工作报告表内容的充实和丰富，特别是对巡回审判时间、过程和审理具体案件的详细呈现。如罗笃志在第八次巡回管区各县週遍后的工作日记簿中写到，“本周系自民国三十二年四月十九日开始，是日到达南昌县办理案件，驻县办事期间历时一月，计受理第二审民刑诉讼案件如左：一、黄水根与熊灿然为赎典纠葛上诉事件……”[3]

巡回审判推事工作报告表和工作日记簿，是针对战区巡回审判具体特征，由司法行政部专门设计的表簿。通过及时填写表簿与呈报高等法院，并转呈司法行政部备案，巡回审判推事就可以较为全面地呈现巡回审判工作的基本面貌。高等法院和司法行政部也可以通过此表簿，掌握巡回审判的具体动态，并针对具体困难提供相应的政策支持和经济扶助。

依据英美巡回审判制度“一以删繁就简”而创设的战区巡回审判制度，其巡回审判推事的行政职责也相对简化。其中，巡回审判推事基本文件的制作具有相对集中性的特点。首先，与地方法院呈报高等法院书表数量的繁多相比，巡回审判推事向高等法院呈报书表数量明显减少。关于巡回审判推事应行造送之各种书表，1939 年 6 月 20 日，司法行政部专门颁发训令，“至其他关于民刑案件各

---

〔1〕 江西高等法院巡回审判第一区民国三十三年二月十九日呈，文字第 2184 号，江西省档案馆民国档案，卷宗号：J018－1－01719。

〔2〕 江西高等法院巡回审判第一区民国三十三年二月十九日呈附件，文字第 2184 号，江西省档案馆民国档案，卷宗号：J018－1－01719。

〔3〕 江西高等法院巡回审判第一区民国三十三年二月十九日呈附件，文字第 2184 号，江西省档案馆民国档案，卷宗号：J018－1－01719。

种例报，除依照民事判决报部办法，应行报部之民事判决应于上列报告书同时呈送外，均免造送。关于统计方面各种表报仅造送年报，余亦准免填送。"[1]其次，推事呈报书表的内容，主要集中在巡回审判推事收受与审理民刑第二审诉讼案件的统计上，如民事案件收结报告书、刑事案件收结报告书、民事案件表和刑事案件表等，以及巡回审判经费的使用情况，如支出计算书和旅费报告表等，呈报的内容有明显的集中性特征。

（2）巡回审判期间和路线的确定。1939年3月《江西省战区巡回审判办法施行细则》规定："巡回审判之期间，以一月为限，周而复始。"[2]

1939年10月25日，罗笃志就任战区巡回审判推事后，到达南昌，江西高等法院巡回审判第一区的巡回审判揭开了序幕。"窃推事系于本年十月二十五日到达南昌县，扣至同年十一月二十四日该县之巡回审判期间届满，定于同月二十五日由三江口南昌县政府起程，前赴彭泽县政府执行职务……除分函暨布告外，理合备文，呈请钧长、钧席鉴核备案。"[3]由上可知：首先，罗笃志严格执行"以一月为限"的规定，而南昌为第一区巡回审判路线的第一站，彭泽县为第二站；其次，巡回审判的起讫时间和巡回审判地点，须呈报高等法院核查备案。1940年4月，罗笃志"兹已将彭泽、湖口、星子等县巡回遍遍，于四月四日到达南昌县，即日起在南昌县政府办公。"[4]于是，巡回审判第一区第一周的巡回路线浮出水面，

---

〔1〕司法行政部民国二十八年六月二十日训令，训字第1932号，江西省档案馆民国档案，卷宗号：J018－3－00996。

〔2〕1939年3月《江西省战区巡回审判办法施行细则》，江西高等法院民国二十八年三月十五日呈，江西省档案馆民国档案，卷宗号：J018－3－00996。

〔3〕江西高等法院巡回审判第一区民国二十八年十一月二十二日呈，巡字第65号，江西省档案馆民国档案，卷宗号：J018－6－04160。

〔4〕江西高等法院巡回审判第一区民国二十九年四月六日呈，巡字第436号，江西省档案馆民国档案，卷宗号：J018－3－01872。

即南昌—彭泽—湖口—星子四县，然后是周而复始。九江和德安两县的巡回审判并未实现。究其原因，罗笃志在第六周工作日记簿中写道："本区管辖之九江、德安二县，因道途修阻，旅费不敷过钜，业奉呈准暂缓前往，一俟交通恢复，即行前赴办事。"[1]细分析之：首先，从路途上看，"彭泽、湖口、星子等县远在赣东北。九江、德安又在赣西北，距离太远，巡回实感困难。"[2]"查现因战事关系，南昌赴九江之路线，须由三江口经丰城，清江折入高安县境之恢埠、村前，再入靖安县境之花瑶……途中须经七县十数市镇之多，计程当在一千四五百里之遥，预计程期非一月以上不能到达。"[3]其次，从经费上看，"由南昌赴九江，共需旅费一千九百二十元，往返合计应为三千八百四十元。惟本区办公杂费，三十年度预算每月仅三百元，计往需一月，返需一月，在岷山勾留一月，共三月，总计为九百元，两抵尚不敷二千九百四十元，相差甚钜。"[4]最后，九江和德安两县全部沦陷，罗笃志"二十九年二月十七日代电一件，呈报九江、德安两县交通路线完全被敌军截断，无法前往情形，请鉴核由。"[5]

1939年11月14日，左穆到达高安，拉开了第二区巡回审判的序幕。1940年2月7日，左穆又回到了高安，完成了第二区第一週的巡回审判。在此期间，他先后到高安、新建、奉新、靖安和武宁

---

〔1〕江西高等法院巡回审判第一区民国三十一年十月十四日呈，文字第1761号，江西省档案馆民国档案，卷宗号：J018－3－01878。

〔2〕江西高等法院巡回审判第一区民国三十一年十月十四日呈，文字第1761号，江西省档案馆民国档案，卷宗号：J018－3－01878。

〔3〕江西高等法院巡回审判第一区民国三十一年二月四日呈，巡字第1475号，江西省档案馆民国档案，卷宗号：J018－6－04814。

〔4〕江西高等法院巡回审判第一区民国三十一年二月四日呈，巡字第1475号，江西省档案馆民国档案，卷宗号：J018－6－04814。

〔5〕江西高等法院民国二十九年三月八日指令第997号，江西省档案民国档案馆，卷宗号：J018－3－01868。

五县巡回审判。[1]自二十九年二月七日在高安起至同年十月十一日抵永修止，左穆完成了第二周的巡回审判，巡回的路线是高安—新建—奉新—靖安—安义—永修六县。第三周，从三十年二月一日在新建起至同年十二月十五日抵高安止，巡回的路线是新建—高安—奉新—武宁四县。[2]

与第一区巡回路线的周而复始相比，首先，第二区巡回路线具有一定的灵活性，不仅每一周的路线均不同，而且每一周莅临县份的数量也不一样。其次，每个县巡回的次数差距比较大。在两年多的时间里，三周的巡回审判过程中，左穆莅临高安、新建和奉新三县次数达三次，靖安和武宁两县次数达两次，安义和永修两县只有一次，而瑞昌的次数为零。之所以很少莅临永修和武宁县，"永修县县政府现迁驻武宁县属之张家湾，由靖安前往须经过邱家街……惟冬瓜洞至张家湾七十余里均系崇山峻岭，四无人烟，须一日赶到，否则无食宿之地"。[3]"至安义县，近来战事激烈，其县政府迁驻靖安县属之小坑。"[4]至于未能到达瑞昌的原因，"查战区县政府迁徙无常……瑞昌县政府于本年三月以前迁驻该县之源头地方，近因战事关系迁驻何处，难以调查，其经过路线须由武宁县属之石门楼……沿途多阻，未易通行"。[5]

依辖区每县"一月为限"的期限要求，推事莅临辖区各县巡回审判的次数应该是相同的。但因战争环境的严酷性和复杂性，加之

〔1〕江西高等法院民国三十一年四月十日训令，文字第865号，江西省档案馆民国档案，卷宗号：J018－3－01878。

〔2〕江西高等法院民国三十一年四月十日训令，文字第865号，江西省档案馆民国档案，卷宗号：J018－3－01878。

〔3〕江西高等法院巡回审判第二区民国二十九年五月二十二日呈，江西省档案馆民国档案，卷宗号：J018－3－01872。

〔4〕江西高等法院巡回审判第二区民国二十九年五月二十二日呈，江西省档案馆民国档案，卷宗号：J018－3－01872。

〔5〕江西高等法院巡回审判第二区民国二十九年五月二十二日呈，江西省档案馆民国档案，卷宗号：J018－3－01872。

巡回审判经费的短缺，推事前往辖区各县的次数差异很大，特别是九江、德安和瑞昌三县，推事一直未能前往；安义和永修两县，推事则很少前往。对于巡回审判本身而言，这种情况对巡回审判目标的实现必将产生负面影响；对于战区民众而言，其正常的诉讼要求因特定条件的限制而无法得到满足时，民众对法律的信仰，对司法的信任，对抗战建国信念的坚守也会产生动摇，这不得不说是巡回审判过程中的一种遗憾。

（3）巡回审判经费的申请与领收。巡回审判经费分为俸给费、办公费和购置费三类。俸给费又包括俸薪和工饷，俸薪包括推事的荐任俸、书记官的委任俸和录事的雇员薪，工饷是公丁的工资。办公费包括文具费、邮电费、消耗费、租赋和旅费，其中旅费所占比重最大，一般占办公费的百分之五十以上。购置费包括家具费和器皿费。

巡回审判经费的申请和领收是依一定程序的。首先，由巡回审判推事依据经司法行政部和高等法院核定的款项预算数，以呈的方式向高等法院提出申请，注明款项汇至银行的名称，并附上相应的领条。一般情况下，申请的时间是当月的月初，申请经费的内容为当月的薪饷和下个月的办公杂费（即办公费与购置费）。1940 年 9 月，罗笃志“呈请钧长准将本年九月份俸薪工饷，及十月份办公杂费即予汇发，该款请汇鄱阳裕民银行留交。”〔1〕1942 年 3 月，罗笃志申请 4 月份薪饷和 5 月份办公杂费，在呈中附上领条，“领条：今领到江西高等法院发给本区三十一年四月薪饷国币四百五十元、五月公杂费国币三百元。江西省战区巡回审判推事罗笃志。中华民国三十一年三月十一日。”〔2〕仅从经费申请的规范性角度看，巡回

〔1〕 江西高等法院巡回审判第一区民国二十九年九月七日呈，巡字第 721 号，江西省档案馆民国档案，卷宗号：J018 - 6 - 04793。

〔2〕 江西高等法院巡回审判第一区民国三十一年三月二日呈，巡字第 1529 号，江西省档案馆民国档案，卷宗号：J018 - 6 - 04813。

审判第二区的经费申请时间相对比较滞后，而且通常两个月经费一并申请。1940 年 10 月，左穆呈文高等法院，“惟第十一十二两月[1]薪饷及第十二十三两个月公杂费尚未请领用，敢电达恳乞饬。战区巡回审判推事左穆叩苛。”[2]1941 年，左穆将薪饷和办公杂费分月申请改为一月合并申请的模式，“江西高等法院院长梁钧鉴，本区需款甚急，恳发五六两月份经费并补发二月份欠数一百零四元八角汇寄奉新裕民银行转交，谨电！江西省战区巡回审判推事左穆叩巳廻（即六月二十四日）。”[3]1943 年，罗笃志也开始按此模式申请巡回审判经费，“窃本区本年十一月份薪饷、办公费之领条业经办竣，理合备文先行呈送察核，按月发款由都昌三汊港裕民银行留交，实为公便。”[4]

其次，高等法院对申请发放款项进行察核，如察核无误，将及时把款发放至推事指定的银行。1940 年 9 月，高等法院对罗笃志发放经费的申请给予答复，“呈及领条均悉。准予照发。本年九月份俸薪工饷四百一十元，十月份办公经费一百九十一元五角，共计国币六百零一元五角，照来呈汇鄱阳裕民银行留交。仰即查收具报！领条存。此令。”[5]对于申请款项不符合要求者，高等法院一般要求推事重新申请。如 1941 年 9 月，左穆呈请核发八月份的经费，“呈及借条均悉。查请发数目，除员役薪饷四百一十元尚未超过预算外，所有办公杂费二百四十二元五角核与预算不符，该推事贸然

---

〔1〕 第十一、十二两月的时间计算方法，是以巡回审判开始的 1939 年 10 月为计算起点，所以第十一、十二两月应为 1940 年的 8 月和 9 月份。特此注明。

〔2〕 江西高等法院巡回审判第二区民国二十九年十月二十日电，江西省档案馆民国档案，卷宗号：J018 - 6 - 04793。

〔3〕 江西高等法院巡回审判第二区民国三十年六月二十四日电呈，江西省档案馆民国档案，卷宗号：J018 - 6 - 04794。

〔4〕 江西高等法院巡回审判第一区民国三十二年十月五日呈，会字第 2044 号，江西省档案馆民国档案，卷宗号：J018 - 6 - 04815。

〔5〕 江西高等法院民国二十九年九月二十二日指令，会字第 5022 号，江西省档案馆民国档案，卷宗号：J018 - 6 - 04793。

请发，殊为不合……仰即换具借领，呈院核发。借条发还。此令。"〔1〕

再次，推事到指定银行领取款项后，应及时呈报高等法院。1943 年 11 月，罗笃志收到款项后立即呈报高等法院，"窃本区本年十月份薪饷陆百七十八元，办公杂费叁百元，共计国币玖百柒拾捌元正，业经在都昌裕民银行领到，并转发在案。理合备文呈报察核。"〔2〕

因巡回审判流动性的特点，推事在巡回审判过程中领收款项的银行也是流动的。从现有的资料看，巡回审判第一区接收款项的银行主要有鄱阳裕民银行、浮梁裕民银行、临川裕民银行和都昌三汊港裕民银行等；巡回审判第二区接收款项的银行主要有高安裕民银行、奉新上富裕民银行和永新裕民银行等。再从银行的位置看，巡回审判第一区领款的主要银行均不在第一区的管辖范围内，而是附近邻县银行，所以，巡回审判第一区推事为了领取经费，通常需要长途跋涉，这为巡回审判第一区的工作带来了难度。如 1941 年 6 月，罗笃志在其工作日记簿中写道："自中华民国三十年六月二十三日起至同月三十日止计八日，由三江口本区办事处前赴临川裕民银行领款。"〔3〕在八天时间里，罗笃志等共花费旅费国币一百二十元，其中膳费国币六十九元，宿费十元五角，车马费三十六元，杂费四元五角，而 1941 年巡回审判每月的旅费也只有国币一百二十元。〔4〕所以仅领取经费一事，推事就花费了大量的人力、物力和财

〔1〕 江西高等法院民国三十年九月二十五日指令，会字第 6095 号，江西省档案馆民国档案，卷宗号：J018－6－04794。

〔2〕 江西高等法院巡回审判第一区民国三十二年十一月十四日呈，会字第 2104 号，江西省档案馆民国档案，卷宗号：J018－6－04815。

〔3〕 江西高等法院巡回审判第一区民国三十年七月六日呈附件，巡呈字第 1168 号，江西省档案馆民国档案，卷宗号：J018－6－04813。

〔4〕 江西高等法院巡回审判第一区民国三十年七月六日呈附件，巡呈字第 1168 号，江西省档案馆民国档案，卷宗号：J018－6－04813。

力。而巡回审判第二区领款的主要银行大部分在其所管辖的县份，相对于巡回审判第一区而言，推事领款要容易些。但是无论路途远近，推事皆在战火纷飞的环境中领收款，其危险性是一样的。

最后，当高等法院收到推事领收款的呈时，通常会以指令的形式回复推事，同时发还推事申请款项时的领条，并告知作废。于是巡回审判经费的申请与领收的程序最终完成。如 1941 年 7 月，江西高等法院在训令中提及，"查该区（即巡回审判第一区）本年五月份薪饷四百一十元，办公杂费一百九十一元五角，业经检送单据来院，所有前送领条合行检还作废，仰即查收具报。此令。计发还三十年五月份借条二张，纸面共计六百 0 一元五角。"〔1〕

当然，除了上文提及的薪饷和办公杂费的申请与领收外，巡回审判职员还会领取职员生活补助费，如推事补助俸、战时生活津贴等其他费用，其申请发放与领取的基本模式，与薪饷和办公杂费申请与领取的程序相似。

战区巡回审判推事基本行政职责及其履行有其独特性的一面。首先，与巡回审判组织简约的特点相符，推事行政职责关注重点内容，而不追求面面俱到。比如，因巡回审判区不设专门的监狱，所以巡回审判推事并无"监督所属看守所事项，呈请看守所职员之奖惩事项"〔2〕等。其次，战区巡回审判流动性特点，决定了推事行政职责行使的流动性，即在巡回审判征途中，推事的行政职责得以履行与实现。最后，巡回审判布告的刊发、路线的确定，巡回审判推事工作报告表与工作日记簿的制作与上报等，皆是巡回审判推事行政职责中特有的内容。此内容是司法行政部、高等法院与巡回审判推事共同努力创制与成功实践的结果，它有力地推动了巡回审判制

---

〔1〕 江西高等法院民国三十年七月十五日训令，会字第 2351 号，江西省档案馆民国档案，卷宗号：J018－6－04794。

〔2〕 1927 年"地方法院院长办事权限暂行条例"，引自徐白齐编：《中华民国法规大全》，商务印书馆 1937 年版，第 5309 页。

度的顺利施行。

江西战区巡回审判推事行政职责的行使，首先，为巡回审判提供必要的人力、物力和财力支持；其次，为司法行政部、江西高等法院司法监督提供必备的察核数据；最后，为巡回审判推事呈现战区巡回审判过程提供展台，也为司法行政部和江西高等法院把脉战区巡回审判，解决实际困难提供了平台。再现江西战区巡回审判推事行政职责的行使，也有利于后人了解战区巡回审判组织运行的概貌，更好地展现战区司法人员投身战区司法、捍卫司法主权、维护法律正义的精神风貌。

第二章　战区巡回审判基本制度

一、战区巡回审判制度的制定

（一）战区各省高等法院临时开庭办法大纲

为解决战区司法体系断裂的困境，受司法行政部委托，1938年11月16日吴公耐[1]拟定了《战区各省高等法院临时开庭办法大纲》，该大纲经过司法行政部内部3次会议讨论，形成3个讨论稿，该讨论稿的名称即为《战区巡回审判办法草案》。该办法草案后经司法院修正通过，再经国防最高会议常务委员会第109次会议修正通过后，1938年12月15日由司法院公布施行，于是《战区巡回审判办法》诞生，它是战区巡回审判基本法律制度。

“现战区各地方有县政府照常行使职权而法院业经停办者，致陷于行政司法未能调协之状态，为使各该地方同时行使司法权起见，拟于原设法院未恢复前，暂采用巡回审判制。”[2]此为《战区各省高等法院临时开庭办法大纲》拟定的背景。与此同时，针对战区各级法院不能行使职务而采用的战时临时变通办法，吴公耐指

---

〔1〕 吴公耐，江西宜黄人，民国前留学日本弘文学院及法国巴黎政治学院行政系。北京政府时期在教育部工作，担任江西公立法政专门学校校长。南京国民政府初期担任江苏省常熟县县长。1931年6月，由时任中国国民党第三届中央检察委员兼司法院副院长的张继，介绍司法行政部科长的职位。抗战中期后逐渐升职，担任行政法院书记官长，司法院秘书及第一科长等。引自［日］三桥洋介：“战区巡回审判制度的制定”，第九届海峡两岸及港澳地区历史学研究生论文发表会，四川大学，2009年。

〔2〕《讨论采用巡回审判会议卷》，“司法行政部”卷宗，台湾“国史馆”：022000008724A，目录统一编号：154，案卷编号：0574。

出，关于战区第二审法院“以推事三人合议审判之案件，今由审判官或承审员一人独任审判，能否胜任愉快，诚不无疑问，似宜适用该法临时庭之规定，藉资救济。”[1]“查法院组织法第六十四条本有临时庭之规定，其立法原则系采用巡回审判制，用意在以代高等或地方法院之设置。兹为战时适应特殊需要起见，似可酌予实施，无须于现行法外另求根据。”[2]此为该办法大纲拟定的法律依据。该临时庭的“组织及诉讼程序宜力求单简，不必尽依现行法为依据”，“兹就本案关于组织部分管见所及略陈其概，以备参考”。[3]所以，该办法大纲是简化了的临时庭的组织构想，其内容为：①该庭土地管辖权。所有属于战区该管第二审法院未能执行审检职务，现由县司法处或县政府受理上诉之各县。②该庭事务管辖。审理上诉各县第二审民刑案件，又各该县应送覆判之案件，并由其覆判。③开庭日期。至少每三个月开庭一次，由该管高院按该省现时交通路线，排定先后开庭日期，先期布告周知。但遇有案情紧急须予提前审理者，得临时变更排定日期，前往提前审理。④开庭地点。借用所辖各县县政府法庭。⑤开庭前准备程序。关于受理书状、传集人证、收罗证据各项，委托所辖各县县司法处或县政府代行。⑥该庭组织。置推事三人，以资深者一人为审判长，并配置检察官一人、书记官若干人，由该管高等法院就原审第二审法院呈准登记人员中遴请司法行政部令派。至员警丁役各项，均就当地县司法处或县政府各该项人员临时调用。又该庭组织如以简单为宜，则仅置推事一人，并委当地县长执行检查官职务，亦似无不可，惟须变更现行法之规定。⑦该庭经费。薪公等费及旅费各项，由该管高院按必

---

[1]《讨论采用巡回审判会议卷》，“司法行政部”卷宗，台湾“国史馆”：022000008724A，目录统一编号：154，案卷编号：0574。

[2]《讨论采用巡回审判会议卷》，“司法行政部”卷宗，台湾“国史馆”：022000008724A，目录统一编号：154，案卷编号：0574。

[3]《讨论采用巡回审判会议卷》，“司法行政部”卷宗，台湾“国史馆”：022000008724A，目录统一编号：154，案卷编号：0574。

须数额编具概算，商请省政府照拨。[1]《战区各省高等法院临时开庭办法大纲》的内容，成为后来战区巡回审判组织构成的核心部分。

（二）三次会议与战区巡回审判办法的三个草案

1938 年 11 月 22 日，“司法行政部”讨论采用巡回审判制度的第一次会议，在本部大礼堂召开，出席会议的共有 11 个人[2]。主席陈箇民首先作此次会议的主旨报告：其一，此次会议的主要任务，“本部为便利战区人民诉讼起见，拟采战区巡回审判制度，以应战区之需要。”其二，领导意旨，主张采用战区巡回审判制度，“此事曾由夏次长（夏勤）与部长（谢冠生）商妥后，并再商得院长（居正）同意。”其三，基本要求，“越简单越好，若可不经立法程序，则实施上比较更快。”“但此问题于法律实施两方面，其足顾虑者殊多。”[3]经过讨论后，形成决议要旨 10 条，其内容如下：①标题两个，即战区巡回审判办法和战区各省高等法院临时开庭办法大纲，供长官采择之。②在组织上采用推事独任制，并配置书记官一员。③管辖：一是事务管辖，受理第二审案件，覆判案件亦同。二是土地管辖，由各该管高院酌量指定。三是“司法院”关于指定上诉机关之训令，仍参照之。④程序：一是刑事诉讼不适用检察官及辩护人规定。二是民刑诉讼均不必购用正式状纸。三是民事诉讼免缴诉讼费用。四是其余参照吴科长（吴公耐）所拟办法。⑤羁押人犯：有监所者，仍照旧办理；无监所者，临时酌定办法。⑥开庭地点，参照吴科长所拟办法，并加“或其他适宜地点”一句。⑦开庭日期，参照吴科长所拟办法，于“案情紧急”下增加

〔1〕《讨论采用巡回审判会议卷》，“司法行政部”卷宗，台湾“国史馆”：022000008724A，目录统一编号：154，案卷编号：0574。

〔2〕此 11 个人分别是魏大同、吴公耐、刘恩荣、陈箇民、廖维勋、张步瀛、朱维敏（由潘科长代）、萧文哲、刘镇中、王元增、李泰三。其中主席为陈箇民。

〔3〕《讨论采用巡回审判会议卷》，“司法行政部”卷宗，台湾“国史馆”：022000008724A，目录统一编号：154，案卷编号：0574。

“或有特殊情形”一句。⑧推事资格，须具有高等法院推事之资格。⑨与戒严法条文有关部分应参照之。⑩推定刘参事镇中、吴科长公耐、刘科长恩荣、张科长步瀛、廖科长维勋，依决议各点，起草本办法条文。会后，他们拟定了《巡回审判处规则草案》。而所有未参加起草之人，復就该规则草案交换意见，形成第一稿的《战区巡回审判办法草案》。

第一次会议讨论的内容，无论从战区巡回审判的组织构成，还是诉讼程序的变通，都被后来《战区巡回审判办法》吸纳为其主要内容。

1938 年 12 月 3 日下午，“司法行政部”第二次讨论会仍在大礼堂召开，共 12 人[1]出席，会议由夏勤主持，主要就《巡回审判处规则草案》和《战区巡回审判办法草案》进行比较讨论。决议事项有三大项：一是标题，用“战区巡回审判办法”字样。二是修改《战区巡回审判办法草案》，共 9 条，其内容为：①第 2 条第 2 项“以具有高等法院推事之资格”改为“以具有法院组织法所定高等法院推事之资格”。②第 7 条第 1 项“执达员”下加“检验员”，但书“推事”下加“于必要时”，“人员”下加“办理”。③第 8 条“当事人未购用状纸者”改为“诉讼关系人虽未购用状纸”，“应受理审判”改为“仍应受理”，“其”字删，“免缴”改“免徵”。④第 10 条抄漏第 2 项，补列其文于下，“更审判决之案件应送巡回审判推事查核，如认为有疑义者，应进行第二审；审判无疑义者发回执行”。⑤第 12 条第 1 项“上级检查机关”改为“最高法院检察署”，第 2 项“上级检查机关”改为“最高法院检察署检察官”，“十月”系“十日”之误。⑥第 13 条修改为“巡回审判推事未到达前，当地司法机关或县政府得实施紧急处分，推事到达

[1] 出席第二次讨论会的共 12 人，他们分别是夏勤、陈箇民、刘镇中、吴公耐、刘恩荣、廖维勋、魏大同、萧文哲、张步瀛、李泰三、朱维敏、王元增。主席夏勤。

时即送该推事办理”。⑦第16条“书记官”删，“超叙二级”下加“并得酌给特别办公费”。⑧第17条“适用之”改“均适用之”。⑨其余各条须照原文通过。三是关于实施巡回审判制之经费，应呈院请追加概算，在预备费项下开支。

第二次讨论会确定了以《战区巡回审判办法草案》为蓝本的立法方向，并对其内容的完整与准确进行修正，形成了第二稿的《战区巡回审判办法草案》，它奠定了《战区巡回审判办法》的主体框架与基本内容。

为了集思广益，并使《战区巡回审判办法草案》的内容符合战区司法实际，并更具有操作性，“司法行政部”于12月5日上午，召开了一次由部分省高院院长、首席检察官参加的座谈会，此次会议参加人共16人〔1〕，由主席夏勤主持。主要内容有三：①夏勤简述制定《战区巡回审判办法草案》的原因，“缘近来战区范围日广，致使若干省高院或分院在其所管辖之地方，多有不能行使审判权者。为便利人民诉讼，兼杜伪组织觊觎起见，实有使战区内司法权照常活动之必要。”〔2〕日本学者三桥洋介认为，“这一段就是司法行政部对战区巡回审判制度制定的核心意图”，“战区巡回审判制度的设立，背后有了战时的司法实情引发的压力。而这压力来自于日军与傀儡政权司法机关之扩张。”〔3〕②各高院院长和首席检察官提出了19个问题。③夏勤总结陈词，对于提出的19个问题，将于下午的会议上一一商讨之。

5日下午，第三次讨论会继续在“司法行政部”的大礼堂召

---

〔1〕 出席12月5日座谈会的共16人，他们分别是夏勤、朱树声、孙鸿霖、何宇铨、周予孜、朱焕彪、张廷曜、徐声金、陈箇民、王元增、朱维敏、萧文哲、魏大同、李泰三、刘镇中、仇元璹。主席夏勤。

〔2〕《讨论采用巡回审判会议卷》，“司法行政部”卷宗，台湾“国史馆”：022000008724A，目录统一编号：154，案卷编号：0574。

〔3〕［日］三桥洋介：“抗战时期重庆国民政府之战区巡回审判制度的制定”，第九届海峡两岸及港澳地区历史学研究生论文发表会，四川大学，2009年。

开，出席会议的共13人，[1]主席夏勤主持会议。会议对上午座谈会上提出的19个问题展开一一商讨，共形成21项决议：①关于申请再议案件，在通常情形下仍适用通常程序办理。其有高分院不能行使职权者，归属其管辖之再议案件即送由高等本院办理，将来由部通令遵照。②巡回人员之安全，系事实上问题，条文内不必规定。③告诉人对于巡回审判推事判决仍不得上诉。至检察官可否上诉问题，可将原草案第11第12两条酌予修改，其一，第11条“无期徒刑以下之案件”改为“有期徒刑之案件”，但书一段删。其二，第12条“死刑”下加“无期徒刑之”数字。④短期自由刑厉行责付问题，已有各种关系法令足资办理，本草案内不必规定。⑤战区之界限问题，可将原草案第1条酌予修改，“于战区内”下加“不能执行审判职务之地方为谋诉讼人之便利”数字。⑥第一审准用巡回审判办法时，系因地方法院或县司法机关已不能执行审判职务，故绝对不致发生与兼理司法之县政府冲突问题。⑦费用问题。⑧巡回人员任用困难问题，以上两点，俱系事实问题，条文内毋须规定。⑨状纸及诉讼费用问题，仍维持原草案第8条规定。⑩关于死刑案件上诉权，仍维持原草案第12条规定。⑪关于战区内诉讼程序问题，将来由部训令。对于判决书、裁定书内容，制作可从简单，留为行政上之指示，不必于条文内规定。⑫关于办理巡回审判推事待遇问题，将原草案第16条酌予修改，“应按原俸超叙二级并得酌给特别办公费”一段，改为“除原俸外，给与一百五十元至二百五十元之补助俸”。⑬民事执行原属于第一审机关，本草案内不必有所规定。⑭推事考成问题，本草案内不必规定。⑮本草案第2条规定巡回审判采独任制，系别于合议制而言，并非谓仅以推事一人轮赴各地，如事实需要时自可派多数推事分途进行审判。

---

〔1〕 出席第三次讨论会的共13人，他们分别是夏勤、陈箇民、刘镇中、吴公耐、刘恩荣、廖维勋、魏大同、萧文哲、张步瀛、李泰三、朱维敏、王元增，仇元璹。

⑯无期徒刑案件检察官上诉问题，已将原草案第 11 第 12 两条条文修改，毋庸再事讨论。⑰送卷困难问题系事实问题，不必于条文内规定。⑱关于巡回审判推事自带人员之来源问题，可将原草案第 7 条第 1 项“得酌量自带人员办理”，改为“得酌带法院人员办理”。⑲第三审可否亦采巡回审判制，由“最高法院”参酌。⑳原草案第 10 条第 2 项“更审判决之案件”改为“覆判案件经更审判决后”。㉑原草案第 19 条“公布”二字暂空，由“司法院”填载适宜字样。

根据第三次会议讨论的内容，6 日由司法行政部总务司第二科主稿，修订了第三稿的《战区巡回审判办法草案》，共 19 条。随即该草案呈送“司法院”核示，并经国防委员会常务会议修正备案，再经“司法院”公布施行，即为《战区巡回审判办法》。而《战区巡回审判民刑诉讼暂行办法》，则由“司法院”于 1939 年 8 月 18 日公布施行。在诉讼程序上，该办法对《战区巡回审判办法》的内容作进一步的细化和补充。

二、战区巡回审判的基本制度

（一）战区巡回审判办法

1938 年 12 月 15 日，《战区巡回审判办法》由“司法院”公布施行，该办法共 17 条，规定了战区巡回审判的基本制度。

《战区巡回审判办法》的主要内容[1]有：①总则与附则。总则即在战区内，为谋诉讼人之便利，高等法院或分院得派推事巡回审判其管辖之民刑诉讼案件。附则即为“本办法自公布之日施行。”[2]②组织与行政。一是巡回审判人员的组成：其一，巡回审判推事，以《法院组织法》所定具有“高等法院推事之资格”，同

---

〔1〕《战区巡回审判办法》的具体内容，请见谢冠生：《战时司法纪要》，“司法院”秘书处 1971 年重印版，第 37 ~ 38 页。

〔2〕谢冠生：《战时司法纪要》，“司法院”秘书处 1971 年重印版，第 37 ~ 38 页。

时具有“审判民刑诉讼案件之经验”的候选人充之；巡回审判推事的工作模式，以“推事一人或三人”行之。其二，巡回审判辅助人员，如书记官、录事、公丁等事务，“由当地司法机关或县政府派人承担，但巡回审判推事于必要时得酌带法院人员办理。”二是巡回审判基本事务的规定：其一，巡回审判管辖区域，由该省高等法院或分院根据本省实际情况斟酌确定之。其二，巡回审判期间，由该省高等法院或分院根据本省实际情况斟酌确定之。该期间必须先期布告于巡回审判区。其三，巡回审判开庭地点：在巡回审判管辖之司法机关或县政府内开庭或者在巡回审判管辖之其他适宜处所开庭。其四，巡回审判开庭时间，由当地的司法机关或县政府，根据巡回审判推事的嘱托逐案排列，“并传集诉讼关系人及一切人证。”其五，巡回审判文件印信，“得借用当地司法机关或县政府之印信”。其六，巡回审判推事待遇的规定，“除原俸外并给与补助俸”。其七，巡回审判办法适用的延伸，“战区内地方法院或县司法机关不能执行审判职务时，得准用本法。”③巡回审判诉讼程序的规定。一是巡回审判案件的管辖权：民刑上诉案和刑事覆判案。一方面，“民刑诉讼案件关系人虽未购用状纸，巡回审判推事仍应受理民刑诉讼案件”；另一方面，“应送覆判之案件，得由原审机关迳送巡回审判推事覆判”；“覆判案件经更审判决后，应送巡回审判推事查核，如认为有疑义者应进行第二审，审判无疑义者发回执行。”二是巡回审判案件的处置：其一，有期徒刑以下的案件，且被告未上诉者，应立即执行。其二，“死刑、无期徒刑之案件未经被告上诉者”，应检同卷证呈送最高法院检察署；最高法院检察署检察官接受前项卷证后，得于十日内提起上诉。三是巡回审判案件的执行：关于“接收羁押及徒刑拘役易服劳役之执行”，有监所地方照旧办理；无监所地方由巡回审判推事交县政府或邻近监所处置。四是巡回审判紧急处分权的变通：“巡回审判推事未到达前，当地司法机关或县政府于必要时得实施紧急处分，推事到达时即送该推事办理。”五是巡回审判诉讼案件关系人免交诉讼费用。

《战区巡回审判办法》的主要特点：①从巡回审判区人员的构成上看，巡回审判区无检察官设置；②巡回审判的流动性，导致巡回审判地点的流动性和开庭时间的不确定性；③巡回审判区第一审司法机关或县政府可以代行巡回审判推事紧急处分权，部分司法行政事务，以及诉讼案件的执行权；④巡回审判推事除原俸外，还享有补助俸，待遇优厚；⑤巡回审判对诉讼关系人的司法救济，即诉讼关系人可以不用购买状纸，并免交诉讼费用，它体现了国民政府司法当局关心战区民瘼的姿态。

（二）战区巡回审判民刑诉讼暂行办法

1939年6月10日，司法院将司法行政部拟定的《战区巡回审判民刑诉讼暂行办法》（以下简称《办法》）转交国防最高委员会审核备案。在此公函中，司法院认为，“战区巡回审判办法现在湖北、广东、浙江等省均已陆续定期实行。惟巡回审判在我国当属创举，而战区交通不便尤其特殊情形，若悉依现行民刑诉讼法规办理，势必有所扞格。经另拟战区巡回审判民刑诉讼暂行办法二十六条，一以力求程序简捷，适应战区环境为主旨，请转陈鉴核备案。”[1]7月14日，国防最高委员会法制专门委员会开会审查，其审查结果为：“①将原办法第一条第二项‘或准用’三字删去，余照备案。②该办法今后如有所修正，应依普通立法程序办理，以照慎重。”[2]8月18日，《办法》由司法院公布施行。

《办法》实际上是对《战区巡回审判办法》的进一步补充，是基于战区巡回审判司法实际，在诉讼程序上的进一步细化。

《办法》的主要内容，罗金寿博士在“国民政府战区巡回审判

〔1〕《巡回审判法》，台北“国史馆”，00100000482A，卷宗号：001－012033－0013。

〔2〕《巡回审判法》，台北“国史馆”，00100000482A，卷宗号：001－012033－0013。

制度述略”〔1〕一文中，详细阐述之，并将战区巡回审判诉讼程序分为九个方面。本书引用其思路略谈之：①回避。巡回审判推事的回避，应由所属法院裁定之。如申请有理由，则将案件移交其他推事办理；如仅有推事一人时，则将案件交由所属法院办理。如申请无理由，则由所属法院裁定驳回之。书记官与通译之回避由巡回审判推事裁定之。②上诉与申请再议。关于上诉，暂行办法只规定了刑事上诉，即刑事诉讼告诉人对于县司法处或县政府之判决，得于判决送达之翌日起，十日内向巡回审判推事上诉。关于申请再议，即刑事诉讼告诉人申请再议，应由原检察官向巡回审判推事为之。巡回审判推事认为申请为有理由者，应以裁定撤销原处分，发回续行侦查；其无理由者，应以裁定驳回之。③判决与裁定。其一，缺席判决：民事上诉言词辩论期日当事人一造不到场者，得依职权命到场当事人之一造辩论而为判决，但有民事诉讼法第 386 条〔2〕所列各款情形之一者，不在此限。其二，自为判决：民事案件第一审诉讼程序有重大瑕疵者，第二审法院得废弃原判决而自为判决，但第二审法院不得以第一审法院违背专属管辖而废弃原判决；刑事案件原审判决因告知管辖错误、免诉、不受理不当而撤销，第二审法院自为判决。其三，不经言词辩论而为判决：民事案件对于第一审基于舍弃认诺所为之判决上诉而显无理由者；民事案件或最重本刑为有期徒刑以下案件第一审判断事实显无错误，且斟酌一切情事，足认别无新事实或新证据可提出者，可不经言词辩论而为判决。其四，对裁定的抗告。对于巡回审判推事之裁定，除驳回上诉，关于

---

〔1〕 罗金寿：“国民政府战区巡回审判制度述略”，载徐昕主编：《司法——司法的历史之维专号》，厦门大学出版社 2009 年版。

〔2〕《中华民国民事诉讼法》第 386 条：有左列各款情形之一者，法院应以裁定驳回前条声请，并延展辩论期日。①不到场之当事人未于相当时期受合法之传唤者；②当事人之不到场可认为系因天灾或其他不可避之事故者；③到场之当事人于法院应依职权调查之事项，不能为必要之证明者；④到场之当事人所提出之声明事实或证据未于相当时期通知他造者。

上诉逾期申请回复原状者，关于申请再审者，以抗告为有理由而废弃或变更原裁定者，关于定刑者等5种情形外，不得提起抗告。对于巡回审判推事科处证人、鉴定人或通译罚锾之裁定，仅得申请其所属法院撤销或变更之。④执行。刑事裁判之执行由当地第一审检察官或县长为之。关于刑事执行之裁定应由巡回审判推事为之者，如巡回审判推事不在当地时，得由当地司法机关或县政府为之；但对县长之执行声明异议者，不在此限。裁判确定后发觉为累犯者，变更刑罚和数罪并罚决定应执行之刑的裁定，在巡回审判时不必经过申请程序。⑤附带民事诉讼。附带民事诉讼，得以言词向巡回审判推事起诉。附带民事诉讼确系繁杂者，得不受刑事诉讼法第505条[1]之限制。⑥其他规定：其一，辖区内原审机关对第二审案件之审前准备。原审机关收受应送达第二审法院之文书卷证，除俟巡回审判推事到达后移交外，应先开列案由，随时报告巡回审判推事。上诉书状提出新事实或新证据者，在巡回审判推事未到达前，当地司法机关或县政府得先调查证据，或为其他准备程序。其二，不适用巡回审判的规定，如刑事辩护制度[2]，添具意见书[3]之规

---

〔1〕《中华民国刑事诉讼法》第505条：附带民事诉讼，应与刑事诉讼同时判决，或于刑事诉讼判决后五日内判决之。

〔2〕 刑事辩护制度，《中华民国刑事诉讼法》第四章对于辩护制度有较为详细的规定。但战区巡回审判中不适用辩护制度，这也是适应战区司法机关不健全，律师大多迁往后方，律师人数极其有限的情况，而且辩护制度的适用在一定程度上会影响诉讼的效率。

〔3〕《中华民国民事诉讼法》第487条，《中华民国刑事诉讼法》第400条对添具意见书分别作了规定。其中《中华民国民事诉讼法》第487条规定，原法院或审判长认抗告为有理由者，应更正原裁定，但以不受该裁定之羁束或该裁定系于诉讼程序进行中所为者为限。提起抗告已逾抗告期间或系对于不得抗告之裁定而抗告者，原法院或审判长应驳回之。原法院或审判长不为前二项裁定者，应添具意见书，速将抗告事件送交抗告法院，如认为必要时，并应送交诉讼卷宗。《中华民国刑事诉讼法》第400条：原审法院认为抗告违背法律上之程式或抗告权已经丧失或系对于不得抗告之裁定抗告者，应以裁定驳回之。原审法院认为抗告有理由者，应更正其裁定，认为全部或一部无理由者，应于接受抗告书状后三日内添具意见书送交抗告法院。

定和就审期间[1]均不适用于巡回审判制度。其三，为简化诉讼程序，言词辩论终结后再开辩论，以一次为限。

《办法》的主要特点：①变通相关制度。为适应战区司法生态，《办法》对相关制度进行变通，如战区巡回审判推事回避制度、上诉与申请再议制度等。②简化诉讼程序。为提高战区巡回审判效率，《办法》“力求程序简捷”，即简化相应的诉讼程序，如裁判中的缺席判决、自为判决、不经言词辩论而为判决等，而刑事辩护制度，添具意见书以及就审期间等不适用战区巡回审判等制度，更是显示出《办法》“力求程序简捷”的立法宗旨。③当地司法机关与县政府在战区巡回审判第二审诉讼中扮演辅助角色，履行战区巡回审判法庭的部分职能，如第二审法院文书卷证的处置，第二审诉讼审前的证据调查与程序的准备等。

三、战区巡回审判程序的变通

（一）民刑审判基本程序的变通

1. 第二审法院自为判决。《办法》第12条第1项：“依民事诉讼法第448条第1项[2]及刑事诉讼法第361条第3项[3]，但应废弃或撤销第一审判决者应自为判决。”这里巡回审判推事应废弃或撤销第一审判决者，可自由决定自为判决，不再考虑“因维持审级

[1]《中华民国民事诉讼法》第251条对就审期间作了规定，即诉状应与言词辩论期日之传票一并送达于被告。前项送达距离言词辩论之期日至少应有十日为就审期间，但有急迫情形者不在此限。

[2]《中华民国民事诉讼法》第448条第1项：“第一审之诉讼程序有重大之瑕疵者，第二审法院得废弃原判决，而将该事件发回原法院。但以因维持审级制度认为必要时为限。”所谓重大瑕疵者，其瑕疵之存在与本案之判决有所影响也。其认为有重大瑕疵而为本法所明定者，则为本法第466条所列之情形。所谓因维持审级制度认为有必要者，即系因该项诉讼程序之有瑕疵，以致未能受第一审之就实体上之审判者。

[3]《中华民国刑事诉讼法》第361条第3项：第二审法院因原审判决未谕知管辖错误系不当而撤销之者，如第二审法院有第一审管辖权，应为第一审之判决。

制度认为有必要者”之情形，即所有因第一审之诉讼程序有重大瑕疵者，第二审法院应废弃或撤销第一审判决者，都由巡回审判推事自为判决。所以此处实际上扩大了巡回审判推事自为判决权的范围。在刑事诉讼中，第一审判决既经第二审法院撤销，即应将卷宗发还第一审法院，应由第一审依法变更判决，其因原审判决未谕知管辖错误，免诉或不受理为不当而撤销之者，应将原审判决撤销，自为谕知管辖错误，免诉或不受理之判决，并得不经言词辩论为之。[1]所以《办法》第12条中的判决乃巡回审判推事所管辖之自为第一审判决。由此可知，《办法》中规定的巡回审判推事自为第一审判决，直接继承了1935年《中华民国刑事诉讼法》（以下简称《刑事诉讼法》）自为判决的精神，并在战区巡回审判区直接运行之。

民事诉讼中江西战区巡回审判自为判决的案件，如彭席珍等因确认座山所有权事件上诉案，作为共同共有之财产，诉讼时所有利益关系人必须共同参与诉讼，无论是原告还是被告，均应如此。本案上诉人与被上诉人仅有部分利益关系人参与，属于当事人不适格。原判决却从实体上判决，故有未合，故判决主文为“原判决废弃”。[2]刑事诉讼中巡回审判自为判决的案件，如张文清侵占上诉案，此乃一审管辖错误的案件。被告方仪斌充任保长，上诉人指控其将征购的军谷二十九石悉数侵占入已，构成了《惩治贪污暂行条例》的相关罪名，该案应由军法审判管辖，普通法院无权审理。故裁定主文为“原判决撤销；本件不受理”。[3]

---

〔1〕 陈朴生：《刑事诉讼法论》，正中书局1970年影印版，第245页。

〔2〕 彭席珍等因确认座山所有权事件上诉案，江西高等法院巡回审判第一区民事判决，民国三十二年度巡字第166号，江西省档案馆民国档案，卷宗号：J018－4－03204。

〔3〕 张文清因侵占上诉案，江西高等法院巡回审判第一区刑事判决，民国三十二年度巡字第148号，江西省档案馆民国档案，卷宗号：J018－4－03204。

《办法》第12条第2项：“民事诉讼法第449条第1项[1]但书之规定于巡回审判不适用之。”即无论是一般法定管辖，还是专属管辖，战区第二审法院均不得以第一审法院无管辖权而废弃原判决。所以，在战区巡回审判区，推事失去了对专属管辖权案件因第一审法院无管辖权而行使废弃原判决之权力，即战区第二审法院管辖处置权缩小。究其原因，是巡回审判流动性特点所致，巡回审判推事在追求司法公正的同时，更强调司法效率的优先。

2. 不经言词辩论而为判决。1935年的《中华民国民事诉讼法》（以下简称《民事诉讼法》）采用言词审理主义和书面审理主义并用的方式。其中书面审理主义只适用于裁定；至于民事判决“除别有规定外，应本于当事人之言词辩论为之。”[2]此处“别有规定”主要涉及法院无管辖权的判决，二审法院废弃原判决的自为判决，显无理由再审之诉驳回之判决及第三审之判决等。

第二审法院认上诉为无理由者，应以判决驳回之，此即以上诉无理由为理由所为之判决。“惟第二审法院调查上诉有无理由，应于上诉或附带上诉声明之范围内，由事实上及法律上调查第一审判决是否于上诉人不利，并属不当。除应核断该判决前所为裁判之当否外，所有第一审及第二审之诉讼资料，均应斟酌之。法院调查之结果，若以第一审判决于上诉人并无不利或无不当，而应与第一审为同一之判决者，并得依第460条准用第249条第2

---

〔1〕《中华民国民事诉讼法》第449条第1项：“第二审法院不得以第一审法院无管辖权而废弃原判决。但违背专属管辖之规定者，不在此限。”专属管辖与一般之法定管辖不同。违背一般法定之管辖者，虽不能在第二审再行主张，而违背专属管辖之规定者，则得为上诉理由。第二审法院因第一审无专属管辖而废弃原判者，并应以判决将该事件移送于有管辖权之法院。

〔2〕张学尧：《中国民事诉讼法论》，中华法学社1947年版，第120页。

项，[1]不经言词辩论迳以判决驳回之。"[2]这里的判决，既基于事实上，又基于法律上之审查而为判决之驳回。《办法》第14条规定，"民事案件或最重本刑为有期徒刑以下之刑之案件第一审判断事实显无错误，且斟酌一切情事足认别无新事实或新证据可提出者，得不经言词辩论而为判决。"[3]此乃从事实上之调查，认为上诉无理由，"第二审法院认上诉为无理由者，应为驳回之判决。"[4]所以《办法》中关于第二审不经言词辩论而为判决的规定，直接继承了《民事诉讼法》的精神，并在此基础上进一步精确化。

另外，《办法》第13条规定："民事案件对于第一审基于舍弃认诺[5]所为之判决上诉而显无理由者，得不经言词辩论以判决驳回之。"其立法意旨乃是对《民事诉讼法》第446条第1项条文精神的传承，即"第二审法院认上诉为无理由者，应以判决驳回之。"因为上诉无理由，自然包括案件无新事实、新根据提出，法律适用无明显错误，所以巡回审判推事得不经言词辩论而为书面审理。

《刑事诉讼法》采用直接审理主义及言词辩论主义为原则，但是在特殊情况下，法院可未经当事人直接到庭审理而迳行判决，此乃缺席判决，即不经言词辩论之判决。《刑事诉讼法》第299条：

---

〔1〕《中华民国民事诉讼法》第460条：除本章别有规定外，前编第一章之规定于第二审程序准用之。第249条第2项：诉讼事件不属于受诉法院管辖而不能为第28条之裁定者。第28条：诉讼之全部或一部法院认为无管辖权者，应依原告声请，以裁定移送于其管辖法院，如有数管辖法院时，移送于原告所指定之管辖法院。前项情形原告未声请移送或指定管辖法院者，应于裁判前讯问之。移送诉讼之声请被驳回者，不得声明不服。

〔2〕张学尧：《中国民事诉讼法论》，中华法学社1947年版，第235页。

〔3〕谢冠生：《战时司法纪要》，"司法院"秘书处1971年重印版，第39页。

〔4〕"中华民国民事诉讼法"，载《立法院公报》1935年第67期。

〔5〕舍弃认诺，舍弃者，原告对于诉讼标的主张，于已提出法院后，而复向法院抛弃之陈述也。认诺者，被告对于原告所请求之诉讼标的，而向法院为不反对之陈述也。《中华民国民事诉讼法》第384条："当事人于言辞辩论时为诉讼标的之舍弃或认诺者，应本于其舍弃或认诺为该当事人败诉之判决。"

“第294条至296条之判决得不经言词辩论为之。”〔1〕即谕知免诉，上诉违背法律上的程式，不受理或管辖错误之判决可不经言词辩论为之。不经言词辩论之判决，自无庸指定审判期日命当事人及辩护人到案辩论。故当事人从未经合法传唤，亦不得指其判决为违法。不得提起自诉而提起者，应谕知不受理之判决，依第335条准用第299条之规定，亦得不经言词辩论为之。〔2〕《办法》第14条规定：最重本刑为有期徒刑以下之案件第一审判断事实显无错误，且斟酌一切情事足认别无新事实或新证据可提出者，得不经言词辩论而为判决。此规定明显扩展了刑事诉讼法中不经言词辩论之判决的范围，是战区巡回审判刑事诉讼程序的重要变通。

关于战区巡回审判不经言词辩论而为判决之案例，如廖永义因窃盗上诉案。廖永义因贫盗窃，且盗窃数额很小，原审量刑失当，但审理事实清楚，故不经言词辩论，迳为判决。〔3〕又如黄兴样妨害家庭上诉案，“再本案第一审判断事实既无错误，且斟酌一切情事足认别无新事实或新证据可提出，故不经言词辩论迳予判决。据上论结，应依刑事诉讼法第360条，战区巡回审判民刑诉讼暂行办法第14条判决如主文。”〔4〕

所以，《办法》中关于民刑诉讼不经言词辩论而为判决的规定，适应了战区司法环境：①巡回审判乃战区司法临时救济措施，其组织程序上的“一以删繁就简”，以及巡回审判期间每县以“一月为限”的规定，与在追求司法效率基础上司法公正目标的设定，均呼唤书面审理，这也是组织和诉讼程序“删繁就简”应有之义。②战区交通断绝与战火纷飞的残酷现实，在客观上阻碍了诉讼当事人参

---

〔1〕“中华民国刑事诉讼法”，载《立法院公报》1935年第66期。

〔2〕陈朴生：《刑事诉讼法论》，正中书局1970年影印版，第220页。

〔3〕廖永义因窃盗上诉案，江西高等法院巡回审判第二区刑事判决，民国三十年度上字第25号，江西省档案馆民国档案，卷宗号：J018-4-03143。

〔4〕黄兴样妨害家庭上诉案，江西高等法院巡回审判第二区刑事判决，民国三十年度第10号，江西省档案馆民国档案，卷宗号：J018-2-03381。

与诉讼审判前的言词辩论，催生了书面审理。

3. 上诉与抗告程序的变通。

（1）上诉审程序的变通。《办法》第9条："上诉书状提出新事实或新证据者，在巡回审判推事未到达前，当地司法机关或县政府得先调查证据或为其他准备程序。依前项规定讯问之证人或鉴定人，其陈述明确别无讯问之必要者，巡回审判推事得不再行传唤。"〔1〕依此规定，巡回审判区上诉之证据调查程序有所变化：①依《民事诉讼法》的相关规定，〔2〕本属于巡回审判推事职权的调查证据，在巡回审判推事未到该县时，由战区兼理司法县政府得先调查证据或为其他准备程序。②本为巡回审判推事履行的审前讯问证人或鉴定人之具体程序，由兼理司法县政府代为执行，此乃战区巡回审判推事司法审判权部分职能的下移。究其原因，仍为战区巡回审判流动性特点所致：首先，提起上诉应于第一审判决送达后20日之不变期间内为之，此时间具有相对的固定性。其次，巡回审判推事莅临该县的时间具有不固定性，与此同时，每县一月的巡回审判期间之限制，又给予巡回审判推事时间上的羁绊。这样，时间上的矛盾催生了程序上的变通。为了便于推事莅临该县时，能够在固定的时间内完成相关案件的裁判，《办法》将巡回审判推事部分司法审判职权暂时让渡于辖区内兼理司法县政府履行之，这成为巡回审判推事顺利完成巡回审判任务的必然选择。而且，此上诉调查程

---

〔1〕 谢冠生：《战时司法纪要》，"司法院"秘书处1971年重印版，第39页。

〔2〕《中华民国民事诉讼法》第438条第2项："上诉状内宜记载新事实及证据并其他准备言辞辩论之事项。"第444条："当事人得提出新攻击或防御方法。在第一审就事实或证据所未之陈述得追復之。"既然当事人于上诉审中须提出新攻击或防御方法，故有新事实者，亦宜记载于上诉状中，并连同新证据一并记载以资证明。依法律规定，按第二审与第一审同为事实审，同有审查事实之职权，不仅以审查原判法律点之当否为限。对于第一审所审查之事实证据，第二审固得再行审查，而对于第一审所未曾审查之新事实新证据，第二审法院亦有审查之职权。所以对于上诉于战区巡回审判的第二审案件，其于上诉状中提出的新事实或新证据，巡回审判推事有调查核实的职责。

序的变通，乃应战时特定司法环境与巡回审判特点而动，最终又服务于战区巡回审判，体现了国民政府当局战时司法改革的应时性与灵活性。

《办法》第 6 条："刑事诉讼告诉人对于县司法处或县政府之判决，得于判决送达之翌日起十日内向巡回审判推事上诉。"此规定与《刑事诉讼法》和《县司法处办理诉讼补充条例》的不同点有三：①刑事诉讼告诉人获得了提起上诉的权利。在《刑事诉讼法》中，告诉人没有权利提起上诉。《县司法处办理诉讼补充条例》中，告诉人获得了向第二审检察官提起申诉，请求检察官提起上诉的权利。而在《办法》中，告诉人获得了真正意义上的上诉权。②《县司法处办理诉讼补充条例》规定了县司法处审理的案件中，告诉人获得了提起申诉的权利，而在《办法》中，除了县司法处外，还增加了兼理司法县政府，即在兼理司法县政府审理的案件中，告诉人可以提起上诉。③依《县司法处办理诉讼补充条例》的规定，告诉人提起申诉的对象是上级法院的检察官，告诉人有权向检察官请求提起上诉的权利。《办法》中兼理司法县政府审理的案件，其告诉人提起上诉的对象是战区巡回审判推事，而不是检察官。究其原因：一是战区司法机构的改变，战前司法机构第一审为县司法处或地方法院，如九江和南昌是地方法院，星子、湖口等地方是县司法处；第二审是江西高等法院和高等法院分院。抗战时期，江西战区司法机构第一审均改为县长兼理司法，即县政府兼理司法；第二审改由巡回审判法庭负责。所以出现了巡回审判代行第二审上诉的现象。二是司法组织变化。战前的司法组织皆是审检一体的模式，负责第二审的高等法院和高等法院分院内设有首席检察官和检察官若干人；负责第一审的县司法处内设有检察官。抗战时期，负责第二审的巡回审判法庭只设推事一人，书记官、录事和公丁各一人，无检察官设置。负责第一审的兼理司法县政府设有承审员一人，县长兼理检察官职务。所以，告诉人提起上诉权利的获得，基于以下两个因素：一是《县司法处办理诉讼补充条例》所赋予告诉人提起申诉的权利。二是因战区巡回审判没有检察官设置，所以告诉人提起申诉，请求检察官提起上诉，失去了上诉的基本路径。为了弥补此不足，《办法》直接赋予告诉人提起上诉的权利，代替原有检察官提起上诉的职责。而告诉人提起上诉的对象为战区巡回审判推事，所以，战区巡回审判推事兼理了原检察官的部分职责。

"不服高等法院之第二审或第一审判决而上诉者，应向最高法院为之。" 在战区，不服巡回审判推事判决而上诉者，也应向最高法院为之，此为第三审上诉。"上诉于第三审法院，非以判决违背法令为理由不得为之。"〔1〕究其原因，第三审诉讼乃法律审，非以原审未确定之判决违背法令为理由不得为之，与非常上诉之系纠正确定判决之违背法令者异。但1935年《中华民国刑法》第61条所列各罪之条件，经第二审判决者，不得上诉于第三审法院。故不得上诉于第三审法院之判决，"以具有（一）系属刑法第61条所列各罪之案件，及（二）经第二审判决者，始有其适用。"〔2〕

《办法》第11条："巡回审判推事判决死刑、无期徒刑之案件未经被告上诉者，应检同卷证呈送最高法院检察署。最高法院检察署检察官接受前项卷证后，得于十日内提起上诉。"〔3〕对于推事判决死刑、无期徒刑的案件，即使被告没有上诉，为了慎重起见，推事应该检同卷证呈送最高法院检察署。最高法院检察署检察官对于未生效之无期徒刑、死刑之判决，一律于接受卷宗后十日内向最高法院提起上诉。此乃《办法》对被判死刑、无期徒刑案件之被告法律救济的一种，显示司法程序对生命的重视。

《办法》第21条："对于巡回审判推事之裁判提起上诉或抗告，

〔1〕"中华民国刑事诉讼法"，载《立法院公报》1935年第66期。

〔2〕陈朴生：《刑事诉讼法论》，正中书局1970年影印版，第248页。

〔3〕谢冠生：《战时司法纪要》，"司法院"秘书处1971年重印版，第39页。

如巡回审判推事不在当地时，得将书状提出于当地之司法机关或县政府。当地司法机关或县政府收受前项书状后，除依条件应交巡回审判推事办理外，应连同卷证迳送第三审法院或其检察官，但抗告卷证之移送，以有必要者为限。”[1]依据《刑事诉讼法》的相关规定，[2]无论是公诉案件还是自诉案件，其上诉权皆由检察官自由裁量，对于提起上诉者，应由检察官将上诉理由书呈送至最高法院检察署。但战区巡回审判并无检察官，其上诉或抗告权只能由诉讼当事人担当。而书状的提交分两种情况：一是由巡回审判推事裁定是否可以上诉第三审，二是由当地司法机关或县政府直接将书状呈送最高法院或其检察官。所以，对于巡回审判区而言，为了弥补检察官缺位[3]带来的不便，《办法》第5条规定：刑事诉讼毋庸检察官执行职务，其原由检察官上诉者，巡回审判推事应将上诉理由谕知被告。

（2）抗告内容与程序的变通。抗告者，不服原审法院未确定之裁定，请求直接上级法院以裁定撤销或变更其裁定之救济方法。在《民事诉讼法》中，有抗告权人除得为上诉之人外，而因裁定受有不利益之第三人亦有抗告权，例如证人、鉴定人、代理人、法院书记官、执达员等之抗告。《刑事诉讼法》关于有抗告权人的规定，包括当事人，如检察官、自诉人及被告；受裁定之证人、鉴定人、通译及其他非当事人。故有抗告权人的范围较有上诉权者为广。

《刑事诉讼法》和《民事诉讼法》均采用显性的禁止性规定，

---

〔1〕 谢冠生：《战时司法纪要》，“司法院”秘书处1971年重印版，第40页。

〔2〕 《中华民国刑事诉讼法》规定当事人对于下级法院之判决不服者，得上诉于上级法院；检察官为被告之利益亦得上诉。检察官对于自诉案件之判决得独立上诉。此为检察官提起刑事上诉的管辖范围。对于巡回审判推事之裁判，依审检合署制度，巡回审判检察官应履行对巡回审判推事审判之法律监督权，“即对于所属法院之判决不服时，应由配置该法院之检察官为之，不许上级或下级法院之检察官越级提起上诉，致乱体系。”引自陈朴生：《刑事诉讼法论》，正中书局1970年影印版，第231页。

〔3〕 注：关于战区巡回审判区无检察官设置的具体情况，请见本章（三），刑事诉讼程序的变通部分。

明确不得抗告的具体内容。[1]以《民事诉讼法》为例，如其第479条：对于裁定得为抗告，但别有不许抗告之规定者不在此限。此为显性的允许性原则规定。又如其第480条：诉讼程序进行中所为之裁定，除别有规定外不得抗告。此为显性的禁止性原则规定。而大量的可提起抗告或不可以提起抗告的具体条文散落在《民事诉讼法》的各个章节。与之相反，《办法》第20条第1项，关于战区巡回审判推事裁定之抗告，则采用最质朴的列举性规定，即“对于巡回审判推事之裁定，除左列情形外，不得提起抗告：①驳回上诉者；②关于上诉逾期声请回复原状者；③关于声请再审者；④以抗

〔1〕《中华民国民事诉讼法》关于不准抗告的规定：①诉讼程序进行中所为之裁定，除别有规定外，不得抗告。别有规定，指民事诉讼法中，设有得抗告之明文者，即使在诉讼程序进行中，仍应得为之。如申请推事回避经裁定驳回者，得于五日内提起抗告。又如，当事人对于第三人之参加得申请法院驳回之裁定，第三人对于此申请之裁定得为抗告。再如对于除权判决所附之限制或保留得为抗告，法院关于禁治产人处分及撤销处分之裁定得为抗告等。②关于财产权之诉讼，其标的之金额或价额，在第463条所定之上诉利益数额以下者，其第二审法院所为之裁定，不得抗告。盖此等事件所为之判决，已不得上诉至第三审法院，则该事件第二审法院所为之裁定，自亦应不许抗告。③受命推事或受托推事之裁定不得抗告。受命推事或受托推事通常仅能行使受诉法院所委托之权限及职务，而受其委托之羁束，故对于受命推事或受托推事之裁定，不许迳向上级法院抗告。惟其裁定设为受诉法院所为，依法得为抗告者，得向受诉法院提出异议。④本法规定不得抗告或不得声明不服之裁定。例如：驳回更正裁判之声请之裁定；于抗告法院裁定前，停止原裁定之执行或为其他处分之裁定等。《中华民国刑事诉讼法》关于不准抗告的规定：①对于法院判决前关于管辖或诉讼程序之裁定，不得提起抗告。法院判决前，关于管辖所为之裁定，如指定管辖或移转管辖之裁定。关于诉讼程序所为之裁定，如驳回申请传唤证人之裁定。此等裁定，所以不许抗告者，恐因抗告而妨碍诉讼之进行，且裁定纵系不当，得于上诉时，一并声明不服，非别无救济方法也。但“（1）有得抗告之明文规定者，如声请回复原状之裁定等是；（2）关于羁押、具保、责付、扣押或扣押物发还及因鉴定将被告送入医院或其他处所之裁定，仍得抗告。”②不得上诉于第三审法院之案件，其第二审法院所为之裁定，不得抗告。不得上诉于第三审之案件，系以二审为终审，第二审法院所为之裁定，自应不许抗告。此项案件，包括再审之裁定在内。故不得上诉于第三审法院之案件判决确定后，申请再审，经第二审驳回后，因其不得向第三审上诉，故亦不得抗告于第三审。由是推之，第三审法院之裁定，当然也不得抗告。③将附带民事诉讼移送民事庭审判之裁定，不得抗告。

告为有理由而废弃或变更原裁定者；⑤关于定刑者。”[1] 此条与《刑事诉讼法》第407条第1项[2] 内容非常相似，究其原因：一是巡回审判推事负责战区第二审民刑诉讼案件的审理，对巡回审判推事之裁定不服提起抗告者，自然为再抗告。1945年以后，巡回审判开始负责特殊刑事案件的审理，在此情形下，巡回审判推事审理特殊刑事案件为第一审，故会出现不服推事裁定的抗告。所以《办法》第20条第1项的规定，涵盖了不服巡回审判推事裁定而提起抗告的主体部分。二是再抗告的内容，包含在抗告的内容之中。所以，适用于再抗告的规定，自然适用于抗告。

对巡回审判推事裁定得提起抗告的五个方面，显然无法概括《民事诉讼法》和《刑事诉讼法》中关于可提起抗告的所有内容。以《民事诉讼法》为例，如对于除权判决所附之限制或保留得为抗告，法院关于禁治产人处分及撤销处分之裁定得为抗告；以及关于假扣押申请之裁定得为抗告，关于申请供担保之裁定得于五日内抗告等。所以，关于战区巡回审判推事裁定得提起抗告之范围，较《民事诉讼法》中关于法官之裁定得提起抗告规定之范围缩小了，因而《办法》中关于对推事裁定提起抗告的列举性规定，实际上有突出重点、强调核心的作用。

《办法》第20条第2项：“对于巡回审判推事科处证人、鉴定人或通译罚锾之裁定，仅得声请[3] 其所属法院撤销或变更之。”[4]

---

〔1〕 谢冠生：《战时司法纪要》，“司法院”秘书处1971年重印版，第40页。

〔2〕《中华民国刑事诉讼法》第407条第1项规定：对于抗告法院之裁定，以不得再行抗告为原则，但就左列抗告所为之裁定，得提起再抗告：①对于驳回上诉之裁定抗告者；②对于因上诉逾期声请回复原状之裁定抗告者；③对于声请再审之裁定抗告者；④对于第481条定刑之裁定抗告者；⑤对于第490条声明疑义或异议之裁定抗告者；⑥证人、鉴定人、通译及其他非当事人对于所受之裁定抗告者。前项但书之规定，于依第397条不得抗告之裁定不适用之。

〔3〕 注：民国时期诉讼程序上的申请，用“声请”二字，本书为了尊重原文，在引文中继续用“声请”，此外均用“申请”二字，特别注明。

〔4〕 谢冠生：《战时司法纪要》，“司法院”秘书处1971年重印版，第40页。

此规定实际上是对《刑事诉讼法》第408条[1]精神的直接继承，因与抗告的基本模式不同，故《办法》特单列之以示明确。但对于《民事诉讼法》而言，[2]《办法》对之作了变通，把原本属于其他诉讼参与人之再抗告权利取消，对巡回审判推事裁定之科罚不得再提起抗告，而以向原属法院申请撤销或变更之变通方法解决之。

至于上诉或抗告之裁定权，属于上诉法院或抗告法院，"提起上诉应以上诉状表明左列各款事项提出于原第一审法院为之。"[3]"提起抗告应向为裁定之原法院或原审判长所属法院提出抗告状为之。"[4]所以"对于巡回审判推事之裁判提起上诉或抗告"，应将上诉状或抗告书状交由巡回审判推事，由巡回审判推事依法裁定上诉或抗告之驳回，或命其补正，或将上诉或抗告书状递交第三审法院或其检察官，但"如巡回审判推事不在当地时，得将书状提出于当地之司法机关或县政府。当地司法机关或县政府收受前项书状后，除认为有民事诉讼法第439条第1项、第487条第2项；刑事诉讼法第376条或第400条第1项之情形，[5]应交巡回审判推事办

---

〔1〕《中华民国刑事诉讼法》第408条："对于审判长、受命推事、受托推事或检察官所为左列之处分有不服者，得声请其所属法院撤销或变更之：①关于羁押、自保、责付、扣押，或扣押物发还及因鉴定将被告送入医院或其他处所之处分。②对于证人、鉴定人或通译科罚之处分。前项声请期间为五日，自为处分之日起算。其为送达者，自送达后起算。"

〔2〕《中华民国民事诉讼法》第311条："证人不陈明拒绝之原因事实而拒绝证言或以拒绝为不当之裁定已确定而仍拒绝证言者，法院得科以裁定五十元以下之罚锾。前项裁定得为抗告，抗告中应停止执行。"对于鉴定人，也是如此，"鉴定除本目别有规定外，准用关于证人之规定。"

〔3〕"中华民国民事诉讼法"，载《立法院公报》1935年第67期。

〔4〕"中华民国民事诉讼法"，载《立法院公报》1935年第67期。

〔5〕《中华民国民事诉讼法》第439条第1项：提起上诉，如逾上诉期间或系对于不得上诉之判决而上诉者，原第一审法院应以裁定驳回之。第487条第2项：提起抗告已逾抗告期间或系对于不得抗告之裁定而抗告者，原法院或审判长应驳回之。《中华民国刑事诉讼法》第376条：原审法院认为上诉违背法律上之程式或其上诉权已经丧失，或系对于不得向第三审法院上诉之判决而上诉者，应以裁定驳回之。其不依第374条之规定补提上诉理由书者，亦同。第400条第1项：原审法院认为抗告违背法律上之程式或抗告权已经丧失或系对于不得抗告之裁定抗告者，应以裁定驳回之。

理外，应连同卷证迳送第三审法院或其检察官。但抗告卷证之移送，以有必要者为限。”[1]这里，当巡回审判推事不在当地时，战区第一审之县政府兼理司法，代行了巡回审判推事部分的司法行政职能：一是代表巡回审判推事暂时收受诉讼参与人之上诉状或抗告状；二是代表巡回审判推事代行上诉状或抗告状的分类管理之职权。

《办法》第22条：“关于添具意见书之规定[2]，于巡回审判不适用之。”[3]所以，在巡回审判区，对于巡回审判推事之裁定而上诉或抗告之书状，巡回审判推事裁定结果只有三种：一是认定上诉或抗告无理由，驳回上诉或抗告；二是认定上诉或抗告为有理由，更正原裁定；三是将上诉或抗告书状迳送第三审法院审理。

（二）民事诉讼程序的变通

1. 免征诉讼费用。所谓诉讼费用，专指依照法令所缴纳于法院之诉讼费用而言。例如印纸费、送达费、状纸费等。1929年《司法状纸规则》规定：“民事或刑事诉讼除依法得用言词外，一律购用司法状纸。”“民事状每套国币六角。”[4]所以，普通民事案件起诉与上诉，皆应购用司法状纸。《民事诉讼法》第78条规定：“诉讼费用由败诉之当事人负担”，[5]即由败诉之当事人应对于胜诉之当事人赔偿因诉讼所支出之费用。其标准应以当事人所纳之审判

---

〔1〕 谢冠生：《战时司法纪要》，“司法院”秘书处1971年重印版，第40页。

〔2〕 关于填具意见书之规定，《中华民国民事诉讼法》第487条第3项：原法院或审判长不为前二项裁定者（即驳回抗告或更正原裁定），应填具意见书，速将抗告事件送交抗告法院，如认为必要时并应送交诉讼卷宗。《中华民国刑事诉讼法》第400条第2项：原审法院认为抗告有理由者，应更正其裁定，认为全部或一部无理由者，应于接受抗告书状后三日内填具意见书，送交抗告法院。

〔3〕 谢冠生：《战时司法纪要》，“司法院”秘书处1971年重印版，第40页。

〔4〕 徐百齐编：《中华民国法规大全》，商务印书馆1937年版，第5502页。

〔5〕 “中华民国民事诉讼法”，载《立法院公报》1935年第67期。

费、状纸费、送达费、法院调查费、抄录费等项为限，此乃诉讼费用负担之原则。

《战区巡回审判办法》第8条：“民刑诉讼案件诉讼关系人虽未购用状纸，巡回审判推事仍应受理民事诉讼案件并免徵诉讼费用。”[1]“诉讼费用免费范围，应候（照熊庭长汇苹等签注意见）呈部核示，在未奉令以前仍暂免征收，由公杂费项下支垫。”[2]这里，司法当局为了减轻战区民事诉讼困难，给予诉讼当事人司法经费上的救济：①此处的免征诉讼费用，仅指免去诉讼当事人第二审诉讼费用，第一审诉讼费用仍在征收范围之内。②诉讼当事人即使未购用状纸，巡回审判推事仍应受理民刑诉讼。此处规定也仅包括第二审诉讼案件。③免征诉讼费用，则此处诉讼费用应由国家负担，那么从哪里支出此项经费呢？即从司法经费中的公杂费项下支垫。④免征诉讼费用仅指司法收入，主要包括裁判费、执行费。“则诉讼费用规则上所规定之费用，除裁判费、执行费系属司法收入及写状费已奉明令均予免征外，其余各项费用是否在免征之列？”[3]“查巡回审判免征之诉讼费用既经呈奉司法行政部二十八年十一月四日指字第9306号指令，以属于司法收入者为限，自应遵办。其不属于司法收入者当然由败诉当事人负担。来呈所列举证人、鉴定人、通译、到庭费等依法不能归国库负担，即属不得免征。”[4]为了进一步扩大对战区民众的诉讼救济，1941年12月12日，司法行政部训令，“关于上诉第三审之民事案件，如当事人所在地已指定为巡回审判区域，不问其不服之裁定是否巡回审判推事

---

〔1〕 谢冠生：《战时司法纪要》，“司法院”秘书处1971年重印版，第39页。

〔2〕 江西高等法院民国二十八年十月十四日指令第4195号，江西省档案馆民国档案，卷宗号：J018-3-00996

〔3〕 江西高等法院巡回审判第一区民国二十九年十二月十三日呈，巡字第895号，江西省档案馆民国档案，卷宗号：J018-3-01873

〔4〕 江西高等法院民国二十九年十二月二十七日指令，民一字第7210号，江西省档案馆民国档案，卷宗号：J018-3-01873

所为，亦不分诉讼种类，一律免收诉讼费用。"[1]

关于免征诉讼费用的案例，在江西战区巡回审判案例中还是比较常见的，如涂贤忠因确认红毛岗松树所有权上诉案。战区第二审民事诉讼案件免征诉讼费，但上诉人涂贤忠一审未交完诉讼费用，一审诉讼费用不在免征之列。所以判决主文为："涂贤忠应于本区第一次言词辩论期日前，补缴第一审裁判费国币十四元五角。"[2]又如，陈良谓与陈贤芳等因继承遗产事件上诉案，"本区受理民事诉讼案件，依战区巡回审判办法第八条免征诉讼费用，自无庸为第二审诉讼费用之裁判，合并叙明。"[3]

2. 经一造而为判决。关于经一造而为判决之规定，《办法》第11条规定："民事上诉言词辩论期日当事人一造不到场者，得依职权命到场当事人之一造辩论而为判决……"[4]与《民事诉讼法》第385条[5]的内容相比，《办法》做了变通：①《办法》中省略了当事人申请之前置条件，而把一造辩论之判决的决定权直接交由巡回审判推事行之。②《民事诉讼法》第385条第1项之规定，"恐狡猾之当事人故意迟误诉讼行为，以图拖延诉讼，是以依到场当事人之申请而为一造辩论判决，俾诉讼易于终结。惟为贯彻平等保护之本旨起见，未到场当事人之利益亦应顾及，故复设第2项之

[1] 司法行政部民国三十年十二月十二日训令，训（叁）字第4349号，台湾："国史馆"，入藏登录号：022000009277A，目录统一编号：154，卷宗编号：1126。

[2] 涂贤忠因确认红毛岗松树所有权上诉案，江西高等法院巡回审判第一区民事裁定，民国三十一年度巡字第109号，江西省档案馆民国档案，卷宗号：J018-4-03203。

[3] 陈良谓与陈贤芳等因继承遗产事件上诉案，江西高等法院巡回审判第一区民事判决，民国二十九年度巡字第23号，江西省档馆民国档案，卷宗号：J018-4-03207。

[4] 谢冠生：《战时司法纪要》，"司法院"秘书处1971年重印版，第39页。

[5]《中华民国民事诉讼法》第385条：言词辩论期日当事人之一造不到场者，得依到场当事人之声请由其一造辩论而为判决。如以前已为辩论或证据调查，或未到场人有准备书状之陈述者，为前项判决时，应斟酌之，未到场人以前声明之证据，其必要者，并应调查之。

规定。”[1]此种平等保护之意旨，在《办法》中没有出现。所以关于当事人一造不到而为言词辩论的判决决定权由巡回审判推事掌控。但一造审理主义必定为例外，然对于未到场之当事人必给予以到场辩论之机会，所以《办法》第11条后部分规定“但有民事诉讼法第386条[2]所列各款情形之一者，不在此限。”此乃对一造审理主义之限定。

关于民事诉讼言词辩论的次数，《民事诉讼法》没有明确的规定。[3]但《办法》第15条规定：“言词辩论终结后，再开辩论以一次为限。”即战区巡回审判民事第二审诉讼，如果需要当事人言词辩论而为判决者，此言词辩论以一次为标准，以两次为之最。此规定仍立足于战区巡回审判流动性特点而定。

关于经一造而为判决之案例，如陈振连和陈振造继承上诉案，“上诉人未于言辞辩论期日到场，而又无民事诉讼法第386条所列各款之情形，经被上诉人之声请，由于一造辩论而为判决。”[4]又如周吉占与欧阳达钦因买卖田产，及终止租约上诉案，“周吉占曾经合法之传唤，无正当理由不遵期到案辩论，应由本区依战区巡回审判民刑诉讼暂行办法第11条前段，依职权命到场当事人之一造

---

〔1〕 郭卫：《民事诉讼法释义》，中国政法大学出版社2005年版，第269页。

〔2〕《中华民国民事诉讼法》第386条：有左列各款情形之一者，法院应以裁定驳回前条声请并延展辩论期日。①不到场之当事人未于相当时期受合法之传唤者；②当事人之不到场可认为系因天灾或其他不可避之事故者；③到场之当事人于法院应依职权调查之事项不能为必要之证明者；④到场之当事人所提出之声明事实或证据未于相当时期通知他造者。

〔3〕《中华民国民事诉讼法》第210条规定，“法院于宣示裁判前得命再开已闭之言词辩论。”法院认为诉讼关系已经明了者，始为辩论终结之宣告。既经宣告辩论终结，本应依期宣判。但有时因制作裁判书，却发生事实上之疑义者，亦事所恒有，故本条特设准予再开辩论之规定，以资救济。再开辩论之权属于法院，有时当事人虽亦得请求法院再开辩论，但应否再开辩论，仍由法院定之。这里，关于言词辩论的次数并没有明确规定。

〔4〕 陈振连和陈振造继承上诉案，江西高等法院巡回审判第二区民事判决，民国二十九年度上字第9号，江西省档案馆民国档案，卷宗号：J018-4-03207。

辩论而为判决，但周炳元之陈述意旨仍予斟酌之。合先说明。”[1]

3. 假扣押、假处分裁定权的下放。《办法》第17条：“民事诉讼关于假扣押、假处分之裁定，自收受声请书状之日起至迟不得逾三日。如巡回审判推事不在当地时，得由当地司法机关或县政府行之。”[2]该规定属于战区第二审的民事保全程序，依《民事诉讼法》的相关规定[3]，理应由巡回审判推事裁定，但巡回审判流动性的特点，导致巡回审判推事莅临各县时间的不确定性。但推事收受假扣押、假处分之申请书状后，必于三日内裁定，此时间具有固定性。所以假扣押、假处分裁定时间的固定性与巡回审判推事莅临各县时间的不确定性矛盾重重。当巡回审判推事恰好莅临该县，巡回审判期间内的假扣押、假处分之申请自然由推事收受与裁定。如若推事的巡回审判期间与当事人假扣押、假处分之申请不在同一时间段内，为了协调此矛盾，不得不将原本属于第二审的假扣押、假处分之收受与裁定权，下放至第一审的兼理司法县政府执行，即“得由当地司法机关或县政府行之”。

（三）刑事诉讼程序的变通

1. 没有检察官的巡回审判。“检察制度，是以公诉制度的确立为前提，以检察官的设立为标志，以维护国家法律统一实施为宗旨的一种法律制度。”[4]那么，巡回审判区人员的构成如何？“巡回审

---

〔1〕 周吉占与欧阳达钦因买卖田产，及终止租约上诉案，江西高等法院巡回审判第一区民事判决，民国三十一年度巡字第127号，江西省档案馆民国档案，卷宗号：J018－4－03203。

〔2〕 谢冠生：《战时司法纪要》，“司法院”秘书处1971年重印版，第40页。

〔3〕 《中华民国民事诉讼法》第520条：“假扣押之声请由本案管辖法院或假扣押标的所在地之地方法院管辖。本案管辖法院为诉讼已系属或应系属之第一审法院，但诉讼现系属于第二审法院者以第二审法院为办案管辖法院。”第530条：“假处分之声请，由本案管辖法院管辖，但有急迫情形时，得由请求标的所在地之地方法院管辖。”

〔4〕 张智辉、[加] 杨诚主编：《检察官作用与准则比较研究》，中国检察出版社2002年版，第1页。

判以推事一人或三人行之。"[1]在江西战区，巡回审判实行推事一人行之的模式，但巡回审判推事一人行之，并非推事一人在战斗，而是一个团队，成员分别是推事、书记官、录事和公丁各一人，如1939年江西高等法院巡回审判第一区的成员分别是推事罗笃志、书记官胡俊、录事万嘉鑫、公丁全佩珍。[2]这里，成员的构成中没有检察官。没有检察官的巡回审判法庭，在组织结构上与当时普通法院的审检合署制度不符，那么"在实行巡回审判之区域，关于第二审检察官应执行之职务是否均可省略?"[3]"应查照该办法第5条第1项之规定"，[4]即"刑事诉讼毋庸检察官执行职务，其原由检察官上诉者，巡回审判推事应将上诉理由谕知被告。"[5]故"是凡战区巡回审判推事办理刑事诉讼案件，关于检察官在通常第二审程序所定应执行之职务皆不得参与，此为当然之解释。"[6]所以战区巡回审判刑事上诉审制度的变化，核心部分在检察职权的弱化：它一方面把原属于检察官的部分职权转交给巡回审判推事行使，一方面把原属检察官的部分职权转由战区兼理司法县政府行使，以弥补检察官缺位带来的检察事务履行的不足。

2. 检察官侦察权、公诉权的下移。依《江西省战区巡回审判施行细则》的规定，江西高等法院巡回审判第一、二区推事"分别巡回审判其管辖之各县第二审民刑诉讼案件。"[7]同时，巡回审判

〔1〕 谢冠生：《战时司法纪要》，"司法院"秘书处1971年重印版，第37页。

〔2〕 江西高等法院民国三十年八月十一日公函，会字第1345号，江西省档案馆民国档案，卷宗号：J018-6-04796。

〔3〕 广东高等法院民国二十八年五月四日呈，台湾："国史馆"，入藏登录号：022000008825A，目录统一编号：154，卷宗编号：0675。

〔4〕 司法行政部二十八年十月二日指令，指字第8442号，台湾："国史馆"，入藏登录号：022000008825A，目录统一编号：154，卷宗编号：0675。

〔5〕 谢冠生：《战时司法纪要》，"司法院"秘书处1971年重印版，第39页。

〔6〕 "民国三十二年上字第2342号"，载《司法院公报》1943年第45卷第5期。

〔7〕《江西省战区巡回审判施行细则》，江西高等法院民国二十八年三月十五日呈，江西省档案馆民国档案，卷宗号：J018-3-00996。

推事还负责覆判案件的审判，“应送覆判之案件得由原审机关迳送巡回审判推事覆判。”[1]无论是第二审民刑诉讼案件，还是覆判案件，巡回审判推事皆是基于第一审案件事实基础的审判，是事实审和法律审的混合体，并不涉及检察官侦查程序。如果“上诉书状提出新事实或新证据者，在巡回审判推事未到达前，当地司法机关或县政府得先调查证据或为其他准备程序。”[2]此处的新事实或新证据的调查，乃推事份内之证据调查，也不属于检察官侦查程序范畴。但是，窃职“于一月七日（1945 年）到达三江口南昌县政府，即日起受理当地第二审民刑诉讼及特种刑事案件。”[3]“钧院本年六月七日文字第 649 号训令，略以奉部令为特种刑事案件业已依归法院办理……特种刑事则以汉奸案件居多，依该条例第 1 条第 2 项规定应归高等法院或分院为第一审，但本区巡回审判推事既未莅审或提审，以致案多进行迟滞……”[4]由上可知，即从 1945 年起，特种刑事案件被纳入江西高等法院巡回审判推事管辖范围。因为是公诉案件，检察官审前侦查取证是提起公诉的必经程序，此时谁来完成侦查程序和提起公诉呢？答案是唯一的，即江西战区巡回审判特种刑事案件的审前侦查与提起公诉，实行公诉，皆由辖区内各县兼理检察职务的县长为之。

3. 推事兼理申请再议职责。再议是刑事诉讼告诉人针对缓起诉或不起诉处分，被告针对撤销缓起诉处分所为声明不服的救济程序。《刑事诉讼法》规定：再议之申请，原检察官认为有理由者，应撤销其处分，继续侦查或起诉；原检察官认申请为无理由者，应

〔1〕 谢冠生：《战时司法纪要》，“司法院”秘书处 1971 年重印版，第 38 页。

〔2〕 谢冠生：《战时司法纪要》，“司法院”秘书处 1971 年重印版，第 39 页。

〔3〕 江西高等法院巡回审判第一区民国三十四年一月七日呈，文字第 2476 号，江西省档案馆民国档案，卷宗号：J018 -3 -01885。

〔4〕 瑞昌县政府民国三十四年八月九日呈，发文法字第 130 号，江西省档案馆民国档案，卷宗号：J018 -3 -01885。

即将该案卷宗及证物送交上级法院首席检察官或检察长。上级法院首席检察官或检察长认为再议之申请为无理由者，应驳回之；认为有理由者，应分别为左列处分：①侦查未完备者，命令原法院检察官续行侦查；②侦查已完备者，命令原法院检察官起诉。[1]即申请再议案件由检察官自由裁量。《办法》第7条第1项规定："刑事诉讼告诉人声请再议，应由原检察官向巡回审判推事为之。"[2]即由推事代行申请再议之自由裁量权，"巡回审判推事认为声请为有理由者，应以裁定撤销原处分，发回续行侦查；其无理由者，应以裁定驳回之。""前项续行侦查之裁定，仅送达于原检察官。"[3]所以"查再议事件本属检察职权，现巡回审判区之再议事件，由巡回审判推事裁定，在战区巡回审判民刑诉讼暂行办法第7条定有明文，是巡回审判推事实兼有审检两权。"[4]相关案例，如余广德因张段氏侵占案件申请再议案，[5]1940年3月，南昌县的余广德把自己的一些什物寄存在张段氏家中，张段氏的房子因邻居房屋失火而失火，余寄存在张家的什物被火焚毁殆尽，余以侵占罪名起诉张。初审以不起诉处理洵无不合。首先，在火灾现场先抢救自己的物品并无不合；其次，张把余寄存的十元大洋也返还了。因此余广德的申请再议无理由，被裁定为"声请驳回"。

4. 附带民事诉讼。附带民事诉讼，乃附带于刑事诉讼所提起之民事诉讼之谓。附带民事诉讼之提起，以刑事诉讼程序之存在为前提，刑事诉讼未起诉或已经终结者，自无提起附带民事诉讼之余地。

---

〔1〕"中华民国刑事诉讼法"，载《立法院公报》1935年第66期。

〔2〕谢冠生：《战时司法纪要》，"司法院"秘书处1971年重印版，第39页。

〔3〕谢冠生：《战时司法纪要》，"司法院"秘书处1971年重印版，第39页。

〔4〕司法行政部民国二十九年二月十四日训令，训字第5271号，江西省档案馆民国档案，卷宗号：J018－3－01868。

〔5〕江西高等法院巡回审判第一区刑事裁定，民国二十九年度巡字第39号，江西省档案馆民国档案，卷宗号：J018－4－02948。

《办法》第19条第1项："附带民事诉讼得以言词向巡回审判推事起诉。"[1]而《刑事诉讼法》中关于附带民事诉讼提起的方式有两种：其一，以书状向法院提起附带民事诉讼。依《刑事诉讼法》第496条[2]之规定，提起附带民事诉讼，固以书状为必要程式，是为原则。其二，第499条之规定为例外，得以言词提起，"但应具备次之要件：①须于审判期日；②须到庭释明不能提出诉状之事由；③审判期日以言词提起附带民诉，须被告在场。"[3]所以，《办法》关于战区附带民事诉讼提起的规定，在继承了《刑事诉讼法》精神的基础上有所变化：首先，以言词提起附带民事诉讼没有相关条件的限制，即无论审判期日与否均可，只要是在刑事诉讼起诉后，第二审辩论终结前提起均可；即使在审判期日，无论被告是否在场，均可以言词提起附带民事诉讼。其次，附带民事诉讼须向巡回审判推事提起，而非向高等法院或高等法院推事提起。由上分析可知，以"言词"提起附带民事诉讼的范围在战区巡回审判中得到扩展，这在一定意义上便利了诉讼当事人的诉讼行为，有利于推进巡回审判的施行。

关于附带民事诉讼案件的判决，《办法》第19条第2项规定："附带民事诉讼确系繁杂者，得不受刑事诉讼法第505条[4]之限制。"[5]相比之下，面对复杂之附带民事诉讼案件，《刑事诉讼法》以法院裁定的方式，将长久时日不能终结的复杂之附带民事诉讼案

---

〔1〕 谢冠生：《战时司法纪要》，"司法院"秘书处1971年重印版，第40页。

〔2〕《中华民国刑事诉讼法》第496条规定："提起附带民事诉讼应提出诉状于法院为之。前项诉状准用民事诉讼法之规定。"诉状及各当事人准备诉讼之书状，应按照他造人数提出缮本，由法院送达于他造。但499条规定："原告于审判期日到庭释明不能提出书状之事由者，得以言词提起附带民事诉讼。但被告不在场者，不在此限。"所以，附带民事诉讼，一般情况下需要用书状提起，特殊情况下也可以用言词提起。

〔3〕 朱观编著：《刑事诉讼法要义》，大东书局1944年版，第441页。

〔4〕《中华民国刑事诉讼法》第505条："附带民事诉讼应与刑事诉讼同时判决，或于刑事诉讼判决后五日内判决之。"

〔5〕 谢冠生：《战时司法纪要》，"司法院"秘书处1971年重印版，第40页。

移送该法院民事庭审理。[1]《办法》则放宽复杂的附带民事诉讼案判决的时间，巡回审判推事不再受限于刑事诉讼判决后五日内判决之规定。究其原因，战区巡回审判推事负责第二审诉讼案件的审理，因采用独任制的审判模式，所以无所谓民事庭与刑事庭之分别，皆由巡回审判推事一人审理之。所以《办法》抛弃了《刑事诉讼法》中长久时间不能终结之复杂的附带刑事诉讼案的处理模式，转而给予巡回审判推事更充裕的时间处理此类附带民事诉讼案件。这种变通，显然是依据战区巡回审判组织特点的有效变通。

关于战区巡回审判附带民事诉讼之案例，如戴登榜、刘金女与刘长庆等因抢夺上诉案之附带民事诉讼案，“右上诉人因抢夺案件，对于中华民国三十年三月十九日兼理司法彭泽县政府所为第一审判决提起上诉，原告并提起附带民事诉讼。”“关于附带民事诉讼部份，依刑事诉讼法第 491 条及第 492 条规定，因犯罪而受损害之人，得于刑事诉讼起诉后，第二审辩论终结前，提起附带民事诉讼，请求回复其损害。又附带民事诉讼得以言词向本区起诉，亦经战区巡回审判民刑诉讼暂行办法第 19 条第 1 项定有明文。则原告刘金女部份，于言词辩论时以言词向本区起诉，依法尚无不合。合先说明。查关于被掳稻谷之数额确系二十四石，刘彭氏之遗产应归刘金女继承，及被抢之稻谷，并非全部属于刘彭氏之遗产，业经前段详加说明在案。则被告刘长庆、刘长荣、刘天金等依民法第 185 条对于原告自应负连带返还稻谷二十四石之责。毫无疑义。”[2]

战区巡回审判诉讼程序的变通，主要表现在基于战区司法生态而进行的诉讼程序的简化，它反映了诉讼程序法因社会环境的变化而变革的基本特征，对今天中国的司法改革具有一定的启示：

---

〔1〕《中华民国刑事诉讼法》第 508 条第 1 项：“法院认附带民事诉讼为复杂，非经长久之时日不能终结其审判者，不问诉讼程度如何，得以裁定移送该法院之民事庭。”

〔2〕江西高等法院巡回审判第一区刑事判决，民国三十年度巡字第 78、81 号，江西省档案馆民国档案，卷宗号：J018－4－03142。

第一，变革是程序法现代化的必然选择。法律源于生活，又服务于生活。程序法则是法律发展的表征，她的一颦一笑，演绎着法律不断演进的轨迹，同时反映着社会生活的不断进步，“在程序法的发展过程中，以极其清晰的对比反衬出社会生活的逐渐变化。”[1]战区巡回审判在诉讼程序上的变通，是基于战区特殊的司法生态而作相应的变通。如为了提升战区巡回审判效率，并基于巡回审判之传统，战区巡回审判未设置检察官一职。相应地，辩护制度也不适用战区巡回审判等。

发端于欧洲15、16世纪的现代化潮流，业已弥漫全球，成为当代社会共同发展的方向。起源于80年代中期的中国刑事诉讼制度改革，则是在全球化背景下，对中国社会迈向现代化的一个自觉的回应，“是一个从传统走向现代的过程，是由传统型刑事诉讼制度转向现代型刑事诉讼制度的过程。”[2]这种转变，是依据中国社会现代化发展需要而做的改变。但因法律与社会发展的不一致性，目前中国程序法的现代化发展，还不能适应当今社会发展的需求，对中国程序法的不断改革演进，就成为程序法走向现代化的必然选择。

第二，学习和借鉴是程序法现代化的必经之路。不论是英美法系国家，还是大陆法系国家，均肇基于自由、民主和法制的现代社会理念，以宪政国家和市民社会作为现代社会的基本框架，因此现代国家之间都有许多共通之处，“正是这些社会和思想方面的共同特征，成为融构现代结构的基本要素，也支撑起现代型刑事诉讼制度的宏观背景。”[3]由于各国社会文化的差异和司法传统的不同，

---

〔1〕［德］拉德布鲁赫：《法学导论》，米健、朱林译，中国大百科全书出版社1997年版，第120页。

〔2〕左卫民、万毅：“我国刑事诉讼制度改革若干基本理论问题研究”，载《中国法学》2003年第4期。

〔3〕左卫民、万毅：“我国刑事诉讼制度改革若干基本理论问题研究”，载《中国法学》2003年第4期。

目前具有现代化刑事诉讼制度特征的大陆职权主义和英美当事人诉讼主义居于主流地位，它们在制度形态上“同属于现代型刑事诉讼制度，在程序理念和结构上具有更多的共通性特征。”[1]基于法律现代化所具有的诸多共通性特征，它奠定了我国借鉴西方现代法律的基础。对于战区巡回审判制度而言，国民政府司法当局在已经有近百年移植西方法律的惯性思维下，面对司法体系断裂的战区司法生态，选择向西方学习，借鉴英美巡回审判制度，也就成为必然，所以英美巡回审判制度的基本模式和基本特点，也就铸就了战区巡回审判制度的基本内容。今天，中国的程序法发展还处在迈向现代化的征途上，积极吸收西方先进的法律理念为我所用，是中国程序法走向现代化，也是中国法律走向现代化的必然。以刑事诉讼法改革为例，在审前程序中，基于人权保障优先的现代型刑事诉讼制度，应以弹劾式程序取代审问式程序，同时给予被追究人以沉默权、律师帮助权，建立限制侦控机关权力滥用的权力清单制度等。在审判程序中，应采用直接言词的审理方式，取代传统的书面审理模式；以“庭审中心主义”取代传统的“侦查中心主义”等。[2]我国的民事审判方式改革应由过去的审判程序重心在“庭外”转到现在的“庭上”、将来的“庭前”，“从而实现民事审判程序重心逻辑发展的正反合三部曲。”[3]所以，基于全球化的视野和现代社会发展的需求，中国的程序法改革，是在借鉴国外先进经验的基础上，不断实现审判制度的自我完善和自我发展，从而“建立符合现代法治要求的现代审判制度。”[4]

---

〔1〕 左卫民、万毅：“我国刑事诉讼制度改革若干基本理论问题研究”，载《中国法学》2003 年第 4 期。

〔2〕 详细内容，请见左卫民：“我国刑事诉讼制度改革若干基本理论问题研究”，载《中国法学》2003 年第 4 期。

〔3〕 杨光明：“现代司法理念下中国民事审判制度改革”，载《西南民族大学学报》（人文社科版）2006 年第 12 期。

〔4〕 杨知文：“中国审判制度的内部组织构造”，载《浙江学刊》2013 年第 3 期。

第三，本土化改造是中国特色程序法的必然要求。“现代化本身并不排斥本土化，相反，现代化的实现还有赖于推动现代型社会的本土化。”[1]回归到战区巡回审判，其制度本身并非全盘照搬英美巡回审判制度，而是在借鉴英美巡回审判制度的基础上，结合抗战时期国民政府战区司法生态与民刑诉讼法的基本内容，综合制订而成。所以，战区巡回审判相关制度的制定，是在借鉴西方先进法律的基础上，针对战区司法的具体现状制订而成，是借鉴、吸收与本土化并行的结果。以刑事诉讼制度改革为例，我国程序法的现代化也是一个借鉴西方先进法律理念与中国本土化的过程，究其原因：①西方的工业文明，产生了具有现代型特征的刑事诉讼制度，因此，对于西方社会而言，现代型刑事诉讼制度是内生的。②移植国外的法理念、法制度，对于我国社会来说，它是外源性的。脱胎于农耕文明的中国现代社会，具有与西方工业文明所不同的传统文化，对移植于中国社会的西方法理念和法制度，它必然产生自发的排他性，这是两种文明的碰撞与融合的过程。因此，在法律移植的过程中，我们必须考虑由本土化所产生的独特问题，并根据具体的语境和时代需求，寻求最佳的路径：一方面，我国的刑事诉讼制度改革应当选择一条“本土化与国际化相结合，立足于本土资源进行制度移植的创新型制度移植的道路”[2]，它既要符合现代刑事诉讼制度发展的方向和基本规律，又要兼容中国本土文化的发展要求。另一方面，“对国外法律制度移植，必须既要考虑到法律体系中各项制度的关联性，也要关照它所需要的社会条件。”[3]因此，我国刑事诉讼制度的改革，“不仅应当考虑具体诉讼制度的引进、移植，

〔1〕 左卫民、万毅：“我国刑事诉讼制度改革若干基本理论问题研究”，载《中国法学》2003 年第 4 期。

〔2〕 蒋剑鸣等：《转型社会的司法：方法、制度与技术》，中国人民公安大学出版社 2008 年版，第 108 页。

〔3〕 万毅：《程序如何正义：中国刑事诉法制度改革纲要》，中国人民公安大学出版社，2004 年版，第 15 页。

更应当考虑对其生长、发育的社会环境的培育、扶植。"[1]所以，我国现代刑事诉讼制度，将通过借鉴、引进和本土化的改造，消化和融合而生成，它既具有现代刑事诉讼制度的基本要件，又是有中国特色基本内核的现代刑事诉讼制度。

---

〔1〕左卫民、万毅："我国刑事诉讼制度改革若干基本理论问题研究"，载《中国法学》2003年第4期。

第三章　江西战区民事巡回审判实践

南京国民政府时期民事案件的审理，采用证据裁判原则。自由心证[1]是证据裁判原则的核心。自由心证是指法官依据法律规定，通过内心的良知、理性等对证据的取舍及其证明力进行判断，并最终形成确信的原则。在战区民事巡回审判实践中，民事案件的事实审，采用谁主张谁举证的原则。巡回审判推事根据诉讼双方的举证，对案件事实进行判断，进而形成内心确信，做出合理与合法的

---

〔1〕曾代伟教授认为，自民国初年以来，从法定证据制度向自由心证证据制度的演进，至南京国民政府时期已基本完成。法官依据经验法则和逻辑规则作出自由判断和认定事实的情形，在司法审判实践中已经普遍存在。笔者经过考察认为，南京国民政府时期自由心证已经具备现代化的形态。主要依据是：推事的自由心证并不是随心所欲的自由心证，而是有相应约束条件的自由心证，即南京国民政府时期的自由心证，有其内外约束机制：首先，自由心证有其内在约束机制即经验法则与逻辑规则。所谓经验法则，是根据已知事实推导未知事实时能够作为前提的任何一般的知识、经验、常识、法则。经验法作为人们一般经验的归纳和抽象，具体的已知事实（证据）不过是同种经验的又一例而已。法官从已知事实或证据出发选择经验法则时，必须受两者之间这种内在联系的制约，运用特定的经验法则来对具体的证据作出评价时，也必须受人们关于该经验法则内容及盖然性程度的一般理解所制约。与人们共同的一般的认识这一意义上的经验法则相抵触的证据评价被认为是对自由心证原则的滥用。这就是自由心证原则下证据评价的客观性质。而逻辑法则的作用主要是提供了以经验法则为根据，从已知事实推导出未知事实的推理工作。它代表事理、规律和内在关系等，其具有客观性质自是不言而喻。其次，自由心证原则还有外在因素的制约，如法定证据制度，其中，公文即为法定证据之一。又如直接言词辩论原则，这使得推事居于中立地位，在原被告双方的言词辩论中探究案件事实的真相。再如判决理由的公开制度，上诉审的制度设计等，都对自由心证原则形成外在的制度制约。

判决。与古代法定证据制度[1]相比较，抗战时期的自由心证原则，以其经验法则的无限性，容纳了战区司法环境的突变，并给予民事案件中出现的战时性因素与传统法文化的碰撞以现代法的阐述与融合，维护了战区诉讼当事人的合法权益与战区社会秩序的稳定。与此同时，战区巡回审判也捍卫了司法与法律在战区民众心中的权威，并进一步传播了法律，为战区民心的凝聚提供了司法上的助推。

一、战争因素与战区巡回审判

战火纷飞下的战区民众，顽强地依照旧有的生活模式生存下来。虽然战争影响了他们的生活，但是他们依旧对公平正义充满敬仰。

（一）战争与婚姻家庭案

家庭是社会的细胞，婚姻则是组成家庭的纽带，维护家庭的稳定，就是维护最小社会单元的稳定。在战区，维护婚姻家庭的稳定也是稳定战区社会秩序的基本目标，战区巡回审判扮演着维护婚姻家庭稳定的角色。

彭阿青与唐养吾“系民国二十六年十一月十七日在彭泽县下鼓楼村与被上诉人结婚。本年废历五月二十日，因与被上诉人不睦，随其父彭镇藩前来下彭村母家居住，初约于同月二十五日返家，因

---

〔1〕 所谓法定证据制度，是指法律根据各种证据的不同形式，对其证明力的大小以及如何审查判断和运用预先明文规定，法官审理案件时必须依据法律规定来进行证据判断和取舍，对案件事实作出认定，进行裁判。其主要特征有以下三点：①以法定规则的形式在不同证据的信用性与证明力上设定等级，事先规定不同证据所具有的不同价值，以及根据不同证据价值而达到的法律效果。法官必须严格按照这种规则来评价证据并分别采取相应的诉讼行为或进行事实认定。②对最终的事实认定，尤其是对罪责的认定和刑罚的宣告规定严格的证据要件。③对采证方式、证据能力（作为证据使用的法律上资格）也规定了严格的程序和要件。以上内容主要援引自王亚新：“刑事诉讼中发现案件真相与抑制主观随意性问题”，载《比较法研究》1993 年第 2 期。

患病未果。后又改约于六月十一日返家，又因天雨未往。”[1]作为上诉人，彭阿青提出了上诉意旨是拒绝与唐养吾同居，并提出离婚的诉求。“凡主张权利存在的当事人，应就权利发生法律要件存在的事实予以举证证明；凡否定权利存在的当事人，应就权利妨碍法律要件，或者权利消灭法律要件，或者权利制约法律要件存在的事实负有证明责任。”[2]彭阿青提出的一项支持诉求的案件事实是“晚间碾米”及“避空袭时，被上诉人未为陪伴一节”，罗笃志运用自由心证的经验法则，指出“‘晚间碾米’及‘避空袭时，被上诉人未为陪伴一节’如果属实，尤为现时游击区内农村生活习见之事实，自不得指为理由。”[3]这里，战争改变了战区民众的生活方式，“晚间碾米”就是主要特征之一。究其原因，乃是晚上无灯火指引，敌机无法发现轰炸目标，所以晚上工作比较安全。与之相对应的是“避空袭”也成为战区民众生活常态。正因为它是战区民众生活常态之现象，就不能成为“不堪同居之虐待”的事实证据。所以此项举证失去其合理性，诉讼标的与法律事实之间缺乏必然的因果关系，上诉人的诉求被否决。

吴发崑解除婚约上诉案，是与之相关的又一案例。吴发崑与刘瑞凤的娃娃亲系由双方父母所定。《中华民国民法·亲属编》指出：“婚约应由男女当事人自行订定，非男女当事人自行订定之婚约，非得本人追认，自难生效。”[4]所以，吴发崑与刘瑞凤的娃娃亲必须经当事人双方追认才有效力。作为上诉人法定代理人的刘德屏述称：“去年上半年以前，我是同意的，遇有避飞机时，他两人都同

---

〔1〕 彭阿青与唐养吾因同居事件上诉案，江西高等法院巡回审判第一区民事判决，民国二十九年度巡字第57号，江西省档案馆民国档案，卷宗号：J018－4－03207。

〔2〕 毕玉谦：《证据制度的核心基础理论》，北京大学出版社2013年版，第16页。

〔3〕 彭阿青与唐养吾因同居事件上诉案，江西高等法院巡回审判第一区民事判决，民国二十九年度巡字第57号，江西省档案馆民国档案，卷宗号：J018－4－03207。

〔4〕 吴发崑解除婚约上诉案，江西高等法院巡回审判第一区民事判决，民国三十年度巡字第74号，江西省档案馆民国档案，卷宗号：J018－4－03142。

去，爱情都很好……"[1]"遇有避飞机时，他两人都同去"，乃战区民众基本生活状态，以此作为对婚约追认的证据，违背了自由心证经验法则中的常识。所以罗笃志认为："上诉人在起诉以前，对于该项婚约之表示，亦仅为单纯沉默之行为。刘德屏并不能证明有足以间接推知其意思之举动。即不得谓吴发崑对于该项婚约已有默示之追认。毫无疑义。"[2]在民国乡村，娃娃亲比较盛行，而彭泽县政府一审确认了这种传统婚约方式的合法性，在一定程度上表明了传统娃娃亲生命力的顽强。巡回审判否决了"遇有避飞机时，他两人都同去"作为追认婚约方式的合理性，否决了此案娃娃亲的合法性。因此，此案判决对战区民众娃娃亲传统认知的改变有深远的影响。

（二）战争与商贸契约案

1. 战争与商贸案。抗战时期，国家对关系国计民生的重要资源实行经济统制，盐专卖制度就是经济统制的重要内容。作为抗战时期盐专卖的特别法规——《盐专卖暂行条例》和《盐专卖条例》，分别于1942年5月和1944年10月颁布。其中关于盐的运输单位，《盐专卖暂行条例》第21条规定："产品内之近场地带，得由合作社或小本商贩自行零运。"关于盐运输凭证，第22条规定："盐之运输非黏有专卖凭证，并由政府发给单照不得为之，前项单照不得与盐相离。"[3]1943年谦益商店和何天福因损害赔偿事件上诉案件，就是在食盐运输过程中发生的民事纠纷案件。1941年6月25日，彭炎卿受雇为彭泽县合作社联合社队员时，依规定要与彭泽县合作社联合社签订担保契约，即"其保结人谦益商店何天福

---

〔1〕 吴发崑解除婚约上诉案，江西高等法院巡回审判第一区民事判决，民国三十年度巡字第74号，江西省档案馆民国档案，卷宗号：J018－4－03142。

〔2〕 吴发崑解除婚约上诉案，江西高等法院巡回审判第一区民事判决，民国三十年度巡字第74号，江西省档案馆民国档案，卷宗号：J018－4－03142。

〔3〕 "盐专卖暂行条例"，载《中农月刊》1942年第3卷第5期。

号，今保得彭炎卿在彭泽县消费合作社服务队充当队员，如有卷逃及损失武器情事，概归保人完全负责。所具保结是实，具保结人谦益商店何天福号，被保人彭炎卿，民国三十年六月二十五日。”〔1〕这里，具保人就是本案的上诉人。因谦益商店为经营单位，由其经理邱树德为其法人。而案件的基本事实是：上诉人所保之彭炎卿，在彭泽县联社服务队充当队员，奉命由乐平押运食盐220担返彭泽，竟于中途潜逃无踪，并将运盐护照和水程〔2〕一并携去，以致盐在中途被驻军扣留。运盐员役在鄱阳逗留5日，耗去旅费壹仟壹佰五十五元整。〔3〕该彭炎卿队员对其雇佣之合作社，自系故意不法侵害他人权利之行为，依民法第184条第1项前段，对于合作社应负损害赔偿之责。惟彭炎卿既以潜逃无踪，合作社即属无法向其请求赔偿。谦益商店与何天福对于彭炎卿之侵权行为，系保证同一债务，依《中华民国民法》第748条，对于合作社应负连带保证责任。在本案中，巡回审判推事依据自由心证的逻辑规则，判决上诉人对于彭炎卿之侵权行为负连带保证责任。其基本逻辑思维是：民法的相关规定为法律的大前提，而上诉人与彭炎卿的具保行为符合民法的相关规定，所以判决上诉人负连带保证责任。这是典型的演绎推理的自由心证模式。本案的内涵比较丰富：①战区盐专卖制度的基本运行情况在此案件中得以呈现，如运盐的凭证运盐护照和水程，运盐的主体是各县的合作社等；②单位法人制度，这是商业逐

---

〔1〕谦益商店因损害赔偿事件上诉案件，江西高等法院巡回审判第一区民事判决，民国三十二年度巡字第147号，江西省档案馆民国档案，卷宗号：J018-4-03204。

〔2〕运盐护照和水程：1942年国民政府废除盐引专卖制度，普通单位和老百姓也可以进行盐的买卖。只要交纳足够的盐税，就可以凭准单（提货单）从管理机构仓库提盐，并持发给的“护照”运输。“护照”上写明运输途经地方和时限，并且由沿途的检查机关查验放行。水程：“盐的运输采用水陆定线行运，陆运有‘路单’（护照），水运有‘水程’（护照）。”引自于云洪：“论潍坊盐业的起源和发展”，载《潍坊学院学报》2009年第5期。

〔3〕谦益商店因损害赔偿事件上诉案件，江西高等法院巡回审判第一区民事判决，民国三十二年度巡字第147号，江西省档案馆民国档案，卷宗号：J018-4-03204。

渐发展在民事法律中的反映。本案中既有谦益商店的法人，也有彭泽县合作社联合社的法人；③具保人的连带赔偿责任，这是契约具有法律效力的具体体现，反映了战区民众法律意识的不断提升。

张贤圃请求返还货款上诉案，则为战争影响商贸的又一典型案例。“上诉人到达樟树后，因该处有空袭警报，各店停止营业，未及购货。”[1]由此可知，战争是导致樟树各药店停业和上诉人无法购得被上诉人所委托之药材的客观事实。无奈之下，上诉人乃由樟树转赴抚州为自己购运货物，归途取道丰城县属之港子里地方，遇到劫匪，财物被洗劫一空。而张贤圃改由小道行走的原因乃关卡林立，抽税很重。上诉人必须为自己的过失付出经济上的代价。由此案中可知，战争因素对商贸的影响是全面的，既有战争导致战区及附近地区店铺停止营业、物资匮乏；又有地方政府关卡林立，对商旅抽税过重的残酷现实；更有盗匪抢劫财物的恶行，如此这般，战区商业的发展从何谈起。

2. 战争与契约案。契约是两人以上相互间在法律上具有约束力的协议，契约责任是以自由同意为基础的（契约自由原则），双方合意签订具有法律效力之契约的法律行为称为契约行为。战争环境下，战区民众之间的契约关系常常受到战争的影响。

罗刘氏等终止租赁契约上诉案即为典型案例之一。上诉人罗刘氏、况林氏承租被上诉人刘全敬“所有上富镇桥子头店房两所，于民国二十八年被敌军焚毁。上诉人等各就旧址搭棚营业，现被上诉人重新建造，租契约能否继续有效?”[2]左穆就本案基本要素自由心证，判决准予终止租债契约，驳回上诉：①作为契约标的物的店房已经被战火焚毁，标的物不存在，则契约自然终止，此为法律的

---

〔1〕张贤圃请求返还货款上诉案，江西高等法院巡回审判第二区民事判决，民国三十年度上字第15号，江西省档案馆民国档案，卷宗号：J018－2－21424。

〔2〕罗刘氏等终止租赁契约上诉案，江西高等法院巡回审判第二区民事判决，民国三十年度上字第23号，江西省档案馆民国档案，卷宗号：J018－4－03143。

基本常识。②两造所订立者为未定期限之租债契约，依照《中华民国民法·债编》第450条第2项之规定，此项契约各当事人得随时请求终止。③上诉人等承租被上诉人之店房，迄今二十有九年，已逾越民法第449条第1项所规定之期限，亦足据为终止租债契约之原因。[1]所以，推事左穆以自由心证经验法则中的常识和逻辑规则中的演绎推理确信并判决之。

类似的案例还有刘润生与王翟氏终止租赁契约上诉案。被上诉人王翟氏“开设裕盛福洋锡店已历数十年，虽于民国二十二年由被上诉人之夫王开亚更新租赁契约，但查该店房于民国二十八年敌军进扰上富时付之一炬。”[2]租赁物既不存在，则两造租赁关系随之消灭，此为常识，这也是战争影响契约关系的重要表现。

二、传统法文化与战区巡回审判

（一）平等权与嗣子及妾的财产继承权

1. 平等权与嗣子继承权。“宗祧继承，即本于祀祖宗，别亲疏之义，而主张小宗可绝，大宗不可绝，此立后制度之所从来也。”[3]“古代宗祧继承，其目的在于国承家，敬宗收族。其主体只限于嫡长子孙，或足以代嫡长子孙之庶子或嗣子，且以一人为限。”而至近代，则“宗祧继承，仍以一本之宗亲为主，严守异性不乱宗之大义耳。以与古代相较，当未可同日而语也。”[4]即至近代，宗祧继承已经无大宗小宗之别，祭祀祖宗的功能逐渐消失，只剩下延续所谓的宗亲血脉而已。究其原因，乃单个家庭代替宗族成

---

〔1〕《中华民国民法》第450条第2项：租赁“未到期限者，各当事人得随时终止契约。但有利于承租人之习惯者，从其习惯”。第449条第1项：“租赁契约之期限，不得逾二十年。逾二十年者，缩短为二十年。”

〔2〕刘润生与王翟氏终止租赁契约上诉案，江西高等法院巡回审判第二区民事判决，民国三十年度上字第7号，江西省档案馆民国档案，卷宗号：J018-2-03381。

〔3〕陈舍我：“宗祧继承与遗产继承”，载《桂潮》1932年第3期。

〔4〕涂藻德：“论宗祧继承之应否存在”，载《学林》1925年第1卷第12期。

为社会最小基本单位的时代现实所致。虽然宗祧继承的形式和内容都发生了变化，但传统血脉的观念根深蒂固。民国时期，宗祧继承仍为普通民众所遵守的基本规则，成为民间法的重要组成部分。在江西战区，宗祧继承之传统遗风依然盛行，陈振连与陈振造继承遗产上诉案，[1]就是典型案例。

上诉人：陈振连，住靖安下洞。

被上诉人：陈振造，住同上。

右当事人间因继承涉讼事件，上诉人对于中华民国二十九年四月十五日兼理司法靖安县政府第一审判决提起上诉，本区判决如左：

主文：

上诉驳回；第一审诉讼费用由上诉人负担。

事实：

本审事实讯明与原判摘叙者无异，依民事诉讼法第四百五十一条引用之。上诉人未于言辞辩论期日到场，而又无民事诉讼法第三百八十六条所列各款之情形，经被上诉人之声请，由于一造辩论而为判决。

理由：

本件被上诉人陈振造原为陈启添之子，自幼即过继伊伯陈启汉为嗣。启汉亡故，所遗财产应由被上诉人承继，固无问题。惟上诉人主张，陈启汉生前生有一子名唤振适，年过二十而殁。启汉病危之际口授遗嘱，分割一部分财产为振适。立后，此种事实虽据提出遗嘱字约为证，但查该遗嘱字约系于陈启汉殁后，由陈启河、陈启滔二人所书立，未经陈启汉签名画押，是否出自陈启汉之本意已属无从证明。且陈启滔为该遗嘱见证人，即系上诉人之父，依照民法继承编第一千一百九十八条第三款之规定，此种遗嘱实难发生法律上之效力。况查已死陈启汉为一读书识字之人，安有不自执笔书立

[1] 陈振连与陈振造继承遗产上诉案，江西高等法院巡回审判第二区民事判决，民国二十九年度上字第9号，江西省档案馆民国档案，卷宗号：J018－4－03207。

遗嘱之理。上诉人所提出之证据殊无足采。原判确认被上诉人对于陈启汉之全部财产有继承权，上诉人所立之遗嘱字约为无效，尚属允当。本件上诉不能认为有理由。

据上论结，依民事诉讼法第四百六十条、第三百八十五条第一项、第四百四十六条第一项、第七十八条判决如主文。

中华民国二十九年十月二十一日

江西高等法院巡回审判第二区民事庭推事左穆

如不服本判决，得于收受送达后二十日内向本区提出上诉状，上诉于最高法院。

右件证明与原本无异。

中华民国二十九年十月二十一日

江西省战区巡回审判推事左穆

书记官刘汝霖

本案关键点有二：其一，作为嗣子，被上诉人陈振造是否有权继承陈启汉的遗产。推事左穆肯定了陈振造继承权的合法性，用“固无问题”作了肯定的判决。左穆如此判决是基于陈振造继承事实发生在民法亲属继承编施行（1931 年）之前的事实。在此基础上，推事实际上运用了典型的演绎法进行推理。“若继承开始在民法继承编施行以前，被继承人无直系血亲属者，依民法继承编施行法第 1 条第 8 条之规定[1]应仍适用其当

〔1〕 民法继承编施行法第 1 条：“继承在民法继承编施行前开始者，除本施行法有特别规定外，不适用民法继承编之规定。”第 8 条：“继承开始在民法继承编施行前，被继承人无直系血亲卑亲属，依当时之法律亦无其他继承人者，自施行之日起依民法继承编之规定定其继承人。”

时之法律。"[1]新民法亲属、继承编"除了承认民法亲属编施行以前的立嗣行为，将之前的'嗣子女'与嗣父母的关系等同于婚生子女外，'嗣子'的概念彻底被抛弃了。"[2]即旧律认可嗣子与婚生子女同，"我国旧律遗产之继承惟限于直系卑亲属之男子，盖以宗祧继承惟前提也。因之无子者必立嗣子，其亲女无继承遗产之权；守志之妇虽得暂承夫份，仍须凭族长立嗣，是妻亦无继承遗产之权也。"[3]婚生子女有权继承父母的财产，此为法律规定的大前提；而嗣子与婚生子女同，即陈启汉与本案被上诉人的关系等同于亲生父子关系，此为小前提；结论就是被上诉人享有继承权。这是典型的演绎法三段论之推理，故推事内心确信被上诉人的继承"固无问题"。其二，上诉人提供的所谓陈启汉遗嘱的合法性问题。推事运用了经验法则和逻辑规则对之评价和判断。依法律规定，遗嘱属于私文书，《民事诉讼法》第358条规定："私文书经本人或其代理人签名、画押、盖章或按指印或有法院或公证人之认证者，推定为真正。"[4]此为法律之大前提。而上诉人提供的陈启汉的遗嘱，并没有陈启汉的亲笔署名，此为小前提。故左穆判断此遗嘱存疑，不具有证据价值，此亦为演绎法推理。同时，该遗嘱上之两位签名人中有一位是上诉人的父亲，违背了民法继承编第1198条的相关规定，即"左列之人，不得谓遗嘱见证人……三、继承人及其配偶，或其直系血亲。"[5]与此同时，依常理，陈启汉为读书识字之人，却不亲自书写遗嘱或签名，有违常理。故推事判断此遗嘱不具有证

---

〔1〕"解释宗祧继承及纳妾契约之疑义指令（附原呈）（二十一年六月十日）"，载《司法院公报》1932年第27期。

〔2〕杜正贞："晚清民国时期的祭田轮值纠纷——从浙江龙泉司法档案看亲属继承制度的演变"，载《近代史研究》2012年第1期。

〔3〕俞承修："论宗祧继承之变迁及其在现行法例上之地位"，载《法令周刊》1935年第239期。

〔4〕"中华民国民事诉讼法"，载《立法院公报》1935年第67期。

〔5〕"中华民国民法·继承编"，载《立法院公报》1930年第26期。

据力。

民法继承编之前的宗祧继承，依照旧律判决之，体现了法律变革中从新原则的例外，也表明了法律尊重诉讼关系人的意愿，尊重民间法的一面。那么民法继承编施行之后的嗣子继承又如何解决呢？分为两种情况：其一，如果立嗣子，且依民间立嗣程序订立遗嘱，经亲属见证，明确嗣子为被继承人唯一财产继承人时，嗣子则拥有遗产继承权。例如万长平与万长水继承遗产上诉案。被上诉人万长水乃已故万发超生前经民间程序，订立遗嘱为遗产唯一继承人，且经亲属见证的嗣子，该遗嘱因有代理人的签名，众多亲属的旁证而具有证明力，推事内心确信其为真实。"按现行民法关于宗祧继承，虽无规定，但因被继承人无直系血亲卑亲属或因被继承人之遗嘱或因其亲属个人或多数人之意见，仍依吾国旧例为立嗣子，其立嗣之当事人间苟已互相表示意思一致，依契约自由之原则，不得谓其嗣约不成立。故被继承人如以遗嘱指定该嗣子为遗产继承人时，该嗣子自得为应继承遗产之主张，业经最高法院著有判例（二十二年上字第一八七三号）。"〔1〕故推事判决被上诉人，即嗣子万长水拥有遗产继承权。所以民法继承编虽然并不承认嗣子的存在，但法律必须尊重遗嘱订立双方自由、诚信原则，以契约自由的现代法理念保护遗产继承人的合法权利，这也充分体现了自由心证内涵的丰富性与满足社会发展的时代性特点。其二，如果立嗣子，没有订立遗嘱，则嗣子将以养子的身份与被继承人的直系血亲卑亲属共同继承遗产。关于相关案例，将在下一节共同探讨。

民国时期，在中国存续了几千年的宗祧继承，因其存在的土壤已经消失，宗祧继承在内容和形式上发生了相应的变化。但因涉及宗法伦理等传统因素，在历史的惯性下，宗祧继承传统仍在民间流

---

〔1〕 万长平与万长水继承遗产上诉案，江西高等法院巡回审判第一区民事判决，民国三十四年度巡字第新10号，江西省档案馆民国档案，卷宗号：J018-4-03206。

传，众多民众仍沉浸于其间而流连忘返。演绎宗祧剧本的战区普通民众，并不在意法律之相关规定，其在意的是传统文化所导引的生活惯性与生活旨趣。所以，宗祧制度是穿着时装演绎古代剧的时空穿梭者，在传统与现代之间悠然地自娱自乐，即使在现在的边远地区，仍然可见其身影。

2. 平等权与妾及其子女的财产继承权。与宗祧制度相类似的是，民法亲属编虽然已经废除了妾的合法地位，但民间纳妾之风，并非因法律的废除而停顿。妾与妾子女的财产权利等问题，是传统法律文化中的核心问题，相关问题在战区巡回审判上诉审案件中的出现，是传统的纳妾法律文化在现代法律中的再次演绎，以刘来喜与刘金女继承遗产上诉案为例：

(1) 嗣子与养子及其继承权的变化。被上诉人之父“刘建龙系于二十七年四月十二日身故，刘彭氏为其原配。民国二十二年因无子嗣，纳刘李氏为妾，刘李氏并随带前夫李仲桃所生一子，即上诉人同至刘建龙家。刘建龙视之与亲生者无异，并曾上谱。”〔1〕从此基本事实可以推知，因为无子嗣而纳妾，上诉人即刘李氏所带一子后改名为刘来喜（上谱），即为刘建龙心中的嗣子。依民法继承编颁行之前的法律，嗣子有财产继承权，而被继承人的妻子、女儿却无财产继承权。但因刘建龙身故在民法继承编颁行之后，民法继承编虽无嗣子之相关概念，但因实际生活中存在着嗣子的基本事实，于是法律以养子的相关条例作为嗣子的适用法律。于是，民法继承编颁行之后的嗣子，作为民间基本事实而存在，但在民法继承编中却改变了身份，即养子，同时其财产继承权利也发生了重大变化。“作为妾所生之子，上诉人刘来喜并非刘建龙所生，纵系自幼抚养视之与亲生者无异，亦仅可取得养子之身份。因为其养父刘建

〔1〕刘来喜与刘金女继承遗产上诉案，江西高等法院巡回审判第一区民事裁定，民国三十年度巡字第80号，江西省档案馆民国档案，卷宗号：J018－4－03142。

龙还有直系卑亲属，女儿刘金女，即被上诉人。其应继分依民法第1142条第2项之规定，养子女之应继分，为婚生子女之二分之一。"[1]此为法律规定之大前提。上诉人刘来喜虽然为刘建龙心中的嗣子，但因没有遗嘱继承，故至多只能扮演养子的角色，此为小前提。所以推事判决刘来喜继承养父之遗产仅为刘金女的二分之一。这里，演绎推理是推事取得内心确信的逻辑规则。

（2）妾的财产继承权的变化。纳妾制度在中国源远流长，历朝历代均认可纳妾之合法性。民国肇始，《暂行刑律》设"重婚罪"，即凡"有配偶而重为婚姻者"，此律文之本意为禁止"有妻更娶妻"，实际上并不禁止纳妾。北洋政府时期大理院对于《暂行刑律》"重婚罪"之解释为："娶妾不得谓为婚姻，故有妻復纳妾者，不成重婚之罪。"[2]所以纳妾不在禁止之列，娶妻后可以纳妾，纳妾后也可娶妻。民国初年，法律对纳妾合法性的认可，使得已经延续了几千年的纳妾制度，在具有现代国家形态下的中华民国的城市和乡村继续蔓延。在民法亲属继承编施行之前，"按照法律规定，与夫脱离关系后，如果妾无过失，则一般应该由夫支付一定数额的抚养费，作为妾的生活保障。"[3]最高法院1928年第1013号第2项解释谓："妾虽无继承权，但应由亲属会议依其生前所受被继承人抚养之程度及其关系，酌给财产以维持其生活。"[4]民法亲属继承编并无"妾"之规定，但基于民间"妾"之存在的基本事实，最高法院1933年上字第529号判例曰："在民法亲属编施行前所置之妾，苟无过失而因与家长脱离关系，致生活陷于困难者，其家长纵无过失，应给予相当之赡养费，免致该妾骤然无以生存。"[5]惟

〔1〕"中华民国民法·继承编"，载《立法院公报》1930年第26期。

〔2〕王世杰："中国妾制与法律"，载《现代评论》1926年第4卷第91期。

〔3〕谭志云："民国南京政府时期妾的权利及其保护——以江苏高等法院民事案例为中心"，载《妇女研究论丛》2009年第3期。

〔4〕高续威："法律上'妾'之地位各面观"，载《大众》1942年第1期。

〔5〕高续威："法律上'妾'之地位各面观"，载《大众》1942年第1期。

依该判例所示，只限于民法亲属编施行以前所纳之妾得享有赡养费之权利，对于以后所纳者且不复有给予赡养费之拘束。又最高法院 1933 年上字第 88 号判例，更以永久共同生活之目的及与家长同居一家之事实，为请求抚养费之条件。1933 年上字第 163 号判例称："妾因判决脱离关系而陷于生活困难者，他方纵无过失，亦应准用民法第 1057 条〔1〕规定，给与相当之赡养费。"〔2〕所以妾的财产权在民法亲属编施行前为给予一定的抚养费，而施行后的财产权则依据夫妻离婚的规则领受一定的赡养费，这里法律给予妾一定的财产权保护。

本案刘李氏为刘建龙于民法亲属编施行后所纳之妾，刘建龙系于 1938 年 4 月 12 日身故，其遗产之继承自应依民法继承编之规定。依现行法令家庭中无"妾"之地位，惟系被继承人生前继续抚养之人，依民法第 1149 条〔3〕应由亲属会议依其所受抚养之程度，及其他关系酌给遗产。上诉人的养父"刘建龙死后，刘彭氏与刘李氏于二十八年九月九日将其所遗田地屋宇柴山等财产平均分配，计坐落于油店村者，分归刘彭氏管业。以其田地屋宇稍胜，所有债务悉数由其负清偿之责。坐落于项家山者，分与刘李氏管业，以其田地屋宇稍逊，一切债务与之无干。"〔4〕这里，推事认可了此分关的合法性，主要原因乃基于双方契约自由的原则，这是用现代契约精神处置传统妻与妾的财产继承权。不论被继承人刘建龙生前与刘李氏之间"抚养程度及关系"如何，本案中亲属会议平等对待

---

〔1〕《中华民国民法·亲属编》第 1057 条：夫妻无过失之一方，因判决离婚而陷于生活困难者，他方纵无过失，亦应给与相对之赡养费。

〔2〕转引自谭志云："民国南京政府时期妾的权利及其保护——以江苏高等法院民事案例为中心"，载《妇女研究论丛》2009 年第 3 期。

〔3〕《中华民国民法》第 1149 条：被继承人生前继续扶养之人，应由亲属会议依其所受抚养之程度及其他关系，酌给遗产。

〔4〕刘来喜与刘金女继承遗产上诉案，江西高等法院巡回审判第一区民事裁定，民国三十年度巡字第 80 号，江西省档案馆民国档案，卷宗号：J018－4－03142。

刘李氏与刘彭氏的财产继承权，把被继承人财产“平均分配”。此做法远远高出法律对“妾”的保护程度，反映民间对“妾”财产继承权的真实态度，即消除妾卑贱之身份，给予妾与妻同等之身份地位，这是战区民众以质朴的认知给予妾法律意义上之真正解放。

(3) 养子继承权的变化。本案的关键，乃上诉人刘来喜是否有权继承被上诉人母亲刘彭氏的遗产。上诉人养父刘建龙的遗产已经亲属会议同意，且由刘彭氏与刘李氏订立分关分割完毕。而刘彭氏身故后，其遗产应该如何继承？民法第1138条明确规定：“遗产继承人，除配偶外，依左列顺序定之，①直系血亲卑亲属，②父母，③兄弟姊妹，④祖父母。”〔1〕作为被继承人女儿的被上诉人，显然有法定的继承权，此乃演绎推理之必然结果，毋庸置疑。那么，上诉人刘来喜与被继承人刘彭氏的关系如何？“刘来喜，为刘李氏与其前夫李仲桃所生，其对于刘建龙之收养关系，系因刘李氏随刘建龙为妾，与之共同生活而取得，并非刘建龙与刘彭氏共同收养之养子，则其对于刘建龙纵有养父与养子之关系，而对于刘彭氏究不得谓为已有养母与养子之关系。”“刘来喜与刘彭氏之关系，依民法第1077条、第969条〔2〕规定，仅属血亲之配偶及配偶之血亲，系属姻亲关系。并不在法定遗产继承人之列。”〔3〕既然不在法定遗产继承人之列，则上诉人就没有遗产继承权，这仍然是演绎推理之必然结果，它构成了推事内心确信之逻辑基础。

由此可知，妻与妾，嗣子与养子财产继承权之法律规定，在民法实施之前，皆有尊卑之规定，不可僭越。民法实施之后，“妾”

---

〔1〕“中华民国民法·继承编”，载《立法院公报》1930年第26期。

〔2〕中华民国民法第1077条：养子女与养父母之关系，除法令另有规定外，与婚生子女同。第969条：称婚姻者，谓血亲之配偶，配偶之血亲，及配偶之血亲之配偶。

〔3〕刘来喜与刘金女继承遗产上诉案，江西高等法院巡回审判第一区民事裁定，民国三十年度巡字第80号，江西省档案馆民国档案，卷宗号：J018－4－03142。

“嗣子”已经从民法中消失，其法律权利无需规定，因为，不入民法之“妾”业已非法；“宗祧继承”已经被民法所抛弃。但对于社会中仍存在的“妾”与“嗣子”及其权利之保护，民法以“抚养人”和“养子”的身份保护之。虽然这种保护是借用妻子及其子女的规定而确定，但这种依附式的规定拂去了尊卑之身份论，还一个平等之尊严。推事以经验法则的丰富内涵，逻辑规则之严密推理，赋予法律变革期间新旧法律问题以合理、合法、合情之评价与判断，这显示出自由心证应对时代变迁，化解历史遗留问题，运用新法灵便等方面的巨大潜力和优势。

“考吾国蓄妾之病源，首在伦理……苟从舆论方面鼓吹新潮，破除迷信，俾国人对于继嗣伦理之观念逐渐变革，则世之藉口无子蓄妾者，已失根据。”[1]民法中没有“妾”的相关规定，“妾”作为一种身份，已经丧失了存在的法律基础。所以“妾”，作为男尊女卑之代名词，在社会演进的驱动下，逐渐由光明正大转入社会阴暗的角落里，成为历史进步的弃儿。中国的女性，历经两千多年的历史抗争，终于迎来了法律上男女平等的春天。

（二）契约精神对传统契约的诠释

公民的财产权是公民的基本权利，它不但是公民行使其他民事权利的前提，也是公民基本民事权利的体现，它神圣不可侵犯。基于法律行为而发生之债，除法律另有规定外，须有当事人间的契约，是为契约原则。“人类进步社会的发生是由身份到契约，形成了韦伯所谓的契约社会。”[2]维护合法契约和契约当事人的合法权益，是保护战区民众基本财产权，构建战区经济秩序的必然选择。围绕着战区与契约相关的案件，战区巡回审判推事依据自由心证原则，为合法契约和契约当事人合法权益的保护筑起法律堡垒。下面

〔1〕姚虞九：“妾”，载《法轨》1933年第2期。

〔2〕王泽鉴：《债法原理》，北京大学出版社2009年版，第107~108页。

以张曾初妹等因确认田产所有权上诉案[1]为例。本案的基本事实：

上诉人声明：求为判决废弃第一审判决，确认系争水田八分系属典当，并非绝卖，应准取赎。被上诉人声明：求为如主文之判决。两造关于事实上之陈述，据上诉人略称："伊为已故张岚屏之媳。张岚屏于民国二十四年十二月间因手中空乏，向住居安徽至德高家冲之张年生借贷国币二十四元，当将系争水田八分依彭泽乡间习惯书立杜卖田契，交与张年生执管，俾供抵押并移转占有，以田之收益供借贷款项之息金。当时张岚屏系与张年生直接说妥，卖契亦为其亲笔所写，并无中证。典当此田，除卖契外尚有借字一纸，因预备日后取赎。张年生并未印契，亦未过粮。旋张岚屏于民国二十九年身故，张年生以死无对证，诡称此田并非典当，系属杜卖，不准取赎。典当当时伊不在场，实在情形亦不明其底细，但事后闻张岚屏传述，确属典当，应请判决准予取赎。"据被上诉人张年生及其诉讼代理人张维国略称："民国二十四年彭泽县属岚陵张村地方，因遭'共党'之乱，人民不能安居。张岚屏避居至德县属观音宝刘屋里地方，以教书为业。因手中窘迫，周转不灵，遂托其婿汪秉遗及当地居民高兴隆居中介绍，将其所有坐落彭泽县属岚陵村附近大皮坂地方之水田八分，出卖与伊管业，得价国币贰拾六元正。其时因'共乱'方殷，田地无人承买。张岚屏系一穷苦秀才，避乱异地一筹莫展，与伊谊关同宗，且经高兴隆等一再关说始予承买。杜卖契为张岚屏亲笔所书立。立契之日有中人高兴隆及出卖人之女婿汪秉遗到场签押。契上中证之下尚列有张岚屏之亲弟张庚屏及其侄张祖惠之名。因值乱难无法寻找，张岚屏又需款孔亟，急不暇择，谓契系其本人所书，由其本人负责，要求由渠代为签押，当在中人高兴隆家中当面代为签押。成交以后，即由伊管业，觅人承

[1] 张曾初妹等因确认田产所有权上诉案，江西高等法院巡回审判第一区民事判决，民国三十二年度巡字第156号，江西省档案馆民国档案，卷宗号：J018-4-03204。

佃。自民国二十五年起至三十年止，已历六年之久，相安无异。彭泽自民国二十三年起即罹‘共党’之乱，直至民国二十五年始行平息。二十六年抗战军兴，二十七年彭泽沦陷，册书从未下乡，因此未曾过粮，亦未印税。二十五年、二十六年之粮均系抱户完纳，每年五角交与张岚屏，二十七年彭泽沦陷后免征田赋。彭泽借款以田抵押，固亦有书立杜卖契者，但应载明以原价取赎字样，此田因系绝卖，故无此项记载。上诉人听从张嵩如之唆使，于民国三十一年五月间，乘张岚屏死亡之后无人对质，要求取赎，实系故意捣乱，应请驳回上诉”各等语。

“契约自由原则的实质，是契约的成立以当事人的意思表示一致为必要，契约权利义务仅以当事人的意思而成立时，才具有合理性和法律上的效力。”〔1〕契约自由原则主要包括是否缔结的自由，与谁缔结契约的自由，决定契约内容的自由和当事人选择契约形式的自由等4个方面的内容。

本案的核心，是确认张岚屏与张年生之间的契约是杜卖契约还是典卖契约。该田契是典契，而非杜卖契，此乃上诉原告的诉讼标的。原告列举的案件事实之一是，该田契是卖契头、押契尾，上诉被告张维国将契尾裁去了，变为卖契。推事认为，从常识上看，一张原始契约经他人裁去契尾，则该契约一定会留下裁剪的痕迹，且契约留白一定很少。但是该契约并无裁剪的痕迹，且“原杜卖契于中人签押之后，尚有空白甚多”，〔2〕所以上诉原告陈述此案件事实不符合常识。从契约内容上看，依常理，作为秀才的张岚屏，舞文弄墨是其长项，如果该田契是押契，他一定会在契约尾写上“原价

〔1〕 李永军：“从契约自由原则的基础看其在现代合同法上的地位”，载《比较法研究》2002年第4期。

〔2〕 张曾初妹等因确认田产所有权上诉案，江西高等法院巡回审判第一区民事判决，民国三十二年度巡字第156号，江西省档案馆民国档案，卷宗号：J018-4-03204。

取赎”的字样，但契约却写上“契明价足，不另立帖照”，此为杜卖契约的格式，与上诉人诉讼意旨相悖。从诉讼相关人的行为看，依情理，如果该契约确实是押契，田契的中人汪秉遗是上诉人之翁婿，“断无不迅速到案代为剖白之理。乃经传唤，竟不到案，显系碍于亲属情面，不便直述，因此避匿不到。”〔1〕同理，如果该契约是押契，张岚屏一定会竭力筹钱取赎，即使没有财力，也会在弥留之际嘱咐后人收回业权。但上诉人并无任何凭证证明张岚屏有回赎之事实。以上上诉人陈述的案件事实皆为言词，而无证人证言旁证之，故上诉原告言词证据不具有合法性。至于彭泽民间习惯——押田书立卖契，但原告提供的作为旁证的押田契与本案的田契在要素上并不符合，故不具有旁证的效果，此亦为常识。由此，推事判决被告的上诉意旨不具有合法性。

该田契为杜卖契，而非典契，此乃被上诉人的诉讼标的。被上诉人关于自己代为签署与契约的墨色不同之陈述，皆有证人证言旁证之，符合证据合法性之要素。至于印契过粮，乃契约成立之后应尽之义务，而非契约有效之条件，此为常识。而抱户完纳，又属于彭泽民间纳税常见之模式，也为常识。被上诉人关于此案件事实的陈述，皆符合常识，故推事确信了被上诉人陈述的案件事实。

因此，推事通过自由心证厘清了案件事实的证据力及其价值，肯定了本案的契约是杜卖契约而非典卖契约，维护了契约当事人之间意思一致所达成的权利义务关系。在战区，因契约而产生的经济纠纷案，构成了战区民事经济案件的主体。这些案件，涉及战区民众基本经济生活的方方面面，如本案，它涉及私人之间土地的买卖，类似的案件还有叶照吾与叶青赎典田地上诉案，〔2〕卖契头、典

〔1〕 张曾初妹等因确认田产所有权上诉案，江西高等法院巡回审判第一区民事判决，民国三十二年度巡字第156号，江西省档案馆民国档案，卷宗号：J018－4－03204。

〔2〕 叶照吾与叶青赎典田地上诉案，江西高等法院巡回审判第二区民事判决，民国三十年度上字第19号，江西省档案馆民国档案，卷宗号：J018－4－03143。

契尾为赣北地方书立契约的传统习惯，但凡契尾注有回赎字样者即为典契，而非杜卖，此为当地百姓的一般常识。上诉人以契约内含有过户投税、一卖千休等字样，认为该契约为杜卖契约。但该契约尾部确有“有纹银元钱，取赎不得执留”字样，所以此契约非常符合当地卖契头、典契尾之传统习惯，为典型的典契而非杜卖契约。所以推事运用自由心证的经验法则，尊重并肯定当地经济的传统习惯，维护了诉讼当事人的合法权益。又如熊水火与熊悠中确认买卖契约上诉案，[1]上诉人熊水火与被上诉人熊悠中签订房屋和地基买卖契约，议定价金后，曾凭中书立契据，经上诉人签押，并领受价金国币250元。至此，买卖契约业已成立。但上诉人提出该契约不成立，原因有二：一是被上诉人的价金与约定赎典的义务没有履行，此为上诉人一言之语，并无旁证。推事认为，履行价金和赎典义务与契约内容有关，但非契约成立之必要要件，此为常识。且被上诉人业已履行相关义务，并由上诉人认可，故上诉人之言词证据不具有证明力。二是被上诉人在签约时私改契约内容。推事认为，在众目睽睽之下，被上诉人私自改动契约内容，此说法有违常理。再如欧阳不允与欧阳达钦因债款事件上诉案，本案的关键是上诉人欠被上诉人款项数目之差异，“上诉人谓民国十八年结账后，仅欠被上诉人五十元，被上诉人则谓上诉人尚欠银币二百五十元、钱二百千文，此五十元借款，另为一事，亦未返还。”[2]对此，推事运用经验法则进行解析：其一，上诉人与被上诉人谊属同宗，又同住一村，性行彼此互知，依常理，上诉人既仅欠五十元，何以不在条上书明某项借款现已归还几何，仅欠五十元字样或于典契上批明某

[1] 熊水火与熊悠中确认买卖契约上诉案，江西高等法院巡回审判第一区民事判决，民国三十四年度巡字第202号，江西省档案馆民国档案，卷宗号：J018－4－03206。

[2] 欧阳不允与欧阳达钦间因债款事件上诉案，江西高等法院巡回审判第一区民事判决，民国三十四年度巡字第新3号，江西省档案馆民国档案，卷宗号：J018－4－03206。

日还款若干字样，或于付款后索取收据作为已还款若干之证凭。其二，依法律常识，当事人主张有利于己之事实者，就其事实负举证之责，但上诉人却拿不出任何凭证，而被上诉人却提出了上诉人认可之典契及欠条为证据方法。故推事判断被上诉人的证据具有证明力。

由以上分析可知，以经验法则和逻辑规则为主要内容的现代自由心证的运用，推事可以清晰地解析以契约为主要内容的、纷繁复杂的民事经济纠纷案件。推事通过抽丝剥茧，判断案件事实，并通过内心确信，给予诉讼当事人以公正、合理的判决。在这过程中，我们看到自由心证对民众常识、常理的尊重，对地方习惯法的保护。所以，以现代自由心证为主要内容的战区巡回审判权的运用，不仅保护了诉讼当事人的合法权益、维护了经济秩序，还传递了司法来源于生活，又服务于生活的基本理念。

第四章　江西战区刑事巡回审判实践

南京国民政府时期的刑事案件的裁判，采用罪刑法定主义[1]和证据裁判原则。[2]自由心证是证据裁判原则的核心。在战区刑事巡回审判实践中，推事根据自由心证原则，对刑事案件中的事实进行判断，依据罪刑法定原则，并结合战区司法环境与诉讼当事人的主观动机等多重因素，对案件作出判决，履行了战区巡回审判维护诉讼当事人合法权益，维护战区社会秩序等众多司法职能。

一、战区刑事上诉审判实践

（一）窃盗案与自由心证

1. 窃盗案与自由心证的内在约束。“法院对于证据之取舍判断，乃根据其学识经验而来，自应从纯客观之方式及一般共通法则加以研究及揣摩。”[3]以涂士杨等盗窃及故买赃物嫌疑上诉案[4]为例，本案的关键点有二：一是涂士杨是否为窃盗之同伙？二是涂传

---

〔1〕 罪刑法定主义，不外谓犯罪之行为与处罚之方法，悉以法律明文规定。引自俞承修：“罪刑法定主义之回顾与前瞻”，载《中国法学杂志月刊》1936 年新编第 1 卷第 3 期。

〔2〕 证据裁判原则，是指对案件事实的认定必须以证据为根据，没有证据不能认定案件事实。引自闵春雷：“证据裁判原则的新展开”，载《法学论坛》2010 年第 4 期。

〔3〕 黑土：“自由心证主义之‘自由’”，载《震旦法律经济杂志》1945 年第 2 卷第 9 期。

〔4〕 涂士杨等盗窃及故买赃物嫌疑上诉案，江西高等法院巡回审判第二区刑事判决，民国三十年度上字第 13 号，J018 -2 -03381。

芬、胡学煊、胡有钦三人是否存在故买赃物之法律事实？关于第一点，孙人康、陈良、蛤蟆等为窃牛之人，告诉人涂士星所陈述的涂士杨与陈良、蛤蟆时常往来的案件事实，一审推事依据此供述及自由心证推定涂士杨为窃盗之同伙。但此推理与贼的儿子也是贼的推理一样，或许合情，但不合理，因为它违背了基本的法律常识和法定规则：其一，作为本案受害人的涂士星，也是本案一审的告诉人，“由犯罪之被害人出而告诉者，不特与被告立于相反之立场，且其告诉，系以希望被告受刑事之诉追与处罚为目的，其陈述多具主观性、虚伪性，除系以自己所体验之事实为其陈述之内容外，其陈述多仅属诉讼条件之资料，殊少具有为立证事实证明之价值。”〔1〕因此，基于告诉人之陈述，一定要有其他补强证据为佐证，方能判断与确信，但本案一审推事却违反了此基本法律常识。所以，第二审推事在判决理由中指出，“究竟上诉人涂士杨是否与孙人康、陈良、蛤蟆等伙同窃盗，无丝毫之佐证”。〔2〕其二，“无证据之裁判，或仅凭裁判官理想推测之词为其裁判之基础，不特与证据裁判主义有违，且有背自由心证主义之精神。因之，无证据之存在，不得依其推测而为犯罪事实之认定，此乃当然之解释，本无待乎明文规定。”〔3〕所以，犯罪事实的认定必须以证据为确信之基础，而告诉人的告诉只是诉讼资料，而非证据本身，故单独以此为凭证之内心确信与判决，违背了有罪证据的法定规则。第二审推事裁定“原审乃以告诉人涂士星有‘涂士杨与陈良、蛤蟆时常往来’等语，即推定上诉人涂士杨亦在内行窃，殊属无据。”〔4〕在这里，我们看到自由心证的上诉审，不仅是对一审的审判记录和书面形式的

---

〔1〕 陈朴生：《刑事证据法》，三民书局1979年版，第122页。

〔2〕 涂士杨等盗窃及故买赃物嫌疑上诉案，江西高等法院巡回审判第二区刑事判决，民国三十年度上字第13号，J018－2－03381。

〔3〕 陈朴生：《刑事证据法》，三民书局1979年版，第122页。

〔4〕 陈朴生：《刑事证据法》，三民书局1979年版，第122页。

有关证据的细心查阅，而且是对原审法官在评价证据时是否有违背经验法则、逻辑法则的情况，法官的心证是否有悖于证据的客观基础等问题一一进行核查的上诉审，是对下级审法官自由心证的又一制度化的制约。[1]关于第二点，涂传芬、胡学煊、胡有钦三人是否存在故买赃物之法律事实？作为上诉人的涂传芬、胡学煊、胡有钦对三人买牛之过程之供述，因有卖主晏成，保人陈长庚等在原审的证明，所以它具有了证据价值与证明力，故推事基于此法律事实支持了他们的诉求。这里，罪刑法定在自由心证原则下得到实现。

2. 窃盗案与自由心证外在制度的约束。法定证据与直接言词辩论原则，皆为自由心证原则外在制度制约之重要内容。现以彭兰轩盗窃上诉案[2]为例略谈之。

案件基本事实：彭兰轩于民国二十五年十二月间，将其所有坐落彭泽县属抱儿树地方之农田六亩及邱家山地方之农田十二亩四分，合计为十八亩四分，变卖与柯招喜管业。復于民国二十七年废历九月初七日，私将抱儿树之六亩内抽出五分，卖与知情之柯春发承受，得价化用。经柯招喜察觉，诉请兼理司法之彭泽县政府讯办。彭兰轩不服，提起上诉到区。

本案的关键是查清上诉人彭兰轩于民国二十五年十二月间所出卖之抱儿树地方农田数额究竟是六亩还是五亩五分。其一，上诉人呈递了公文一件，即江西土地局清查田亩分局，于民国十七年九月二十九日所给与之清查田亩联单，确认上诉人在抱儿树地方农田总数为六亩。同时还有私人文书，即柯春发租种柯招喜的契约，因为有签约双方和中人杜国田、林乘集的共同签名，故也有法定证据的

---

〔1〕 王亚新："刑事诉讼中发现案件真相与抑制主观随意性的问题——关于自由心证原则历史和现状的比较法研究"，载《比较法研究》1993 年第 2 期。

〔2〕 彭兰轩盗窃上诉案，江西高等法院巡回审判第一区刑事判决，民国二十八年度巡字第 9 号，江西省档案馆民国档案，卷宗号：J018 - 4 - 02938。

性质与作用，即“今租到柯招喜典受彭兰轩名下坐落抱儿树下民水田大小九号，计丈六斗（即六亩），每年租谷十石正，押典洋十元，交彭兰轩收。如有不种之期，柯招喜交还，空口无凭，立租约为据。”[1]这些法定证据为推事的内心确信提供了证据基础。其二，直接的言词辩论过程，为推事的自由心证提供了程序上的保证。在一审中的直接言词辩论，如承佃该田之柯春发在第一审中供称：“问：你今年买了多少亩？答：是去年彭兰轩卖了五升田（即五分田），我本来不愿意要。问：是坐落什么地方的田？答：是彭兰轩典与柯招喜，坐落抱儿树之田，土名叫青龙山。”“问：彭兰轩卖的田，是柯招喜六石以内的田么？答：是六石以内的田。”[2]上诉审的直接言词辩论，如柯春发在本区亦称：“问：彭兰轩要你买，你不肯要，后说此田是典与柯招喜的，你始肯买，是否有此情形？答：是此情形。”[3]基于法定证据与直接的言词辩论，推事展开了自由心证，“矧其供述，又与租约记载相符，尤非空言所可否认。就此参观互证，上诉人出卖之抱儿树之农田，其数额共为六亩，并非五亩五分，实为彰明较著之事实。乃上诉人于二十七年废历九月初七日又復私行将其中之农田五分，变卖与柯春发承受，得价化用。”[4]故推事判决上诉人窃盗罪成立。这里，法定证据的出示，为推事自由心证提供了便利，推事不必就此证据之证明力再作心证，“吾国民刑诉讼法，均采自由心证为原则，而兼采法定证据主义为例外，故凡遇法定证据所规定之事物，自应适用法定证据，法

〔1〕 彭兰轩盗窃上诉案，江西高等法院巡回审判第一区刑事判决，民国二十八年度巡字第9号，江西省档案馆民国档案，卷宗号：J018－4－02938。

〔2〕 彭兰轩盗窃上诉案，江西高等法院巡回审判第一区刑事判决，民国二十八年度巡字第9号，江西省档案馆民国档案，卷宗号：J018－4－02938。

〔3〕 彭兰轩盗窃上诉案，江西高等法院巡回审判第一区刑事判决，民国二十八年度巡字第9号，江西省档案馆民国档案，卷宗号：J018－4－02938。

〔4〕 彭兰轩盗窃上诉案，江西高等法院巡回审判第一区刑事判决，民国二十八年度巡字第9号，江西省档案馆民国档案，卷宗号：J018－4－02938。

院不得违反其规定，而仍采自由心证之法则。"[1]法定证据的直接认定，节省了推事的宝贵时间，有利于提升诉讼的效率。所以，法定证据不是制约推事开展心证的制约条件，而是基于自由心证之无数经验法则和逻辑规则的经验总结与提升，由法律直接赋予某类或某些证据具有证明力的法律界定，它为推事判决的正义性提供了证据上的支持。直接的言词辩论制度，乃证据调查与推事运用自由心证的程序保障，"法院于调查证据后，应使当事人得就证据作言词辩论，否则有违言词审理主义与直接审理主义，该未经言词辩论之证据，不得据为自由心证之基础。"[2]直接的言词辩论原则，推事居于中立地位，"通过这种当事者之间的攻击防御，证据逐渐增加，证据之间的关系也逐渐得到明朗化，伴随着这一过程，需要被弄清的事实本身也呈现出一种渐渐上升的清晰性、明白性来。"[3]所以"辩护制度不仅具有实现程序正义的功能，而且还有保证实体正义实现之功用。后者体现为辩护制度的存在，对于心证的合理达成具有积极的保障意义"。[4]

以上两个案例为窃盗案中侵犯动产和不动产的普通案件。在江西战区，窃盗案是战区侵害个人财产犯罪的主体。作为侵犯财产罪主要类型的窃盗案还有很多，如宋禄卿窃盗上诉案，[5]高远平、汪兴发、宋新春等人，分别在不同时段雇人或亲自盗窃宋禄卿私人山上的杉木，并据为己有，此为犯罪当事人窃盗上诉人动产之不法行

---

〔1〕 黑土："自由心证主义之'自由'"，载《震旦法律经济杂志》1945年第2卷第9期。

〔2〕 黑土："自由心证主义之'自由'"，载《震旦法律经济杂志》1945年第2卷第9期。

〔3〕 王亚新："刑事诉讼中发现案件真相与抑制主观随意性的问题——关于自由心证原则历史和现状的比较法研究"，载《比较法研究》1993年第2期。

〔4〕 汪海燕、胡常龙："自由心证新理念探析——走出对自由心证传统认识的误区"，载《法学研究》2001年第5期。

〔5〕 宋禄卿窃盗上诉案，江西高等法院巡回审判第一区刑事判决，民国三十一年度巡字第134、135号，江西省档案馆民国档案，卷宗号：J018－4－03203。

为。钟禾尚窃盗上诉案,[1]上诉人连续多次窃盗他人财物，系属于加重窃盗案。而易先义窃盗及收受赃物上诉案中,[2]上诉人易先义邀同黄声运、涂发会等于夜间侵入易德茂住宅，窃取高安屠商余功龙法币127元，易先义乃“结伙三人以上而犯之者”,[3]也为加重窃盗罪之一。这些窃盗案表明了战区窃盗的盛行，以及战区民众生产与生活的艰辛。它既反映了战区民众保护自身财产权益意识的觉醒，又是我们窥视战区民众艰苦生活的一个有效途径。而战区巡回审判与推事对自由心证的运用，为战区民众财产权的保护提供了法律保障，它宣示合法的财产权不可侵犯。因此，多种类型的窃盗案与战区巡回审判共同绘制了战区民众维持困苦生活的艰辛与法律追求正义、维护战区民众合法权益的多彩画卷。

（二）婚外情与杀人罪

“杀人系侵害个人生命之法益。人之权利始于出生，终于死亡。个人所得享受之权利，均以生存为其前提。且人民为构成国家及社会之要素，杀害他人生命，直接因为侵害被害人之生命法益，而间接则有关国家之元气及社会之秩序，故不能不予制裁。”[4]“巡回审判推事判决有期徒刑以下之刑之案件未经被告上诉者应即执行。”“巡回审判推事判决死刑、无期徒刑之案件未经被告上诉者，应检同卷证呈送最高法院检察署。”[5]所以，战区巡回审判拥有审理有期徒刑、无期徒刑乃至死刑案件的权力。战区巡回审判推事在审理第二审杀人案时，仍依据罪刑法定的原则与证据裁判主义的自由心

〔1〕钟禾尚窃盗上诉案，江西高等法院巡回审判第一区刑事判决，民国三十一年度巡字第108号，江西省档案馆民国档案，卷宗号：J018－4－03203。

〔2〕易先义窃盗及收受赃物上诉案，江西高等法院巡回审判第二区刑事判决，民国三十年度上字第9号，江西省档案馆民国档案，卷宗号：J018－2－03381。

〔3〕“中华民国刑法”，载《立法院公报》1935年第66期。

〔4〕刘澄清编：《中国刑法分则精义》，贵州贵阳西南印刷所1947年版，第198页。

〔5〕谢冠生：《战时司法纪要》，“司法院”秘书处1971年重印，第38页。

证原则，按照相关程序规则，对相关证据进行评价和判断，进而形成内心确信，给予公正的判决。以钟震寰杀人上诉案为例：[1]

本案基本事实：钟震寰与陈国忠居闾里，陈国忠曾受业于钟震寰之门。钟震寰外出任新编十六师书记官职务，陈国忠乃与钟震寰之妻李丽珍相奸，并伙同至磐山嘴地方开铺同居共宿，俨如夫妇。钟震寰在外亦微有所闻，尚不甚置信。至二十八年十二月间，钟震寰解职归里窥破奸情，心怀愤恨，乃于去年夏历十一月初侦知陈国忠在三洪庙内，遂身怀利刃前往该处，乘陈国忠不备，用利刃猛刺伤中要害，医治无效，即夜身死。由陈国忠之父陈书洛呈诉兼理司法武宁县政府派员验填，依法讯办。

本案的关键为上诉人是否实施了杀人行为？推事基于一系列证据进行内心确信与判定。其一，被害人的死亡鉴定，“查已死陈国忠左手有刀伤一处，长一寸、宽六分，右肋有刀伤一处，长二寸五分、宽六分，脊背有刀伤一处，斜长一寸五分、宽六分，委系生前受伤毙命，业经原审派员验明，填具验断书附卷。”[2]“鉴定，系以其特别知识经验提供法院，或报告其具体的适用结果，具有补充法院认识能力之机能。”[3]兼理司法武宁县政府指派的检验员，对被害人尸体进行检验，并填具验断书认定被害人系他杀，鉴定人的鉴定，“为证据资料，法院仍应就其鉴定内容，本其独立立场，自由判断其证据价值。”[4]显然，战区巡回审判推事没有主观臆断地心证，而是直接采信了验断书的结论。因为验断书属于法定证据，

---

〔1〕 钟震寰杀人上诉案，江西高等法院巡回审判第二区刑事判决，民国三十年度上字第17号，江西省档案馆民国档案，卷宗号：J018－4－03143。

〔2〕 钟震寰杀人上诉案，江西高等法院巡回审判第二区刑事判决，民国三十年度上字第17号，江西省档案馆民国档案，卷宗号：J018－4－03143。

〔3〕 陈朴生：《刑事证据法》，三民书局1979年版，第494页。

〔4〕 陈朴生：《刑事证据法》，三民书局1979年版，第495页。

在其内容没有受到质疑的前提下，直接采信是依法履职的表现。其二，上诉人的陈述与目击者证言的互证。上诉人即一审的被告，“被告所为事实之陈述，虽非绝对不得作为证据；但其证明力，在经验法则上常较一般证人之陈述为薄弱。是其陈述是否可信，事实审法院自应调查其他证据以补强之。”[1]在本案中，推事以证人证言和经验法则否定了上诉人陈述的案件事实的证据力。首先，本案有两个证人的证言，且经一审隔离讯问，其陈述的事实基本相同，即证人伍利成述称：“我在三洪庙做木匠，陈国忠先到看画墨线，以后钟震寰进来了，用拳头向国忠背部打两拳，国忠跑了，只看见震寰在三洪庙将刀收入筒内，国忠就倒在茅坪上街荒沟里。”邱先春述称：“我在那里，国忠先进去好久，震寰后进去，只见震寰慢步而来，用拳向国忠背部打两拳，国忠就跑了，震寰也没有追赶，国忠就倒在茅坪上街，血流满地”[2]等各语。所以，本案证人的证言具有可信性，足可采信为证据。其次，推事运用经验法则否定了上诉人陈述的案件事实的证据力，即“上诉人乃坚指陈国忠系从其妻房内逃出，伊从后追获，刀伤毙命。为问上诉人之家离三洪庙有里余之遥，上诉人一路追赶，何以竟无一人目见。且陈国忠既属被追进庙，而犹从容看木匠画墨线，以待上诉人之至，核与情理，亦有未符，此种供述无非避重就轻，以图减轻罪责，断不足信。”[3]第三，原判决撤销，更为判决。战区上诉审既是对上诉部分案件事实的再次审理，又是对一审法律适用的再次审查，更是对一审推事自由心证过程的监督。因一审推事错误地采信了上诉人陈述的案件事实，违背了经验法则，故第二审撤销了原判决，并予更正判决。

---

〔1〕 陈朴生：《刑事证据法》，三民书局1979年版，第495页。

〔2〕 钟震寰杀人上诉案，江西高等法院巡回审判第二区刑事判决，民国三十年度上字第17号，江西省档案馆民国档案，卷宗号：J018-4-03143。

〔3〕 钟震寰杀人上诉案，江西高等法院巡回审判第二区刑事判决，民国三十年度上字第17号，江西省档案馆民国档案，卷宗号：J018-4-03143。

但法律并不总是冷冰冰的，鉴于本案上诉人杀人行为，系因陈国忠之奸污其妻，有玷门户，与寻常杀人案件微有不同，审核情节尚属可原，应依刑法第59条[1]酌减本刑三分之一，以昭矜慎。

在江西战区，因婚外情而引发的类似凶杀案比较多，它构成了战区巡回审判推事审理的杀人案的主体。又如雷正桂杀人上诉案，[2]雷正桂与李立珍通奸多年，李立珍的丈夫段富文探假回家，欲带妻子迁往泰和长住。为达到长期姘居之目的，雷正桂与李立珍合谋欲杀害段富文，导致段受轻伤，因此雷与李构成了所谓已着手于犯罪之实行而不遂之未遂犯，但鉴于上诉人与李立珍的婚外情，系因段福文外出七载不归，尚与其本夫在家犹与他人通奸者之情节有别，以及在犯罪行为施行过程中的对于被害人之加害，亦与使刀猛砍，伤势重大及伤痕累累者究属不同。又被害人一经呼救，其邻居应声赴援，上诉人即行逃逸，核其犯罪时之胆量，亦于恶性重大者，未有等量齐观。对于一审适用法律不当，第二审故判决“原判决撤销，雷正桂共同杀人未遂，处有期徒刑六年。褫夺公权五年”。再如张春莲等杀人上诉案，[3]张春莲与李茂伟通奸有年，被其丈夫赖泽清发觉，夫妻二人遂反目成仇。张春莲多次怂恿李茂伟谋杀其夫，后李茂伟等在张春莲的帮助下深夜潜入张的房间将赖泽清杀害。鉴于张的主观恶性及张与李杀害赖泽清手段的残忍性，第二审维持了一审极刑的判决。这里，战区巡回审判推事在罪刑法定原则的指导下，通过自由心证原则，对案件事实加以判断，对案件证据及其价值进行确信和评价，同时对犯罪行为人的主观动机、犯罪过程和社会影响进行全面的考察，最终形成合理的判决。因此，虽然

---

〔1〕《中华民国刑法》第59条：犯罪之情状可悯恕者，得酌量减轻其刑。

〔2〕雷正桂杀人上诉案，江西高等法院巡回审判第一区刑事判决，民国三十年度上字第103号，江西省档案馆民国档案，卷宗号：J018-4-03142。

〔3〕张春莲等杀人上诉案，江西高等法院巡回审判第二区刑事判决，民国三十年度上字第12号，江西省档案馆民国档案，卷宗号：J018-2-03381。

同属于因婚外情的杀人案，但其判决结果迥然不同。在江西战区，因婚外情而频发的杀人案，说明战争因素对婚姻家庭稳定产生巨大的破坏作用，同时也表明战区当事人解决婚外情手段的单一性。它反映了民众通过法律手段维系婚姻家庭稳定意识的淡薄，以及战区巡回审判通过司法手段维护战区婚姻家庭，乃至其他权益的极端重要性。

（三）保长与职务犯罪

“保甲长为纯粹民众组织”，[1]保长的主要职能为：①监督指挥甲长执行职务事项；②执行保甲规约事项；③复查本保户口及统计报告事项；④关于保甲编组事项；⑤壮丁队之督率及平时训练事项；⑥辅助军警搜捕匪犯及其看管事项；⑦保甲武器之保管支配事项；⑧其他依法令应属保长之职务事项。[2]由上可知，保甲长为联系乡区与民众之中间纽带，履行政令之上传下达，舆情之监督与上报，民间武装之组织与训练等职能。但“近据查报及人民控诉，各县所属区保甲长等每多任意妄为，逾越常轨，或借口违抗政令，恫吓乡愚，捏土劣行为，欺侮良善，或对于民刑诉讼违法干预，动辄派遣员丁逮捕拘禁，轻则勒处罚金，重或横施刑责，滥用职权，擅作威福，怨声载道，攻讦繁兴，以之助行政令则不足，压迫民众则有余。致使保民之政，适以厉民。”[3]所以，保长利用职务之便违法乱纪之行为，在抗战前业已非常严重。抗战时期的保长，也继承了战前之遗风，利用职务之便损公肥己。以欧阳勃诈欺上诉案为例，在游击战区，为防止汉奸活动，彭泽县政府通令禁止保长发给通行证有案。“我军前在赣北战役毙敌极众，检察尸体，均藏有我

〔1〕“近查各县区保甲长常有违法情事，亟应严加整顿，令仰遵照！江西省政府训令，民一字第1066号”，载《江西省政府公报》1936年第410期。

〔2〕“保甲条例”，载《中央周刊（1928年）》1936年第435期。

〔3〕“近查各县区保甲长常有违法情事，亟应严加整顿，令仰遵照！江西省政府训令，民一字第1066号”，载《江西省政府公报》1936年第410期。

国所散发之通行证。据俘获敌池田联队一等兵石山朝佛供称，同部队官兵均实藏此项通行证，以便于适当时机作为投降之用云。"[1]由此可见，战区通行证滥发的现象，已经严重危害到战区的军事、政治安全。本案上诉人欧阳勃，充任彭泽县第三区建安乡盛家店第一保保长，却"于上年（1940 年）十一月十一日、十二月十日，及本年三月十四日，先后发给难民沈柏乾、骆起周、蔡绍由、熊文光等前往饶州一带贩卖皮花，购买杂货之通行证六件，每件乘机各取得手续费五元、十元不等，据为己有。"[2]此举显然违反了禁止保长发给通行证之政令，依罪刑法定原则，"上诉人违背政令已属不合。至其得财肥己一节，不仅经该管区长查明属实，有报告附卷可稽……惟查上诉人系犯刑法第 339 条第 1 项之罪，原判依同条第 2 项处断，又其先后数次犯罪，系基于概况之故意，应依连续之例论科，原判漏未论及，尚有未合。又上诉人系假借职务上之权力机会以犯诈欺罪，依法应加重其刑二分之一，再于法定刑内量处适当之刑。"[3]所以上诉审既是对一审案件的事实审，也是法律审。本案中，战区巡回审判推事认为一审就案件事实适用法律不当，故撤销原判决自为判决。这既是战区巡回审判推事在审级上履行的法律监督，也是对一审推事自由心证过程的监督，是自由心证原则外在制度制约的再现。

就本案而言，作为政府与民众中间纽带的保长为一己之私利，违反禁令滥发通行证之法律事实，就成为战区政治生态的一个缩影，故战区民众生活之悲惨可见一斑。而战区巡回审判推事依律以"基于概况之故意，应依连续之例论科"的重判，在如此悲凉的政

---

〔1〕"敌军藏我通行证"，载《抗战周刊》1940 年第 50 期。

〔2〕欧阳勃诈欺上诉案，江西高等法院巡回审判第一区刑事判决，民国三十年度巡字第 83、84 号，江西省档案馆民国档案，卷宗号：J018－4－03142。

〔3〕欧阳勃诈欺上诉案，江西高等法院巡回审判第一区刑事判决，民国三十年度巡字第 83、84 号，江西省档案馆民国档案，卷宗号：J018－4－03142。

治生态中不啻是一缕阳光，不仅让战区民众看到了法律的尊严、司法之公正，也让民众看到了抗战救国之希望。

而李道基等故买赃物不服上诉案，[1]则是保长依职权损人肥己的典型案例。因战事逼近船不得行，船户金祖敬意图将船载客货火乾纸130皮出售，得钱潜逃。作为奉新县盘山保长的李道基明知金祖敬无权处分该客货，因有利可图，乃邀同李正锦出洋160元买受此项，转售于人获利颇厚。巡回审判推事依自由心证原则，确信双方的买卖具有不正当性：其一，“以130皮之火乾纸而售值仅160元”，此价格太低，明显偏离正常范围，所以此项买卖违背基本常理。其二，“金祖敬为一船户，安能出售客货?”所以上诉人与金祖敬之间的买卖违背了基本常识。结合上诉人的自白，依罪刑法定原则，上诉人故买赃物罪成立。但基于“上诉人李道基凭借保长权力故买赃物，原审未依刑法第134条[2]加重处罚，亦有未洽，自应撤销原判，更为判决。李道基应就所犯法条加重本刑三分之一，处有期徒刑三月。”[3]这里，巡回审判推事继续履行对第一审案件法律适用的监督，而依职务上之便利谋取私利之保长，再一次尝到了加重处罚的苦果。

战争与职务犯罪之间本没有必然联系，但是在江西战区，战争导致基层政治组织涣散，战区县政府因战事不断迁徙即为一例。同时战区所有政治、经济与司法目标，皆围绕着战争而展开，官员监督制约机制名存实亡。而战争对民众生活与环境的摧残，致使物资极度匮乏。对物质的极度渴望，对官员监督制约机制弱化的认知，

---

[1] 李道基等买赃物上诉案，江西高等法院巡回审判第二区刑事判决，民国三十年度上字第20号，江西省档案馆民国档案，卷宗号：J018-4-03143。

[2] 《中华民国刑法》第134条：公务员假借职务上之权力、机会或方法，以故意犯本章以外各罪者，加重其刑至二分之一。但因公务员之身份已特别规定其刑者，不在此限。

[3] 李道基等买赃物上诉案，江西高等法院巡回审判第二区刑事判决，民国三十年度上字第20号，江西省档案馆民国档案，卷宗号：J018-4-03143。

对战争破坏的内心恐惧，与自身前途发展的不可预见性等，这些要素为保长等职务犯罪提供了政治上的便利、物质上的心理预期和精神上的心理储备。

二、战区覆判审实践

（一）巡回审判覆判制度

1. 民国覆判制度及其管辖权的变化。中国古代有死刑覆奏、覆核制度，此制度表达了司法对于生命的尊重，是中国古代慎刑慎罚思想在刑事审判程序中的具体体现。它起源于魏晋，定型于隋唐，完善于明清。[1]晚清，大理院乃当时的最高法院，由它负责死刑案件的覆判。

1912 年 8 月，《司法部订定覆判暂行简章》公布实施，规定对于依旧律归大理院覆判的案件和依新律判处死刑、无期徒刑或一二等有期徒刑的案件，改由各该省高等审判厅或分厅覆判。[2]与传统相比，其主要变化有二：一是包括死刑案件在内的覆判机构的层级，第一次由最高统治者或中央最高审判机构改为由省级审判机构负责；二是覆判案件的范围扩大，既包括死刑案件，又包括无期徒刑和一二等有期徒刑案件。

1918 年 4 月 26 日，《覆判章程》颁布实施，规定兼理司法事务之县知事，审理判决之主刑在三等有期徒刑以上者，或单独罚金五百元以上者等刑事案件，未经声明控诉，且已经过法定控诉期间 5 日内，呈由高等检察厅或分厅附意见书，送高等审判厅或分厅覆判，但盗匪罪及关于窃盗之赃物罪不在覆判之列。[3]与《司法部订定覆判暂行简章》之内容相比，其最主要的变化有二：一是《覆判

〔1〕 张明敏："中国古代死刑复奏制度的流变及其现代价值"，载《中国刑事法杂志》2008 年第 2 期。

〔2〕 "司法部订定覆判暂行简章"，载《江苏司法汇报》1912 年第 8 期。

〔3〕 "覆判章程"，载《东方杂志》1918 年第 15 卷第 6 期。

章程》关注的重点是兼理司法县知事所审理之刑事案件。究其原因，乃大部分兼理司法县知事未经司法知识学习和实践培训，却兼理司法审判之职责。虽然兼理司法县知事并不直接负责案件的审判，其一般由承审员负责，但县知事对案件的审判具有决定性的作用，因为承审员的去留在很大程度上由县知事掌控。此种制度安排，乃是中国传统的县衙审判模式的延续和当时司法官严重缺乏的现实所致。所以，兼理县知事审理的刑事案件中，存在大量的冤假错案也就在所难免。二是覆判审程序的设置，为众多冤假错案提供了法律程序上的救济。此处的覆判，其主要目的不再是关于死刑、无期徒刑等重案覆核，而是对于兼理司法县知事所审理的，未经控诉程序之刑事案件司法上的救济措施，它改变了传统覆奏之初衷。

1928 年 9 月 19 日，《覆判暂行条例》颁布实施，它规定“兼理司法实务县政府、县司法公署或由县长兼行检察职权之县法院审判地方管辖之刑事案件，未经声明上诉或撤回上诉，或上诉不合法，未经第二审为实体上之审判者，均应由高等法院或分院覆判。”〔1〕因此，上诉和覆判，将所有涉及县长兼理司法事务的刑事案件全部覆盖。1937 年 1 月 1 日，《覆判暂行条例》被废止。

2. 战区巡回审判覆判制度。1936 年 6 月 27 日，《县司法处刑事案件覆判暂行条例》公布实施，在覆判案件的管辖上，其与《覆判暂行条例》略有差异，“县司法处之刑事案件未经上诉或上诉不合法，未经第二审实体上之审判者，应由该管高等法院或分院覆判。但刑法第 61 条〔2〕所判各罪之案件，不在此限。”〔3〕“刑法”

〔1〕“覆判暂行条例”，载《河北省政府公报》1928 年第 91 期。

〔2〕《中华民国刑法》第 61 条：犯左列各罪之一，情节轻微，显可悯恕，认为依第 59 条规定减轻其刑仍嫌过重者，得免除其刑：①犯最重本刑为三年以下有期徒刑，拘役或专科罚金之罪。但第 132 条第一项、第 143 条、第 145 条、第 186 条、第 272 条第三项及第 276 条第一项之罪，不在此限。②犯第 320 条之窃盗罪。③犯第 335 条之侵占罪。④犯第 339 条之诈欺罪。⑤犯第 349 条第二项之赃物罪。

〔3〕“县司法处刑事案件覆判暂行条例”，载《法令周刊》1936 年第 314 期。

第 61 条所规定各罪，为极其轻微之罪，不在覆判范围之内。此种分类为更精细化管理的体现，在司法资源极其有限的情况下，加强覆判案件管辖权精细化分流之举措，便于在保障司法公正，维护诉讼当事人权益的同时，提高司法效率，节省司法资源。

关于战区巡回审判推事覆判职责及相关程序的规定，集中于《战区巡回审判办法》第 9 条，即“应送覆判之案件得由原审机关迳送巡回审判推事覆判。覆判案件经更审判决后应送巡回审判推事查核，如认为有疑义者应进行第二审审判；无疑义者发回执行。”[1]与《县司法处刑事案件覆判暂行条例》相比，战区巡回审判推事覆判职责的内容和程序与《县司法处刑事案件覆判暂行条例》的规定并无二致。但细研之，也有细微的不同：一是呈送覆判案件的机关与履行覆判案件的机关不同。在《县司法处刑事案件覆判暂行条例》中，覆判案件的呈送机关是县司法处，履行覆判案件的机关是高等法院或高等法院分院。江西战区巡回审判覆判案件的呈送机关是兼理司法县政府，案件的覆判机关是战区巡回审判法庭。二是有无检察官之不同。《县司法处刑事案件覆判暂行条例》规定，应行覆判之案件，其卷宗及证物未送上诉法院者，原审县司法处应在规定的时间内将判决正本及卷宗、证物呈送该管高等法院或分院检察官。高等法院或分院检察官在规定的时间内转送高等法院或高等法院分院覆判，但认为有提起上诉之必要时，得于十日内向法院提起上诉。但江西战区巡回审判区无检察官设置，所以原由检察官履行之职责，部分职能由巡回审判推事代为履行。三是《县司法处刑事案件覆判暂行条例》规定，对于经高等法院或高等法院分院核准、更正、提审或莅审之判决，检察官得上诉于第三审法院。但此规定对战区巡回审判覆判审并不适用，原因在于战区无检察官设置。该条例还规定，对于县司法处更审之判决，由高等法院

---

〔1〕 谢冠生：《战时司法纪要》，“司法院”秘书处 1971 年重印，第 38 页。

或高等法院分院之检察官得上诉于该管第二审法院。但对于战区巡回审判区而言，覆判案件经更审判决后应送巡回审判推事查核，如认为有疑义者应进行第二审审判；无疑义者发回执行，这里战区巡回审判推事履行了检察官的部分职责。

（二）覆判审实践

1935年的《中华民国刑法》分则，采按罪配例之法，直揭各种罪名而列举之。惟仍隐示路径，秩然有序，以直接侵害国家生存发达之要件者居先（第1章至第10章）；直接侵害社会而间接害及国家个人者次之（第11至21章）；其直接侵害个人，而间接害及国家社会者次之（第22章至第35章）。是乃按各罪配列之次序，斟酌以定。[1]“我刑法则仿德日法例，以被害客体为标准，分为侵害国家法益之罪，侵害社会法益之罪，侵害个人法益之罪，并依此标准而为序列，最合条理。”[2]

1. 国家法益与诬告案。诬告罪之设立，系保护国家司法权之作用。国家设置刑事及惩戒法规，固所以处罚犯罪及违背法令之人，虽曰有罪必罚，亦须罚必有罪，如意图陷害他人而诬告，非徒使无辜之人横受冤抑，且使国家开始无益之刑事或惩戒程序，恶性既深，实害又大，故设专条以资适用。构成诬告罪的要件有三：一是要意图使他人受刑事或惩戒处分；二是要向该管公务员申告；三是要属诬告。即明知其为虚伪之事实，而为申告之谓。

杨公范、余式才等渎职覆判案[3]即为一例，自诉人余观盈起诉被告湖口县屏峰乡前任和现任乡长杨公范、余式才，及该乡保长余式柳等共同假借权力诈财，向该管公务员诉求，要求处被告有罪判决。但战区巡回审判推事在查阅卷宗时发现，自诉人陈述被告诈

---

〔1〕 赵琛：《刑法分则实用》，大东书局1945年版，第1~2页。

〔2〕 俞承修：《刑法分则释义》，上海法学编译社1946年版，第6~7页。

〔3〕 杨公范、余式才等渎职覆判案，江西高等法院巡回审判第一区刑事判决，民国三十四年巡字第新14号，江西省档案馆民国档案，卷宗号：J018-4-03206。

财的具体数目和时间均不相同，忽而称“我出二百元银洋，交付余序章、余式柳二人手内，是正月初二日拿的，以后出了七十块银洋，正月十八日交与余序章、余式柳二人手内。”忽而称：“杨公范等诈银币二百七十元、金镯一枝、金丝一副、衣服十七件，银币是正月十六日交的，金器衣服等物是正月十一日，交银币是做两次交的。”〔1〕对于自诉人的陈述，必须有其他证据佐证才可采信，但本案自诉人方面的证人却称不知其事，所以自诉人的陈述，一方面前后有矛盾，一方面无其他证据佐证，故巡回审判推事判断自诉人的陈述不具有证据力，因而维持一审的“被告等犯罪不能证明，而予谕知无罪”的判决。自诉人之所以要起诉本案的被告，乃是因为“自诉人之控诉被告等，系因恨其曾票传告以有贩卖金银等嫌疑而故意虚构事实，向该管公务员诉求，处被告等罪行，藉以泄愤。”〔2〕因此本案符合诬告罪的三个要素，巡回审判推事认为“初判审本此而处自诉人诬告罪行，并悯其知识有限，及以前未曾受有期徒刑以上刑之宣告，而宣告缓刑，亦尚允当。”〔3〕这里，一审和二审推事在自由心证的过程中，既依照罪刑法定的原则论罪定刑，又把多种因素加入心证过程中加以考察，并给予更多人性化的考察，使司法裁判更符合普通民众的心理期许，有利于树立司法的权威。

由本案可知战区官民间的关系比较紧张。究其原因：一是战区政治动乱，经常处于迁徙中的县政府、乡政府无暇顾及普通民众的疾苦，官民关系自然疏远。二是战区军事活动频繁，民众经常遭受战火的威胁，生命与健康权得不到应有的保护，加剧了民众对官员

〔1〕 杨公范、余式才等渎职覆判案，江西高等法院巡回审判第一区刑事判决，民国三十四年巡字第新14号，江西省档案馆民国档案，卷宗号：J018－4－03206。

〔2〕 杨公范、余式才等渎职覆判案，江西高等法院巡回审判第一区刑事判决，民国三十四年巡字第新14号，江西省档案馆民国档案，卷宗号：J018－4－03206。

〔3〕 杨公范、余式才等渎职覆判案，江西高等法院巡回审判第一区刑事判决，民国三十四年巡字第新14号，江西省档案馆民国档案，卷宗号：J018－4－03206。

的不信任感。三是战区经济凋敝，民众食不果腹，在此背景之下，部分官吏利用职务之便损公肥私、甚至是敲诈勒索，加剧了官民间业已紧张的关系。

在江西战区，涉及侵害国家法益的案件比较少，如饶六兴因过失脱逃覆判案，[1]被告饶六兴因执行戒护在押人员江明安，致其脱逃，处拘役五十日，缓刑二年。又如管砚安因渎职侵占覆判案，[2]被告管砚安案发时任保联主任，他利用职务之便，把公有财物即建碉堡用的材料挪用自家房及工厂建设，系犯罪行为既遂，证据确凿。但惩治贪污系归军法审判，故发回县长兼理司法更审。再如熊金根等窃盗上诉案，熊金根抢劫被害人财物时以“强暴、胁迫方法，致使不能抗拒而取其财物”，构成强盗罪。而强盗罪应归军法会审，依据《惩治盗匪暂行法》定罪量刑，故发回更审。这里，战区侵害国家法益的覆判案和刑事上诉案很少。究其原因：首先，侵害国家法益的案件被列为特种刑事案件，归军法会审，且主要适用于特别法。其次，在1945年以前，战区巡回审判并无审理特种刑事案件的管辖权，所以战区涉及侵害国家法益的案件非常少。但有一现象值得关注，即兼理司法县政府把属于军法会审的案件误当作普通案件审理，导致部分军法会审的案件进入战区巡回审判第二审程序。究其原因：一是兼理司法县政府负责普通案件的第一审，军法官和军法承审员负责特种刑事案件的第一审，但在战区县政府内，他们是一套人马，两种案件的管辖权，但不同案件的审理程序和适用法律是不同的。二是兼理司法县政府，属于行政机关兼理司法审判业务，部分非法律专业出身的承审员审理案件时，误把属于军法会审的案件当作普通案件审理，此乃战区县长兼理司法的现

〔1〕 饶六兴因过失脱逃覆判案，江西高等法院巡回审判第一区刑事判决，民国三十四年度巡字第新1号，江西省档案馆民国档案，卷宗号：J018-4-03206。

〔2〕 管砚安因渎职侵占覆判案，江西高等法院巡回审判第一区刑事裁定，民国二十八年度巡字第14号，江西省档案馆民国档案，卷宗号：J018-4-02938。

状，这进一步突出了战区巡回审判制度存在的重要性。

2. 社会法益与妨害家庭案。婚姻为家族生活之基础，而家族又为社会组织之基础，如有违反婚姻家族之规定，即属于破坏家族社会之基础组织。[1]和诱罪，乃是破坏家庭犯罪类型之一。构成和诱罪的要素有三：一是要有和诱之行为。和诱，谓以强暴、胁迫或诈术以外不正之方法，得被诱人之同意，而诱拐之意。二是要和诱未满二十岁之男女。三是要使其脱离家庭或其他有监督权之人。张徐氏妨害家庭覆判、裁定提审案即为和诱罪的典型案例，[2]17 岁的万连根为胡余水的童养媳，因家乡沦陷投奔于前坊市的姑姑，期间与军官周忻发生奸情。1939 年 5 月间，周忻随其部队开往渡头市，万连根念念不舍。张徐氏亦为难民之一，与万连根相识，深悉其事，相约于 7 月 27 日潜行逃往渡头市，帮其寻觅周忻姘居，希图从中渔利。在渡头市，他们被万三堂等囚禁，后被胡余水获悉，并报告第三区区署弋获万三堂等，解送兼理司法之南昌县县长讯办。

关于和诱未满 20 岁女子万连根前往渡头市，企图从中获利的事实，张徐氏的自白与万连根的陈述相同，因而“张徐氏意图营利，和诱未满二十岁之女子脱离有监护权人之罪责，委属供证明确，毫无疑义。”[3]但该被告犯罪之动机，系因逃难在外生计困难，儿女流离失所，情状极堪悯恕。“应予减轻其刑二分之一，再于法定刑期内，酌处有期徒刑四月，以示矜恤。”[4]这里，巡回审判推事既依照罪刑法定的原则定罪，又依据自由心证的原则，把诉讼当

---

〔1〕 俞承修：《刑法分则释义》，上海法学编译社 1946 年版，第 580 页。

〔2〕 张徐氏因妨害家庭覆判、裁定提审案，江西高等法院巡回审判第一区刑事判决，民国二十八年度巡字第 6 号，江西省档案馆民国档案，卷宗号：J018 - 4 - 02938。

〔3〕 张徐氏因妨害家庭覆判、裁定提审案，江西高等法院巡回审判第一区刑事判决，民国二十八年度巡字第 6 号，江西省档案馆民国档案，卷宗号：J018 - 4 - 02938。

〔4〕 张徐氏因妨害家庭覆判、裁定提审案，江西高等法院巡回审判第一区刑事判决，民国二十八年度巡字第 6 号，江西省档案馆民国档案，卷宗号：J018 - 4 - 02938。

事人的境况纳入量刑的考量中。所以，面对时代的复杂变化，自由心证展现了其灵活的应变与融通的特点。

在江西战区，侵害社会法益的案件也比较少，类似妨害家庭罪的覆判案，又如王怀亮妨害家庭覆判案中，[1]被告王怀亮诱拐曹朱氏之女曹保香（11岁）变卖。此外还有与家庭有关的妨害风化罪与发掘坟墓罪等案件。妨害家庭罪及其相关的案件构成了江西战区侵犯社会法益案件的主体，它表明战区民众在战时情况下，在传统生活方式下，对家的呵护与尊重，对传统儒家文化的依归与眷念。所以战区民众生活的重心永远是家庭和与家庭相关的事件，这是民众对普通生活渴望与向往的根源所在。而杨荣廷公共危险覆判案中，被告杨荣廷携带快枪一枝（无持枪护照），白天藏匿于彭泽县投拜岭地方，此地匪患严重，所以杨荣廷持枪显系预备抢劫之用，故推事自由心证确信并判决如主文，即“初判更正；杨荣廷意图供自己犯罪之用而持有军用枪弹，处有期徒刑一年，褫夺公权三年；快枪一枝没收。”[2]此案代表了战区社会秩序混乱的一面，它反映了战区民众生活环境的恶劣，生活过程的艰辛，也预示着战区巡回审判履行维护社会秩序职责的重要性与艰巨性。

3. 个人法益与侵占案。“侵占罪，系根据一定权利，先取得物之持有而后从而侵占之也。易言之，侵占罪以他人之物先经自己持有为前提，与强盗、窃盗、抢夺、诈欺等罪仅因犯罪结果始得持有者，迥然有别，故持有犯罪目的物一点，为侵占罪之特质。”[3]胡久通侵占覆判案即为一例，[4]被告胡久通前充彭泽县合作社联合社

---

〔1〕 王怀亮妨害家庭覆判案，江西高等法院巡回审判第一区刑事判决，民国二十九年度巡字第26号，江西省档案馆民国档案，卷宗号：J018-4-02938。

〔2〕 杨荣廷公共危险覆判案，江西高等法院巡回审判第一区刑事判决，民国二十八年度巡字第17号，江西省档案馆民国档案，卷宗号：J018-4-02938。

〔3〕 何任清：《刑法提要》，大东书局1947年版，第279页。

〔4〕 胡久通因侵占覆判案，江西高等法院巡回审判第一区刑事裁定，民国三十年度巡字第98号，江西省档案馆民国档案，卷宗号：J018-4-03142。

副经理，复驻社管理日常业务及记账之责。1941年5月13日拂晓，彭泽方面之敌军以步骑炮空军联合向鄱阳县属之石门街猛攻。彭泽县政府行署及该县合作社联合社所驻地之彭泽县属下彭村，为敌军进攻必经之路，且接近前线，敌军随时有冲至其地之可能。其时该合作社联合社之物资，如食盐等项，均未及事先搬运后移，临时仓惶无法处置，遂决定悉数售卖与当地居民食用，以免资敌。胡久通认为有机可乘，竟将其经手卖盐所得之价款309.5元，仅登载173元于该社门流簿，其余价款136.5元悉数侵占入已，中饱私囊。支持该案件事实的证据是“江西省合作金库第五分金库调查员，本年六月二十二日转致原县之公函”，〔1〕它具有法定证据的性质，故巡回审判推事对其直接采信，无须再进行自由心证。

本案具有鲜明的战争性质：一是战争迫使彭泽县合作社联合社出售包括食盐在内的统制物资，战时物资统制正是经济统制的重要内容，而食盐统制以及后来的食盐专卖制度，是战时经济统制的重要体现。二是《惩治贪污暂行条例》明确规定，“军人或公务员于作战期内犯本条例之罪者，依本条例处断。办理社会公益事务以办理公务论。”〔2〕非常时期政府所举办之各县合作社，其目的系在统制各县食盐之配销，以免私人操纵而维民食，自属社会公益事务之一种，办理合作社事业者，依照前开法令应以办理公务论。因此胡久通私吞卖盐款乃以“克扣职务上应行发给之财物者”〔3〕论。所以本案应由军法会审管辖，故战区巡回审判推事裁定，“依《县司法处刑事案件覆判暂行条例》第6条第一项，第7条第一项第1款裁定如主文”，即“本件发回兼理司法彭泽县政府更审”。〔4〕

---

〔1〕 胡久通因侵占覆判案，江西高等法院巡回审判第一区刑事裁定，民国三十年度巡字第98号，江西省档案馆民国档案，卷宗号：J018-4-03142。

〔2〕 “惩治贪污暂行条例”，载《河南省政府公报》1938年第2263期。

〔3〕 “惩治贪污暂行条例”，载《河南省政府公报》1938年第2263期。

〔4〕 胡久通因侵占覆判案，江西高等法院巡回审判第一区刑事裁定，民国三十年度巡字第98号，江西省档案馆民国档案，卷宗号：J018-4-03142。

类似的职务侵占案例，还有方仪斌侵占覆判案，原告张文清因战争缘故，于1929年携全家前往河南，把田租给黄绍之耕种。1942年正月张文清回到彭泽，清算租谷，发现被征军粮29石，为甲长方长庆私人行为。3月方长庆弃家而逃，张文清以侵吞军粮为由，起诉保长方仪斌至彭泽县政府。“被告当时充该管保长，系依法令从事于公务之人员。公务员征用财物从中舞弊，应构成《惩治贪污暂行条例》第3条第一项第4款之罪名。依同条例第8条第一项，应归军法审判。”[1]故裁定发回兼理司法彭泽县政府更审。所以，战区侵占案具有鲜明的特点：一是战争因素是诱发相关案件发生的背景原因，它为当事人企图于战争中损公肥己提供了战时背景环境，并诱发了当事人的侥幸心理。二是职务犯罪案件构成侵占案件的主体。究其原因，乃战时特殊环境下，职权内涵的人为扩大与职权监督体系的不完善，为职务之人的违法犯罪提供了温床。三是依据职务侵占国家或个人财产的行为，构成《惩治贪污条例》规定之罪，应归军法会审，但是战区县长兼理司法却依照普通法程序审理之，并呈送巡回审判推事覆判，这体现了兼理司法县政府在诉讼程序认知上的不足。简言之，兼理司法县政府在司法诉讼上的非专业性，削弱了战区司法维护正义的力量，这也凸显了巡回审判保护战区诉讼当事人的合法权益，维护战区司法威信的重要作用。

在江西战区覆判案中，侵害个人法益的案件占据了主流，除了侵占案外，主要集中在窃盗案和杀人案。如熊木水、魏宾俚因盗窃及杀人未遂覆判案，[2]在本案中，熊木水因偷盗魏水泉的耕牛被当场抓获而构成窃盗罪。而魏宾俚等“持械赴其家（熊木水家）冲杀未遂”，构成预备杀人罪。又如安子红、何群楼等因杀人覆判

〔1〕 方仪斌侵占覆判案，江西高等法院巡回审判第一区刑事裁定，民国三十一年度巡字第132号，江西省档案馆民国档案，卷宗号：J018－4－03203。

〔2〕 熊木水、魏宾俚因盗窃及杀人未遂覆判案，江西高等巡回审判第一区刑事判决，民国二十八年度巡字第5号，江西省档案馆民国档案，卷宗号：J018－4－02938。

案，[1]被告安子红、何群楼杀害安子明，构成故意杀人罪等。战区侵占案、窃盗案与杀人案的盛行，表明战区民众除了经历炮火的折磨与伤害外，还可能遭受财产与人身安全的威胁，凸显了战区民众生活的艰辛与苦涩。在此背景下，战区巡回审判在司法上维护战区民众的合法权益，维持战区社会秩序的努力就显得尤为重要。它的存在与运行，为战区民众尊严地生存提供了希望。

战区巡回审判推事在审理民刑上诉案和覆判案时，运用自由心证原则，理清了纷繁芜杂的案件事实，对其证据力和价值进行合理判断，形成内心确信，进而做出合法与合理的判决，维护了当事人的合法权益，维持了战区社会秩序。推事成功运用自由心证的事实给了我们一些启示：一是现代自由心证制度构成发达国家证据制度的核心。“自由心证与主观主义、唯心主义没有必然联系，自由心证更不等于自由擅断。现代自由心证已经克服了传统自由心证擅断的弊端，既强调法官的自由判断，也强调法官应遵守法律的规定以及判决结果和理由的公开性，是法官在遵守法律规定的前提下，依据良知和理性行使自由裁量权，从而形成法官内心确信的过程。”[2]“证据之判断或证据之评定，一任审判官本其学识经验以为者，诚为近时文明各国通识之原则。”[3]无论是英美法系的英国、美国，还是大陆法系的德国、法国，“都在证据的证明力上实行极为彻底的自由心证原则。”[4]二是自由心证与我国目前的证据制度。我国刑事证据制度追求的目标是“案件事实清楚，证据确实、充分”，关于我国证据制度的名称有很多，如“以实求是”“客观真实”，等等。实际上，“证据制度无论冠以何种名称，它都是以具体

〔1〕 安子红、何群楼等因杀人覆判案，江西高等法院巡回审判第一区刑事判决，民国二十八年度巡字第22号，江西省档案馆民国档案，卷宗号：J018－4－02938。

〔2〕 李祖军：“自由心证与法官依法独立判断”，载《现代法学》2004年第5期。

〔3〕［日］松冈义正著：《民事证据法》，张知本译，上海法学编译社1937年版，第102页。

〔4〕 李祖军：“自由心证与法官依法独立判断”，载《现代法学》2004年第5期。

的规则、原则为依托，并受到司法实践的检验。”“我国的法官（陪审员）对证据的审查判断与外国的裁判者对证据的审查判断并无太大的差异，只不过我国的法官对证据的审查判断受到更小的限制，享有较大的自由裁量权。”〔1〕“很明显，我国的法官或陪审人员在判决的时候仍然离不开以证据为基础，以经验法则和逻辑法则作出推断并接受其检验。即使是达到了‘事实清楚、证据确实、充分’，也只是法官或合议庭（特殊情况下的审判委员会）的一种认识，这种认识仍然不能离开个人经验与逻辑推理。”〔2〕因此，“我国诉讼中实际实行的是自由心证（至少存在自由心证的行为），却没有被认识到或者认识到了却由于种种原因不敢承认。”〔3〕目前，我国证据制度还存在许多不足，如证据规则的简单化，言词辩论原则贯彻的不彻底性，判决理由的秘密性等。所以，“现代两大法系自由心证主义以自由与规制、真相发现与抑制主观随意性为最重要的特征。两大法系对自由心证的合理规制值得我们借鉴和学习。”〔4〕三是以自由心证为核心的现代证据制度所需要的条件。首先，完善相关的证据制度。如直接言词辩论原则的严格执行，证据庭前审查制度的建立等。其次，心证的公开化。包括心证条件、过程和结果的公开，如公开诉讼争论点和举证责任；判决书理由说明制度；完善自由心证监督机制等。最后，法官的精英化。如法官选拔的专业化与实践能力的培养，法官晋升制度的职业化，法官待遇的优厚与职业的终身制等。因相关内容比较丰富，且与本书主旨无关，故简略之。

---

〔1〕汪海燕、胡常龙：“自由心证新理念探析——走出对自由心证传统认识的误区”，载《法学研究》2001 年第 5 期。

〔2〕汪海燕、胡常龙：“自由心证新理念探析——走出对自由心证传统认识的误区”，载《法学研究》2001 年第 5 期。

〔3〕汪海燕、胡常龙：“自由心证新理念探析——走出对自由心证传统认识的误区”，载《法学研究》2001 年第 5 期。

〔4〕潘志瀛、阎惠英：“在自由与规制之间——两大法系自由心证主义比较研究”，载《河北法学》2007 年第 2 期。

第五章　江西战区巡回审判评析

一、江西战区巡回审判与法律正义

“实现正义是法的出发点，也是法的归宿。”“法律在本质上有着提供和实现正义目标的取向，法的特殊品格也使它能够成为维护和促进正义的最可靠的保障；人们之所以遵守法律，只能是因为人们相信法律具有无可质疑的正义性。”〔1〕“法律正义不是法律的正义，法律正义包括两种内涵：一是法律被严格、公正地执行，即体现在程序性；二是法律被严格、公正实行之后所能体现的正义，即法律的正义，其体现在实体性。所以，法律的正义涵摄于法律正义。”〔2〕

（一）裁判中的法律正义

“高等法院或分院于战区内为谋诉讼人之便利得派推事巡回审判其管辖之民刑诉讼案件。”〔3〕“应送覆判之案件得由原审机关迳送巡回审判推事覆判。”〔4〕在江西战区，共分两个巡回审判区，“每区暂各设第二审巡回审判推事一人分别巡回审判，共管辖各县第二审民刑诉讼案件”。〔5〕所以，江西战区巡回审判推事对战区第二审民

〔1〕付子堂：“法律正义引论”，载《河南省政法管理干部学院学报》2001年第2期。

〔2〕张斌：“法律正义的三重维度”，载《法制与社会》2010年第24期。

〔3〕谢冠生：《战时司法纪要》，“司法院”秘书处1971年重印，第37页。

〔4〕谢冠生：《战时司法纪要》，“司法院”秘书处1971年重印，第39页。

〔5〕《江西省战区巡回审判办法施行细则》，江西省高院民国二十八年八月二十八日呈文，江西省档案馆民国档案，卷宗号：J018－3－00996。

刑诉讼案件有管辖权，对兼理司法县政府之刑事案件未经上诉或上诉不合法，未经第二审实体上之审判的刑事案件享有司法管辖权。

1. 纠正战区一审裁判中的不合理裁判。县长兼理司法，乃江西战区第一审民刑诉讼审理机关。县长是纯粹的行政职务，其职责是服从，需有很强的执行力。而司法审判与检察职务具有很强的职业性特点，以审判为例，从公正的角度看，法官在审理案件时必须处于“法官独立”和“保持中立”的地位，法官只服从法律，以事实为依据，以法律为准绳，但这种职业素养必须经过长期艰苦的职业化训练方能养成。但事实上，江西战区许多县长并没有经过严格的法律学习与培训，其在战时兼理司法职责与司法追求的目标并不能十分吻合。当然，在县长兼理司法中，有负责审判职务的承审员负责审判事宜，但是，承审员的进退乃由县长掌握，故承审员唯县长马首是瞻就为常态，加之中国的传统审判模式是衙门断案，此传统也为县长掣肘审判事宜提供惯性。所以在县长兼理司法实践中出现法律事实不清、用法不当的情况也就不足为奇。对于诉讼当事人而言，因信仰法律，故诉诸法律，希望寻求法律帮助以维护自身的合法权益，也即当事人心中的法律正义；对于社会而言，个人之间的纠纷，皆与社会有关，维护个人的合法权益，也就维护了社会的稳定；对于国家而言，处于战争状态下的民众疾苦尤甚，用法律维护当事人的合法权益，乃国家保护每个公民利益的职责所在，也是战时宣示国家存在、树立法律威信的有效途径和方式。所以战区巡回审判民刑第二审诉讼和覆判审，为纠正战区第一审不合法、不合理裁判提供了制度依据，也是战区巡回审判实现多重政治任务的有效平台。

（1）因程序有瑕疵而废弃原判决者。在民事上诉案中，当事人于诉讼未经合法代理者之案件，就是因诉讼程序有瑕疵而废弃原判决的典型案例。如彭席珍等因确认座山所有权案件，作为共同共有之财产，利益关系人须共同参与诉讼，无论是原告还是被告均应如此。本案上诉人与被上诉人仅有部分利益关系人参与，属于当事人不适格，[1]故推事就该案判决如主文，即“原判决废弃；被上诉人在第一审之诉驳回；第一二两审诉讼费用均由被上诉人负担。”[2]类似的案例还有刘钉根等因确认陈公塘所有权上诉案[3]等。经统计，在江西战区民事上诉案中，因程序有瑕疵而废弃原判决的案件数量非常少。

在刑事案中，曾经原审法院谕知管辖错误、免诉、不受理之判决，而第二审法院认为不当而撤销之，得以判决将该案件发回原审法院。[4]如彭席珍因被告等伤害案不服判决申请再议案，“惟查下彭地方与县政府所在地之梅树下，相去匪遥，树木与山地之争自可依法诉请县政府核办。被告彭衡并曾受相当教育，读书明理，竟用乡蛮手段自行抢夺树木，并互相殴打均成伤痕，为维持社会治安计，参照刑法第57条第9款[5]之规定，实难予以宽恕。原县为不起诉之处分，尚有未合。声请意旨尚非全无理由，应将原处分之关于声请再议之部分撤销，应发回续行侦查。”[6]在江西战区刑事上诉案中，因诉讼程序有瑕疵而撤销原判

---

〔1〕 彭席珍等因确认座山所有权事件上诉案，江西高等法院巡回审判第一区民事判决民事判决，民国三十二年度巡字第166号，江西省档案馆民国档案，卷宗号：J018－4－03204。

〔2〕 彭席珍等因确认座山所有权事件上诉案，江西高等法院巡回审判第一区民事判决民事判决，民国三十二年度巡字第166号，江西省档案馆民国档案，卷宗号：J018－4－03204。

〔3〕 刘钉根、刘金根因确认陈公塘所有权上诉案，江西高等法院巡回审判第一区民事判决，民国三十一年度巡字第139号，江西省档案馆民国档案，卷宗号：J018－4－03203。

〔4〕 戴修瓒：《刑事诉讼法释义》，中国政法大学出版社2012年版，第237页。

〔5〕《中华民国刑法》第57条第9款：“科刑时应审酌一切情状，尤应注意左列事项，为科刑轻重之标准。九、犯罪所生之危险或损害。”

〔6〕 彭席珍因被告等伤害案不服判决申请再议案，江西高等法院巡回审判第一区刑事裁定，民国三十三年巡字第191号，江西省档案馆民国档案，卷宗号：J018－4－03144。

决的案例非常稀少。

在战区覆判审中，当一审法律适用与诉讼程序违背法令，且影响判决者，得发回原审机关更审。如魏大头因杀人未遂覆判案，“本件被告魏大头、魏水根因杀人未遂案件，经魏水泉向原审告诉讯办，自案发至裁判之日止迄未弋获，为原判所认定，復经本区核阅原卷无异。该被告等既未于审判期日到庭，自在不得审判之列。乃原判竟予量处有期徒刑三年，显属不合，应认为有发回更审之原因。”故裁定“初判关于魏大头、魏水根杀人未遂部分，发回兼理司法南昌县政府更审”。[1]在江西战区刑事覆判案中，因诉讼程序有瑕疵而发回更审的案例也比较少。

在江西战区，因第一审诉讼程序有瑕疵而废弃原判决之裁定，体现了程序上的法律正义，即法律被严格、公正的执行。

（2）因上诉有理由而变更原判决者。在民事上诉案中，“第二审法院认上诉为有理由者，应于上诉声明范围内为变更原判决之判决”。[2]即上诉为有理由者，应于上诉声明之范围内，即当就当事人所请求变更之范围内（包括上诉人之请求及被上诉人所为附带上诉之请求），变更原判决而为新判决。为此项新判决之时，并应将原判决不当之部分指明废弃（因判决未经废弃以前仍有效力），以免有所冲突。如黄水根等确认买卖田契无效及清偿债务事件上诉案，为上诉一部分有理由，一部分无理由的典型案例，故对原判决部分废弃，并变更原判决，即“原判决关于确认上诉人与参加人缔结买卖系争水田五亩四分契约无效，上诉人应偿还被上诉人国币60元，及诉讼费用部分均废弃；被上诉人在第一审关于上开部分之反诉驳回；其他上诉驳回；第一二两审诉讼费用由两造各自负担，参

---

〔1〕 魏大头因杀人未遂覆判案，江西高等法院巡回审判第一区刑事裁定，民国二十八年度巡字第7号，江西省档案馆民国档案，卷宗号：J018-4-02938。

〔2〕 “中华民国民事诉讼法”，载《立法院公报》1935年第67期。

加诉讼费用由被上诉人负担。”[1]类似的案例还有周梅荷继承及买卖财产不服上诉案[2]等。而陈银狗解除婚约事件上诉案，则是对原判决全部废弃，并变更原判决之典型案例，即“原判决废弃；被上诉人在第一审之诉驳回；第一二两审诉讼费用均由被上诉人负担。”[3]因上诉有理由之民事上诉案，在江西战区巡回审判废弃原判决，并变更原判决的案例中占据主流。

在刑事上诉案中，第二审法院如认为上诉有理由者，应将原判决经上诉部分撤销，就该案件自为判决。亦即言撤销改判，仅限于上诉部分。[4]对于上诉部分全部撤销并改判的案件，如王秋香因杀人未遂及毁损上诉案，“原判决撤销；王秋香预备杀人处有期徒刑六月；又毁损他人之物，足以生损害于他人，处罚金贰拾元，并执行之；罚金如易服劳役，以一元折算一日。”[5]类似的案件还有张金显因被伤害上诉案[6]等。对于上诉部分之一部撤销并改判之案件，如余萱因妨害秩序上诉案，其判决为“原判决关于余萱挑唆诉讼罪刑及执行部分撤销；余萱意图渔利，以挑唆他人诉讼为常业，处有期徒刑六月，并科罚金六十元；合以原判吸食鸦片所处之刑，执行有期徒刑一年，罚金六十元，褫夺公权一年；罚金如易服劳

---

[1] 黄水根等确认买卖田契无效及清偿债务事件上诉案，江西高等法院巡回审判第一区民事判决，民国三十二年度巡字第160号，江西省档案馆民国档案，卷宗号：J018-4-03204。

[2] 周梅荷继承及买卖财产不服上诉案，江西高等法院巡回审判第一区民事判决，民国三十三年巡字第193号，江西省档案馆民国档案，卷宗号：J018-4-03144。

[3] 陈银狗解除婚约事件上诉案，江西高等法院巡回审判第一区民事判决，民国三十二年度巡字第150号，江西省档案馆民国档案，卷宗号：J018-4-03204。

[4] 戴修瓒：《刑事诉讼法释义》，中国政法大学出版社2012年版，第236~237页。

[5] 王秋香因杀人未遂及毁损上诉案，江西高等法院巡回审判第一区刑事判决，民国二十九年度巡字第31号，江西省档案馆民国档案，卷宗号：J018-4-02938。

[6] 张金显因被伤害上诉案，江西高等法院巡回审判第二区刑事判决，民国三十年度上字第8号，江西省档案馆民国档案，卷宗号：J018-2-03381。

役，准以一元折算一日。”[1]类似的案件还有涂士杨等盗窃及故买赃物嫌疑上诉案[2]等。在江西战区刑事上诉案中，关于撤销原判决，自为判决之案例比较常见，其数量远远超过撤销原判决，发回原审法院更审之案例。其中，又以对上诉部分之一部撤销并自为判决的案例为主。

在战区巡回审判刑事覆判案中，如果案件事实明了，援用法律错误致罪有失入者，应为更正之判决。如傅晋轩因诬告覆判案，[3]被告傅晋轩因便衣队周鑫在丰城县属之袁家渡地方查获万石齐携带烟土，中途经傅晋轩交付110元与周鑫寝事，后被告举报周鑫收受贿赂170元，初判以诬告罪论之，“该被告系经手交付贿赂者，显系构成对于公务员关于违背职务之行为，交付贿赂罪名。”“初判竟依刑法第169条[4]量处有期徒刑二年六月，褫夺公权三年。自系援用法律错误，以致罪有失入。应由本区依法为更正之判决，以期罪刑相当。”[5]类似的案例比较多，又如安子红、何群楼等因杀人覆判案，[6]傅生根、傅年德抢夺覆判案[7]等。值得一提的是，因法律适用错误而更正判决的案例，比诉讼程序有瑕疵而发回原审法院更审的案例多。

---

[1] 余萱因妨害秩序上诉案，江西高等法院巡回审判第一区刑事判决，民国二十八年度巡字第1号，江西省档案馆民国档案，卷宗号：J018－4－02938。

[2] 涂士杨等盗窃及故买赃物嫌疑上诉案，江西高等法院巡回审判第二区刑事判决，民国三十年度上字第13号，江西省档案馆民国档案，卷宗号：J018－2－03381。

[3] 傅晋轩因诬告覆判案，江西高等法院巡回审判第一区刑事判决，民国二十八年度巡字第4号，江西省档案馆民国档案，卷宗号：J018－4－02938。

[4]《中华民国刑法》第169条：意图他人受刑事或惩戒处分向该管公务员诬告者，处七年以下有期徒刑。

[5] 傅晋轩因诬告覆判案，江西高等法院巡回审判第一区刑事判决，民国二十八年度巡字第4号，江西省档案馆民国档案，卷宗号：J018－4－02938。

[6] 安子红、何群楼等因杀人覆判案，江西高等法院巡回审判第一区刑事判决，民国二十八年度巡字第22号，江西省档案馆民国档案，卷宗号：J018－4－02938。

[7] 傅生根、傅年德抢夺覆判案，江西高等法院巡回审判第一区刑事判决，民国三十年度巡字第67号，江西省档案馆民国档案，卷宗号：J018－4－03142。

在江西战区，因上诉有理由而变更原判决的案件比较多，无论是从案件事实的判断，还是从法律适用的角度看，此类案件都属于事实审的范畴。战区巡回审判推事变更原判决，就是纠正战区第一审对案件事实的判断、法律适用方面的错误，它体现了法律的正义，即法律被严格、公正实行之后所能体现的正义。

（3）纠正一审不合理裁判案的统计与分析。为了便于观察江西战区纠正一审不合理裁判案的整体情况，特制作统计表5－1和表5－2：

表5－1　江西高等法院巡回审判第一区推事第5～12次莅临南昌审理案件统计表

次数/项目		驳回	撤销或废弃原判决	更为判决	核准	更正	覆审	其他
第5次	民刑覆判案	3	2				3	4
第6次	民刑覆判案	4	6	4	2	1		5
第7次	民刑覆判案	1	2	2	2	1		
第8次	民刑覆判案	1		1				
第9次	民刑覆判案	1						1
第10次	民刑覆判案	1					1	
第11次	民刑覆判案							2
第12次	民刑覆判案	1						
总和		12	12	7	4	2	4	12

注：1. 推事第5～12次莅临南昌巡回审判的时间分别是：第5次，1941年5月23日～8月22日；第6次，1942年1月14日～2月23日；第7次，1942年10月10日～31日；第8次，1943年4月18日～5月18日；第9次，1944年2月15日～3月14日；第10次，1944年10月1日～31日；第11次，1944年12月1～31日；第12次，1945年1月7日～2月6日。

2. 表中的其他案件，在巡回审判区民刑事案件统计表中专门有一栏，这种案件主要指申请案，如在江西高等法院巡回审判第一区一周年案件统计表中，民事案件中的其他案件共1件，为申请案；刑事案件中的其他案件共8件，也为申请案。（引自江西高等法院巡回审判第一区民国二十九年十月五日呈，巡字第792号，江西省档案馆民国档案，卷宗号：J018－4－2938号）但在本表中，为了统计方面，把为数极少的和解案件（只有1件），核发续行侦查的案件（只有1件）也并入其他案件里，特此说明。

3. 资料的来源：本表资料主要来源于江西高等法院巡回审判第一区民刑诉讼案件统计表，这些统计表来源于江西省档案馆民国档案，卷宗号分别为：J018－4－3142，J018－4－3203，J018－4－3204，J018－4－3144，J018－4－3206。

表5－2　江西高等法院巡回审判第一区推事第3至10次莅临彭泽审理案件统计表

次数/项目		驳回	撤销或废弃原判决	更为判决	核准	更正	覆审	经裁判或处分	其他
第3次	民刑覆判案	2	1		2		1	3	2
第4次	民刑覆判案	3	4	1	2			3	
第5次	民刑覆判案		1		3		1		1
第6次	民刑覆判案	4	1		1		2		4
第7次	民刑覆判案	3	4						4
第8次	民刑覆判案		2	2		2	2		3
第9次	民刑覆判案			3				1	3
第10次	民刑覆判案	1	2						
总和		13	15	6	8	2	6	7	17

注：1. 江西高等法院巡回审判第一区推事第3至10次莅临彭泽巡回审判的时间：第3次，1940年9月25日至10月24日；第4次，1941年3月18日至4月17日；第5次，1941年9月28日至10月27日；第6次，1942年4月3日至5月2日；第7次，1942年10月30日至1943年1月29日；第8次，1943年9月7日至10月6日；第9次，1944年6月7日至30日；第10次，1945年6月20日至27日。

2. 本表中的经裁判或处分案，在刑事诉讼案中主要是抗告、再审案；

3. 资料的来源：本表资料主要来源于江西高等法院巡回审判第一区民刑诉讼案件统计表，这些统计表来源于江西省档案馆民国档案，卷宗号分别为：J018－4－2938，J018－4－3142，J018－4－3203，J018－4－3204，J018－4－3144，J018－4－3206。

由表5－1和表5－2数据可知，涉及纠正一审中不合理裁判的案件类型为撤销或废弃原判决，更为判决；以及覆判案件中的更正判决。此为从法律事实上维护法律正义的裁判，这类案件在整个案件中的比重，以南昌为例，约为40%；以彭泽为例，为31%，皆占据案件的重要组成部分。至于其他案件和经裁判或处分案，涉及抗告案、再审案和申请再议案等。而覆判案件中的覆审案，依理论上言，涉及发回原审兼理司法县政府更审、指定推事莅审和提审三种情况。以上案件皆为纠正第一审不合理裁判的救济程序，属于诉讼程序上维护法律正义的裁判，此类案件在所有案件中的比例，以南昌为例，为31%；以彭泽为例，为40.5%，也占据重要地位。所以，从维护法律正义而言，两表数据展现了法律事实和法律程序上的正义，饱含了维护法律正义的立法意旨，体现了法律正义在司法实践中的核心地位。

2. 维护一审和二审的合理裁判。

(1) 维护一审的合理裁判。据表5－1和5－2的内容可知，在上诉审和覆判审中，维护一审裁判中合理裁判的案件类型，主要集中在民刑上诉案中的驳回上诉和覆判案中的初判核准两类案件中。

第一，民刑案中的驳回上诉案。在民事上诉案中，“第二审法院认上诉为无理由者，应为驳回之判决。原判决依其理由虽属不当而依其他理由认为正当者，应以上诉为无理由。”〔1〕本条为从实体上审查上诉是否有理由的依据。例如傅黄氏因离婚事件上诉案，“原审判决两造间之婚约关系离异，尚无不合；上诉意旨不足采取，应予驳回。”〔2〕此案为上诉无理由案，是战区巡回审判推事判决驳回上诉之典型案例，此类案例为驳回上诉案件的主流。而对于上诉不合程式，或已逾上诉期间，或法律上不应准许命其补正而不补正或不可补正者，均属于诉讼程序上裁定驳回上诉之理由。在江西战

〔1〕“中华民国民事诉讼法”，载《立法院公报》1935年第67期。

〔2〕傅黄氏因离婚事件上诉案，江西高等法院巡回审判第一区民事判决，民国三十二年度巡字第161号，江西省档案馆民国档案，卷宗号：J018－4－03204。

区巡回审判民事上诉审案中，关于诉讼程序上裁定驳回上诉案件难寻其踪迹。与此同时，对第一审裁定不服提起抗告、申请再议救济程序的案件，也不见踪影。此乃战区基于诉讼程序而驳回上诉之民事上诉案的特点之一。

在刑事上诉案中，“第二审法院认为上诉无理由者，应以判决驳回之”。[1]惟上诉是否有理由，法院应就上诉之范围内加以调查之后，以自己之意见予以判断。[2]例如杨乐峰杀人上诉案，“原审依照刑法第271条第一项科处有期徒刑十二年，并依同法第37条第二项褫夺公权十年；凶刀一柄，依同法第38条第一项第2款[3]（漏引第一项）没收之，论罪科刑尚无不合，上诉意旨不能认为有理由。”[4]与此同时，“第二审法院认为上诉有第354条[5]之情形者，应以判决驳回之。”[6]此条乃就诉讼程序上驳回上诉之规定，即战区巡回审判推事必须考察上诉是否适合法定程式以及上诉权是否丧失。例如欧阳锦和伤害上诉案，因上诉人的上诉已过法定期限；再者，以一审未有究办为理由提起上诉，也不符合法律规定，故驳回上诉。[7]而陈有鄰因钟震寰杀人案不服判决上诉案，“惟查该案告诉人陈书洛业已亡故，上诉人与被害人陈国忠同姓不亲，非

〔1〕“中华民国刑事诉讼法”，载《立法院公报》1935年第66期。

〔2〕郑民：《新刑事诉讼法要论》，上海新业书局1947版，第245页。

〔3〕《中华民国刑法》第271条第1项：杀人者，处死刑，无期徒刑或十年以上有期徒刑。第37条第2项：宣告六月以上有期徒刑，依犯罪之性质认为有褫夺公权之必要者，宣告褫夺公权一年以上十年以下。第38条第1项第2款：左列之物没收之。二、供犯罪所用或供犯罪预备之物。

〔4〕杨乐峰杀人上诉案，江西高等法院巡回审判第二区刑事判决，民国三十年度上字第14号，江西省档案馆民国档案，卷宗号：J018-2-03381。

〔5〕《中华民国刑事诉讼法》第354条：原审法院认为上诉违背法律上之程式或其上诉权已经丧失者，应以裁定驳回之。

〔6〕“中华民国刑事诉讼法”，载《立法院公报》1935年第66期。

〔7〕欧阳锦和伤害上诉案，江西高等法院巡回审判第一区刑事判决，民国二十八年度巡字第20号，江西省档案馆民国档案，卷宗号：J018-4-02938。

刑事诉讼法第212条第一二两项[1]所列得为告诉之人，乃竟提起上诉，核与上开规定不符，实难认为适法。”[2]即因上诉人不适格导致上诉被驳回，类似的案例又如万芳甫因罗三妹损坏禾苗上诉案件[3]等。所以，因诉讼程序有瑕疵而被驳回的上诉案中，刑事上诉案比民事上诉案多，此为战区巡回审判民刑上诉案的特点之一。

第二，覆判案中的初判核准。关于核准之判决，当法律事实与法律适用相符自应予以核准。如熊世德伤害致人死亡覆判案，1941年6月7日，熊世德与胡益生因在陈家坝堰头涸水捉鱼发生互殴，胡益生受伤甚重，越日身死。经查胡益生受伤多处，其胸膛、心坎、腹腰等处均各验有伤痕，悉属要害，未易治疗。胡益生的死亡与被告熊世德之伤害行为有因果联络之关系，毋庸置疑。“初判认为使人受重伤因而致死，依照刑法第278条第二项判处被告有期徒刑七年，并依同法第37条第二项[4]褫夺公权七年，认定事实，援用法律均尚无误，自应予以核准。”[5]当法律适用与诉讼程序虽系违背法令，而显然于判决无影响者，也应予以核准。如张匡连、张復昌因结伙抢劫覆判案。在该案中，关于诉讼程序与法律适用方面出现的问题表现为：一是《惩治盗匪暂行办法》已经为《惩治盗

〔1〕《中华民国刑事诉讼法》第212条：被害人之法定代理人或配偶得独立告诉。被害人已死亡者，得由其配偶、直系血亲、三亲等内之旁系血亲、二亲等内之姻亲或家长家属告诉。但不得与被害人明示之意思相反。

〔2〕陈有鄰因钟震寰杀人案不服判决上诉案，江西高等法院巡回审判第二区刑事判决，民国三十年度上字第18号，江西省档案馆民国档案，卷宗号：J018-4-03143。

〔3〕万芳甫因罗三妹损坏禾苗上诉案件，江西高等法院巡回审判第一区刑事判决，民国三十一年度巡字第116号，江西省档案馆民国档案，卷宗号：J018-4-03203。

〔4〕《中华民国刑法》第278条：使人受重伤者，处五年以上十二年以下有期徒刑。第37条：宣告死刑或无期徒刑者，宣告褫夺公权终身。宣告六个月以上有期徒刑，依犯罪之性质认为有褫夺公权之必要者，宣告褫夺公权一年以上十年以下。褫夺公权于裁判时并宣告之。依第一项宣告褫夺公权者，自裁判确定时发生效力。依第二项宣告褫夺公权者，自主刑执行完毕或赦免之日起算。

〔5〕熊世德伤害致人死亡覆判案，江西高等法院巡回审判第二区刑事判决，民国三十年度覆字第3号，江西省档案馆民国档案，卷宗号：J018-2-21424。

匪条例》所代替，一审却以此办法为裁判法律依据；二是盗匪案现归地方司法审理，一审却仍以兼军法官、军法承审员名义审理判决之。“但本案原告所举之证并不能证明被告结伙抢劫，而被告也无任何不利之证据证明有结伙抢劫，故一审判决无罪，准予核准。”[1]

（2）维护二审的合理裁判。对于不服第二审裁判之当事人，可以依据法律程序相应地提起第三审上诉、抗告或再审程序，以维护自己的合法权益。战区巡回审判推事对于不服第二审裁判而提起抗告、申请再议和再审程序之案件，拥有诉讼程序上的审核权；对于不符合法律规定的抗告、申请再议和再审程序之案件，拥有裁定驳回的管辖权。在财产权上不服第二审裁判的民事上诉案，战区巡回审判推事有诉讼程序上的审核权；对不符合法律规定的财产权上诉案，有驳回上诉的管辖权。

第一，驳回第二审民事上诉、抗告或再审程序案件。“对于财产权上诉讼之第二审判决，如因上诉所得受之利益不逾五百元者，不得上诉。前项所定额数得因地方情形，以司法行政最高官署命令减为三百元，或增至一千元。计算上诉利益，准用第 404 条至第 407 条之规定。”[2]所谓因上诉所受之利益者，系指于上诉胜诉后所受之利益而言，并非指其诉讼标的金额或价额而言。故其诉讼标的虽属千元，只要因上诉所受利益不逾五百元，即不得向第三审上诉。所谓不逾五百元者，在五百元以下之谓也，如果正好为五百元，亦属不逾五百元之列。如朱员学等请求确认山地所有权不服二审上诉案，“按对于财产权上诉讼之第二审判决，如因上诉所得受之利益不逾五百元者不得上诉，此为民事诉讼法第 463 条第一项所明定。本件两造因请求确认山地所有权涉讼事件，经本区为第二审

---

〔1〕 张匡连、张復昌因结伙抢劫覆判案，江西高等法院巡回审判第一区刑事判决，民国三十四年度巡字第新 9 号，江西省档案馆民国档案，卷宗号：J018－4－03206。

〔2〕 “中华民国民事诉讼法”，载《立法院公报》1935 年第 67 期。

判决后，上诉人朱员学等提起上诉。惟计算上诉所得受之利益不满五百元，依照上述规定即不应予以许可。”故裁定“上诉驳回”。[1]类似的案例还有叶青等因赎典田地不服第二审判决提起上诉案[2]等。

对于巡回审判推事驳回上诉之裁定，当事人可以提起抗告。此为诉讼程序上维护法律正义的另一个救济程序。例如，何锡侯因损害赔偿事件不服二审裁定抗告案，“右抗告人（即何锡侯）与彭泽县合作社联合社因损害赔偿事件，对于中华民国三十二年一月三十一日本区裁定提起抗告。”“关于财产权之诉讼，其标的之金额或价额在第 463 条所定之上诉利益额数以下者，其第二审法院所为之裁定不得抗告。”[3]“本件诉讼标的之金额数仅为壹仟壹佰五十五元，原告向第一审法院起诉时，虽远在民国三十年十一月，但本区判决时为三十二年一月九日，已在增加数额[4]之训令实行以后，依照司法院三十一年十二月三十一日院字第 2446 号解释，系属不得上诉于第三审法院之件。按照前开法条，对于本区裁定自在不得抗告之列。”[5]

对于已确定之终局判决声明不服，当事人可提起再审之诉。

---

〔1〕 朱员学等请求确认山地所有权不服二审上诉案，江西高等法院巡回审判第二区民事裁定，民国三十年度裁字第 2 号，江西省档案馆民国档案，卷宗号：J018－2－03381。

〔2〕 叶青等因赎典田地不服第二审判决提起上诉案，江西高等法院巡回审判第二区民事裁定，民国三十年度裁字第 4 号，江西省档案馆民国档案，卷宗号：J018－4－03143。

〔3〕 “中华民国民事诉讼法”，载《立法院公报》1935 年第 67 期。

〔4〕 “上诉所得受利益之数额，业经司法院以三十一年七月十六日修字第 3619 号训令，在江西省增至八千元，自三十一年九月一日起实行。前经奉令饬知在案。”引自何锡侯因损害赔偿事件不服二审裁定抗告案，江西高等法院巡回审判第一区民事裁定，民国三十三年度巡字第 182 号，江西省档案馆民国档案，卷宗号：J018－4－03144。

〔5〕 何锡侯因损害赔偿事件不服二审裁定抗告案，江西高等法院巡回审判第一区民事裁定，民国三十三年度巡字第 182 号，江西省档案馆民国档案，卷宗号：J018－4－03144。

关于再审之内容，第二章已经详述，此处不再赘述。李火生与刘钉根、刘金根因确认湖塘所有权再审案，“右当事人间因确认湖塘所有权事件，再审原告对于本区中华民国三十一年十月二十四日第二审判决提起再审之诉。”本件再审之诉裁定主文为“再审原告之诉驳回；再审诉讼费用由再审原告负担”。[1]究其原因：一是再审原告提起再审之诉，已过法定“三十日之不变期间内提起”[2]之规定。二是再审原告不适格，“系争之湖塘系全族共同共有产业，依法应由共同共有人全体一同起诉、一同被诉，乃以少数私人名义提起诉讼，自系当事人不适格。”[3]此为不得提起再审又一因素。

第二，驳回第二审刑事上诉、抗告或再审程序案件。“原审法院认为上诉违背法律上之程式，或其上诉权已经丧失，或系对于不得向第三审法院上诉之判决而上诉者，应以裁定驳回之。其不依第374条[4]之规定补提理由书者，亦同。”[5]万三堂因妨害家庭不服二审判决提起上诉案，“本件上诉人于上年十一月二十日收受本区判决书，同年十一月二十四日向本区嘱托代收书状之南昌县政府提出上诉状，其补提上诉理由书之期间扣至同年十二月四日届满。乃上诉人迟至本年四月十七日始向本区补提上诉理由书，按照上开法

---

〔1〕李火生与刘钉根、刘金根因确认湖塘所有权再审案，江西高等法院巡回审判第一区民事裁定，民国三十三年度民字第196号，江西省档案馆民国档案，卷宗号：J018-4-03144。

〔2〕《中华民国民事诉讼法》第496条第1项：再审之诉，应于三十日之不变期间内提起。

〔3〕李火生与刘钉根、刘金根因确认湖塘所有权再审案，江西高等法院巡回审判第一区民事裁定，民国三十三年度民字第196号，江西省档案馆民国档案，卷宗号：J018-4-03144。

〔4〕《中华民国刑事诉讼法》第374条：上诉书状应叙述上诉之理由，其未叙述者，应于提起上诉后十日内补提理由书于原审法院。第342条第二项，第343条及第344条之规定，于前项理由书准用之。

〔5〕“中华民国刑事诉讼法”，载《立法院公报》1935年第66期。

条，显已逾越法定期间，其上诉自非合法。”故裁定“上诉驳回”。[1]而鄢定生等不服二审上诉案，“按舍弃上诉权或撤销上诉者丧失其上诉权，刑事诉讼法第 351 条[2]已定有明文。本件上诉人等因侵占案件，经本区为第二审判决后提起上诉。惟查上诉人等于宣示判决时以言词声明服判，业经记录在卷，依照上开规定，其上诉权即已丧失，乃復提起上诉，自不应予准许。”故裁定“上诉驳回”。[3]

对江西战区刑事第二审裁判提起抗告和再审程序的案件，未见其踪影。此与不服第一审刑事裁判提起抗告和再审程序案件之数量多、类型多样化形成鲜明对比，这也是江西战区巡回审判刑事第二审裁判案的显著特点。

（3）维护合理裁判的法律正义。驳回上诉、抗告和再审之裁判，并不是否认诉讼当事人之合法权益，而是更高层级的事实审与法律审，是法律正义在更高层面的肯定与再现。首先，驳回上诉、抗告和再审之裁判，满足了战区诉讼当事人寻求更高层次司法裁判的心理需求，也是诉讼当事人的法律信仰在更高层次的梳理与体验。其次，驳回上诉、抗告和再审之裁判，仍然是基于统一的诉讼救济程序与统一的法律运用，是法律理论与司法实践相结合的再一次演绎，充分展现了法律的公正与公平。最后，驳回上诉、抗告和再审之裁判，是战区巡回审判推事代表国家履行战时高等法院和高等法院分院之职责，是战火中法律正义的一次瑰丽演绎。它展现了国家司法主权的存在，对普通战区民众而言，也是一次法律的普及。而据表 5－1 和 5－2 数据统计，以南昌为例，其驳回上诉和覆

---

〔1〕 万三堂因妨害家庭不服二审判决提起上诉案，江西高等法院巡回审判第一区刑事裁定，民国二十九年度巡字第 34 号，江西省档案馆民国档案，卷宗号：J018－4－02938。

〔2〕《中华民国刑事诉讼法》第 351 条：舍弃上诉权或撤回上诉者，丧失其上诉权。

〔3〕 鄢定生等不服二审上诉案，江西高等法院巡回审判第二区刑事裁定，民国三十年度裁字第 4 号，江西省档案馆民国档案，卷宗号：J018－2－03381。

判核准的案件数，占整个案件总数的30%；以彭泽为例，其驳回上诉和覆判核准的案件数占整个案件总数的28.4%。所以维护战区第一、二审裁判中合理裁判的案件数，在所有案件中也占据重要地位，它是战区巡回审判维护法律正义的重要组成部分。

（二）推事监督权中的法律正义

江西战区巡回审判推事除了履行审理第二审民刑上诉案和覆判案之核心职责外，监督战区兼理司法县政府的司法工作，也是其职责内之重要任务，这是江西高等法院乃至司法行政部了解江西战区兼理司法县政府司法概况的一个重要途径。

1940年3月，罗笃志呈送关于其视察管区各县司法概况的报告书[1]：关于南昌县的司法，置承审员及司法书记各一人，承办军法及普通民刑诉讼案件，每月约50件左右，普通民刑诉讼案件约占1/2，大抵皆收结两抵，尚无积压。关于羁押人犯，以军事犯为多，普通刑事被告每月约4、5名至10余名不等。看守所为组织法上所未规定者，但为应事实上之迫切需要计，不得不有看守所之设置。所长由县长委派负有警卫责任者兼任之。人犯经判决后，即解送较安全之丰城县监狱收禁，处务方法大致完善。关于稽考法收之簿册尚未设置，其收支状况尚属无法稽考。关于彭泽县的司法，普通民刑诉讼案件每月约20余件。看守所所长系由司法书记兼任，该处所距邻县浮梁和鄱阳县均在200里，人犯解送不便。判决确定者即在看守所执行。关于湖口县司法，普通民刑诉讼案件每月计20余件。承审员金宝光业已奉令他调，现正物色继任人选。惟战区人才恐慌为普遍之现象，欲觅一适当人选恐非易事。而星子、九江和德安三县因全部沦陷，交通断绝，无法前往，故当地司法情形不明。

---

〔1〕江西高等法院巡回审判第一区民国二十九年三月六日呈，巡字第378号，江西省档案馆民国档案，卷宗号：J018－3－1872。

在此报告中，实际上涉及4个方面的问题：一是县长兼理司法的人员设置，除县长外，各设承审员和书记官一名，负责军法会审和普通一审的审判；二是案件的受理情况，南昌较多，每月约50件，彭泽和湖口两县每月约20件；三是看守所的设置与囚徒的安置，看守所所长由县长委任；四是战区选拔合适的承审员比较困难。

1940年2月，左穆向江西高等法院陈述管辖区各县司法概况及整改意见。“窃职自去年十月间奉令办理第二区巡回审判事务，兼视察该区各县之司法，迄今四月，所经各处距离前线仅五六里或十余里不等，历尽艰险。而自高安驰赴新建，復由新建转往奉新、靖安、武宁等县，往返路程约千余里。”〔1〕同年6月22日，推事左穆向江西高等法院条陈战区各县司法存在的问题及整改意见，主要内容如下：一是战区各县因战争因素，关于司法上之簿册表格荡无一存，应由高院颁发样本，令各县仿印，以便造填。二是诉讼进行过于迟缓，宜通令各县收结案件，按月造报，以凭考核，并赋予推事督促诉讼进行之权。三是监所被裁，囚粮无着，可否转函省政府照旧核发战区各县之囚粮，并以前方生活程度之高，每名极低限度每日须发至法币三角，方能果腹。四是罚金罚锾大多未购贴司法印纸，宜严令各县依法购贴，并令推事随时抽查。五是审理各种案件间或滥用刑讯，宜通令各县严禁。六是各县县府迁徙无常，或数月一迁，或一月数迁。人民投诉无门，宜由县府嘱托接近民众之机关，各乡公所或区署代收词状，尅日转送核办，以谋诉讼当事人之便利。七是战区军法承审员须兼办普通民刑案件，职责至为重要。但军法承审员月入仅有五十元，待遇过低，未易罗致真才，可否由高院转函省府提高战区各县军法承审员之待遇，每月薪水至少一百

〔1〕 江西省战区巡回审判第二区推事左穆民国二十九年二月十七日呈，江西省档案馆民国档案，卷宗号：J018－3－01868。

元，俾便安心供职。八是司法书记官被省府裁撤，关于记录及编订卷宗等事务，临时指派各科员或录事代办，各案卷宗大多数凌乱不堪，且记录模糊，难以索解。[1]

根据推事左穆提出的改进战区各县司法的意见和建议，1940年6月30日江西高等法院作出回应，“令南昌等十四县管理司法县长……除关于囚犯口粮，提高军法承审员待遇，添设司法书记各项，转函江西省府核办外，兹将应行饬遵各项，分别核示于下：①查司法部份簿册书表关系重要，应即分别设备，以便稽核。如式样散失，可呈请检发或向邻近县份抄取。②受理民刑诉讼案件，务须随时办结，即案情繁重者亦不得逾越规定限期。民刑诉讼月报各表亦应按月填造送核。③罚金罚锾应分别填发收款联单，贴用司法印纸，登记簿册，按月报解。④滥用刑讯，早经严禁，嗣后务须切实遵照，是为重要。⑤该县办公处所如有迁移，关于人民投递状纸各项自应随时订定办法，布告周知，或饬各区乡长代收传送，以资便利。⑥诉讼卷宗关系綦重，应饬承办人员随时整理装订，不得稍有凌乱，以免散失。以上各项，除分令饬遵外，合行令仰遵照，毋违！”[2]

对于江西高等法院的转函，1940年9月15日，江西省政府以公函的方式回复之，“案据贵院第1029号公函，据战区巡回审判推事左穆条陈战区各县司法缺点及整理意见，转饬查照核办等由。查战区各县普通司法人犯口粮，可由县按照每名每日一角五分通案，核实造具预算专单请领；至提高承审员待遇及增设书记一节，因牵动既定预算，殊难照办。准函前由，相应函请贵院查照。”[3]

---

〔1〕 江西高等法院巡回审判第二区民国二十九年六月二十二日呈，江西省档案馆民国档案，卷宗号：J018－3－01872

〔2〕 江西高等法院民国二十九年六月三十日训令，第1518号，江西省档案馆民国档案，卷宗号：J018－3－01872。

〔3〕 江西省政府民国二十九年九月十五日公函，财字第14307号，江西省档案馆民国档案，卷宗号：J018－3－01872。

由上可知，推事左穆提出的改进战区各县司法的意见和建议，除了提高承审员待遇和增设书记官外，其余均得到了江西高等法院和江西省政府的回应和落实，这对改进战区各县司法无疑具有非常大的意义。而这种意义就直接转化为战区各县司法行政事务的改进和监所囚粮的着落，这是更大范围、更深层次的法律正义。同样，伴随着各县司法的改进，必将进一步推动战区巡回审判的发展，这是良性循环中法律正义实现的载体，这是战区巡回审判推事对战区各县司法实施监督而产生的法律正义。

（三）维护法律正义的成就

1. 案件的审理是法律正义的集中体现。江西战区巡回审判制度施行长达6年零2个月。在这期间里，战区巡回审判推事究竟审理了多少个案件呢？在这里，笔者尝试着进行不完全统计，力争勾勒出江西战区巡回审判推事审理案件的概貌。

由表5-3和5-4中的数据统计得知，江西战区巡回审判推事在长达6年零2个月的时间里共审理案件达414件，平均每年审理案件约67件。第一区推事每年审理案件数达37件，第二区推事每年审理案件数约30件，单从案件数量上看并不是很多。为了清晰说明，笔者摘取了1942年度江西高等法院第三分院推事年度审理案件数作一简单比较。

表5-3　江西高等法院巡回审判第一区每周审理已结案件统计表

周次	期间	案件类型及数据	备注
第一周	1939年10月25日～1940年4月4日	民事上诉2件，刑事上诉7件，覆判案15件，其他6件，共30件	
第二周	1940年4月4日～1940年7月8日	刑事上诉5件，覆判案12件，申请再议2件，其他2件，共21件	

续表

周次	期间	案件类型及数据	备注
第三周	1940年7月8日~ 1941年1月12日	民事上诉3件，刑事上诉4件，覆判案2件，申请再议1件，其他2件，共12件	
第四周	1941年1月12日~ 1941年5月23日	民事上诉4件，刑事上诉7件，覆判案5件，申请再议2件，申请再审1件，其他2件，共21件	
第五周	1941年5月23日~ 1942年12月18日	民事上诉1件，刑事上诉3件，覆判案8件，申请再议2件，其他5件，共19件	
第六周	1942年1月14日~ 1942年10月12日	民事上诉4件，刑事上诉14件，覆判案7件，申请再议2件，其他5件，共32件	
第七周	1942年10月13日~ 1943年4月18日	民事上诉6件，刑事上诉6件，覆判案4件，申请再议1件，其他3件，共20件	
第八周	1943年4月19日~ 1943年12月31日	民事上诉5件，刑事上诉3件，覆判案7件，申请再议1件，其他3件，共19件	
第九周	1944年2月15日~ 1944年9月14日	民事上诉3件，刑事上诉2件，覆判案1件，申请再议1件，其他5件，共12件	注1
三次巡审南昌	1944年10月1日~ 1945年2月6日	民事上诉2件，刑事上诉2件，覆判案1件，申请再议0件，其他4件，共9件	注2
彭泽县、临川和南昌办事处	1945年2月10日~ 1945年12月9日	第一审案5件，民事上诉9件，刑事上诉9件，覆判案10件，申请再议0件，其他3件，共36件	注3

续表

周次	期间	案件类型及数据	备注
总计	1939年10月25日~1945年12月9日	第一审案5件，民事上诉39件，刑事上诉62件，覆判案72件，申请再议12件，其他40件，申请再审案1件，共231件	-

注：1. 关于第九周案件总数，在《江西省第一区巡回审判推事巡回第九周工作报告表式》〔1〕中为13件，但笔者以罗笃志第九次到南昌、湖口和彭泽3县分别巡审，编制的巡回审判民刑案件表中的数据为依据，统计的案件总数为12件，笔者采用统计的数据，特此注明。

2. 1944年10月1日~1945年2月6日期间，罗笃志3次莅临南昌巡审，期间分别是1944年10月1日~10月31日，第10次到南昌巡审；1944年12月1日~12月31日，第11次到南昌巡审；1945年1月7日~2月6日，第12次到南昌巡审。因时间几乎是连续的，笔者推断为连续巡审。

3. 1945年2月10日~12月9日，首先，罗笃志在江西高等法院巡回审判第一区临川办事处书面审理案件，期间是1945年2月10日~3月15日；其次，罗笃志第10次到彭泽巡审，期间是1945年6月20日~6月27日；再次，罗又在临川办事处书面审理案件，期间是1945年7月10日~9月3日；最后，罗在南昌办事处书面审理案件，期间是1945年9月15日~12月9日。至于出现第一审案件，乃是自1944年11月起，特种刑事案件划归地方法院审理，故巡回审判法庭拥有审理第一审特种刑事案件的管辖权。

资料来源：援引自江西省档案馆民国档案，档案号分别为：J018-3-01878，J018-1-01718，J018-1-01719，J018-4-03144，J018-4-03206。

表5-4　江西高等法院巡回审判第二区每周巡审案件统计表

周次	期间	审理案件数	备注
第一周	1939年11月14日~1940年2月7日	0	注1
第二周	1940年2月7日~1941年10月11日	12	

〔1〕 江西高等法院民国三十三年十月二十四日指令，人字第6950号，江西省档案馆民国档案，卷宗号：J018-1-01719。

续表

周次	期间	审理案件数	备注
第三周	1941年2月1日~1942年12月15日	45	
第四周	1942年3月23日~1942年12月1日	54	
第五周	1942年12月2日~1943年10月14日	39	注2
	1944年	0	注3
	1945年	33	注4
总计		183	

注：1. 江西高等法院巡回审判第二区第一周“本週并无收结案件”,〔1〕又因江西高等法院巡回审判第二区收结案件调查表中没有详细列举案件类型，加之第二区管辖各县具体的民刑案件报告表的部分丢失，所以具体的案件类型统计无法完成，特此说明。

2. 第二区第五周的收结案件调查表未能见到，本表中的数据，是根据左穆到永修、武宁和奉新3县分别巡审后，编制的民刑案件报告表统计而来，巡回审判的具体期间和审理案件数分别是：永修，自1942年12月2日~1943年1月14日，审理案件6件；武宁，1943年5月22日~6月9日，审理案件4件；奉新，1943年8月3日~10月9日，审理案件29件。

3. 1944年，因身体不适，左穆向高院申请病休多次。同年，左穆调任萍乡地方法院首席检察官之职，龙超云接替左穆，担任江西高等法院巡回审判第二区推事，11月龙超云在高安履职。所以，1944年第二区审理案件的相关信息，档案材料中没有发现，特此注明。

4. 1945年案件总数的统计是根据龙超云每月呈送高等法院的民刑案件报告表中的数据统计而来，且是已结案件数。特此注明。

资料来源：援引自江西省档案馆民国档案，档案号分别为：J018－3－01878，J018－1－01718，J018－4－02939，J018－3－02594，J018－3－01885，J018－4－03208。

由表5－5可知，1942年度江西高等法院第三分院，仅院长董

〔1〕 江西高等法院民国三十一年五月十五日呈文，呈字第794号，江西省档案馆民国档案，卷宗号：J018－3－01878。

化鲲、推事江秉毫、万树楷3人一年审理的案件数，就已经超过江西高等法院巡回审判6年多时间里审理的案件总数。而从推事年平均审理的案件数进行比较，江西战区巡回审判推事的年平均审理案件数，约为高等法院第三分院三位推事年平均审理案件数的23%。

表5-5　1942年度江西高等法院第三分院推事年度审理案件统计表〔1〕

姓名	职别	年度供职时间	年度审理案件总数	备注
董化鲲	院长兼推事	全年	11	参加合议案件，担任民刑重大案件审判达四十二件。
江秉毫	推事，民刑兼办	全年	214	
万树楷	推事，民刑兼办	全年	216	注1
总计			441	

注：1. 江西高等法院第三分院还有张习武、甘圻道、蔡舒、钟清和张文瑞5位推事，他们是战区司法人员分发本院办事的推事，其中，钟清是上海第一特区地方法院推事派在本院办事，张文瑞是江西袁宜地方法院推事调本院办事，此5位推事因战争关系临时服务于江西高等法院第三分院，1942年度，他们在江西高等法院第三分院的服务期间均未达到全年，故没有可比性。

资料来源：江西省档案馆民国档案，卷宗号：J018-4-03497

那么，为什么江西战区巡回审判推事审理的案件数，远远低于同时期非战区高等法院分院推事审理的案件数呢？主要原因如下：一是战区巡回审判的运行模式决定了推事审理案件的稀少，江西高等法院第三分院的推事是“坐”而审判，即采取“以当事人就法官”的审理模式；而战区巡回审判推事是“行”而审判，即采取“以法官就当事人”的流动性的审理模式，其中，推事在巡回审判

---

〔1〕江西高等法院第三分院民国三十二年二月二十七日密呈，总字第330号，江西省档案馆民国档案，卷宗号：J018-4-03497。

路上花费的时间，约占战区巡回审判推事工作时间的一半。如罗笃志第六周莅临的县份为南昌、彭泽、湖口和星子4县，“计每县办事一月，连同在途期间，约需六个月巡回一週。”〔1〕这是战区巡回审判推事审判效率低下的重要原因。二是战区巡回审判的“行”，不仅路途远，过程也极具风险，“职自二十八年十月十五日起，执行战区巡回审判推事职务，至本年十月十四日即已届满週年。在此一年之中，奔波本省游击战区，计程凡六千余里，深入战区，屡冒危险……”〔2〕所以“行”不仅耗费大量的时间，而且耗费战区巡回审判职员大量的精力，导致战区巡回审判区职员人乏体弱，生病请假的不断，这也在一定程度上影响了战区巡回审判的效率。与此同时，因经费不足导致巡回审判过程停滞的现象也屡屡发生，且又在一定程度上挫伤了推事和职员的工作热情，这也影响了巡回审判的效率。三是虽然江西民众有健讼的民风，但战区战火连连，保命乃战区民众的首要选择。人民流离失所，战区人口锐减，权益受到侵害而诉诸法律的民众数量较战前少了。诉讼案少了，基于其上的第二审诉讼也随之锐减，这也在情理之中。四是战区巡回审判乃战时司法救济措施之一，它是个新兴制度，当时连兼理司法的县长都“不知巡回审判制度为何物”。〔3〕在江西高等法院和江西高等法院第二分院已迁至兴国和金溪的背景下，众多民众只知道第二审法院业已迁移的事实，却不一定知晓战区巡回审判，也就不足为奇。至于战区巡回审判规定的民事第二审免诉讼费用的优惠政策，在江西战区知晓的人数或许更少，这也是导致战区第二审案件稀少的重要原因之一。而江西高等法院巡回审判第二区推事左穆第一周的巡审，

〔1〕 江西高等法院巡回审判第一区民国三十一年十月十四日呈，文字第1761号，江西省档案馆民国档案，卷宗号：J018-3-01878。

〔2〕 江西省巡回审判第一区民国二十九年十二月十三日呈，江西省档案馆民国档案，卷宗号：J018-3-01873。

〔3〕 江西高等法院巡回审判第一区民国二十九年四月二十七日呈，巡字第478号，江西省档案馆民国档案，卷宗号：J018-3-01872。

竟然无一案可审理的事实，也充分说明了问题之所在。

那么，江西战区巡回审判维护法律正义的成就究竟表现在哪里呢？笔者以为，江西战区巡回审判区推事审理的414个案件，就是江西战区巡回审判维护法律正义的集中体现。首先，从诉讼程序上看，在江西高等法院和江西高等法院第二分院迁移后，战区民众仍可以通过战区巡回审判提起上诉，这给予了战区民众诉讼程序上的法律正义。其次，从事实审的判决过程看，推事以现代自由心证的经验法则和逻辑规则，对战争与战区传统法律文化影响下的案件事实进行辨析与合理判断，做出了既符合现代法精神，又消融了战争的不利影响，并兼顾战区民众传统法文化的合法与合理的判决。所以，战区巡回审判既是国家法律的一次宣示，又是战区民众权益与传统生活的一次保护，法律正义自然在其中。最后，从裁判的结果看，纠正兼理司法县政府不合理的裁判，乃是维护法律正义的核心。它让诉讼当事人真正感受到法律正义的公正无私，法律正义的触手可得，这不啻是一次法律正义的宣言。而维持兼理司法县政府的合理裁判，可以在更高审级阐明案件事实与法律适用之间的关系，是一次极好的法律对话，更是一次生动的普法，其精神内核依然是宣扬法律正义。

2. 巡回审判的过程也是法律正义的重要组成部分。江西战区长达6年零2个月的巡回审判过程，也是江西战区巡回审判维护法律正义的重要组成部分。裁判只是结果，巡回审判却是载体，结果或许有点儿呆板，但由巡回审判推事与职员组成的战区巡回审判法庭，却无比鲜活。冒风雪、犯寒暑，迎战火、过山林，缺经费、断炊烟，依然执着，他们执着于信仰、执着于使命，所以战区巡回审判过程就是浸透法律正义的一幕幕画卷，在硝烟弥漫中飘扬着道德正义的旗帜。而这一切，都在战区民众的眼前、心中演绎，所以抗战建国，国家、民族与尊严，法律正义与无私奉献等昂扬的精神，在战区巡回审判过程中被串联起来，并超越法律正义本身，成为动员战区民众起而奋争的一面旗帜。

从案件类型来考察，“查本区受理之第二审民刑诉讼案件，包括民事上诉，刑事覆判，及声请再议等案件。覆判，再议及上诉不合法之案件，依法既无必须经过言词辩论之规定，原不必前赴各县办理。至民刑上诉案件，依以往数字统计，仅为全部案件之十之二三。”[1]以上表5-3和5-4的数据为例，罗笃志审理的民刑上诉案件总数为101件，约占案件总数的43.7%，显然高于他所言“至民刑上诉案件，依以往数字统计，仅为全部案件之十之二三”的比例。罗笃志提出，如果巡回审判区管辖各县无需要言词辩论之民刑上诉案件，推事可以在临川通讯处进行书面审理，不必到各县巡审，以节省人力和财力。对此建议，江西高等法院答复曰，“驻在临川通讯处办理，不前往各县，不特与规定不符，且失巡回意义，碍难照准，仰即知照。”[2]所以，江西高等法院强调了巡回审判自身的意义所在，因为战区巡回审判过程本身就是巡回审判取得的重要成就。

3. 高等法院巡回审判条例草案的制定。施行巡回审判制度，“当时还有一种意思，以为试办时期果能推行尽利，将来或者还可设法变通，使之并得推行于地广人稀，讼案较少的边区省份，以代替法院的设置，节费便民，一举数得。”[3]“爰经呈准采用巡回审判制度施行以来，尚著成效。”[4]后方各省边区上诉案件为数极少，是因为地阔人稀使然，要亦途程过远，交通不便之所致，是则巡回审判制度亦有适用于非战区之必要。1944年11月7日，行政院秘书处义捌字第23295号公函提及，“厉行巡回审判制度，其有关法

[1] 江西高等法院巡回审判第一区民国三十三年十一月二十三日呈，文字第2426号，江西省档案馆民国档案，卷宗号：J018-3-01719。

[2] 江西高等法院巡回审判第一区民国三十三年十一月二十三日呈，文字第2426号，江西省档案馆民国档案，卷宗号：J018-3-01719。

[3] 谢冠生：“论司法组织”，载《组织》1943年第1卷第13期。

[4] 谢冠生：《战时司法纪要》，台湾“司法院”秘书处1971年重印，第48页。

令应从速完成立法程序。"[1]

司法部依照行政部的要求，拟具《高等法院巡回审判条例草案》，共28条。行政部指出，"查巡回审判即著成效，自可继续推行。惟现在已有战区巡回审判办法，若再订高等法院巡回审判条例，法令未免分歧，应将该条例与办法合并拟订为巡回审判条例，无论战区或非战区高等法院或地方法院均可适用，以收整齐划一之效。"同时，"战区巡回审判民刑诉讼暂行办法可与上诉之巡回审判条例中予以归并。"[2]

1945年3月24日，司法部依照行政部的要求，并结合战区巡回审判维护法律正义的成效，同时兼顾地方法院已经普遍设立的司法实际，提出"非战区采用巡回审判亦以高等法院为限"，"本部管见，所及巡回审判似应暂适用于高等法院及分院"，"兹谨参照战区巡回审判办法及战区巡回审判民刑诉讼暂行办法重拟高等法院巡回审判条例草案，无论战区或非战区均可适用。"[3]这样，吸收了战区巡回审判基本内容和精神内核的《高等法院巡回审判条例草案》出炉了，共36条。遗憾的是，随着战区巡回审判制度于1946年被废止，《高等法院巡回审判条例草案》也因未通过"立法院"审议而落幕了。但是基于战区巡回审判成效而拟订的《高等法院巡回审判条例草案》，其本身议定与草拟的过程，就是战区巡回审判"尚著成效"的最好诠释。

在1947年的《全国司法行政检讨会议》上，多人提出在边疆地区筹设巡回审判，其中提案有7件，[4]提案者除了司法行政部民事司长吴兴新以外，还有西康、贵州、云南、台湾、绥远等边省或

[1] 谢冠生：《战时司法纪要》，台湾"司法院"秘书处1971年重印，第48页。

[2] 谢冠生：《战时司法纪要》，台湾"司法院"秘书处1971年重印，第48～49页。

[3] 谢冠生：《战时司法纪要》，台湾"司法院"秘书处1971年重印，第49页。

[4] [日] 三桥洋介：《战区巡回审判制度的制定》，第九届海峡两岸及港澳地区历史学研究生论文发表会，四川大学，2009年。

在交通不便地方的高等法院院长与首席检察官。由此可知，“战区巡回审判制度在施行的7年间，就在边省或交通不便之地方上发挥了一定作用。”[1]

（四）维护法律正义的不足

巡回审判自身的不足与战时严苛条件的种种限制，导致江西战区巡回审判存在着缺点与不足，这在一定程度上影响了战区法律正义的实现。

1. 法律正义与时间的矛盾。“正义表现为一种法的价值目标，法律的最高目的就是提供和实现正义，法的特殊品格也使它能够成为维护和促进正义的最可靠保障。”[2]“而法一经以正义为其基本价值目标，其本身转化为法律正义，法的规格和精神品格便也因之而升华。”[3]此乃基于宏观视角对正义与法律正义关系的探索。从微观的角度看，作为个案中的诉讼当事人，他们关注的焦点是自己的合法权益是否得到法的保护。在他们心目中，法本身就是代表正义，是正义的化身。从维护个人权益的角度看，司法所维护的法律正义与时间是相关联的。没有时间保护下的法律正义，只是字面上的“法律正义”，因为“迟到的正义”非真正意义上的正义。

关于民刑事第二审案件的上诉、抗告、申请再议和再审等诉讼时效，在《民事诉讼法》和《刑事诉讼法》上都有明确的规定。如第二审民事案件的上诉，应于第一审判决送达后20日之不变期间内为之；第二审刑事案件的上诉，上诉期间为10日，自送达判决后起算。同样，战区“刑事诉讼告诉人对于县司法处或县政府之判决，得于判决送达之翌日起，10日内向巡回审判推事上诉。”[4]民事抗告案，应于裁定送达后10日之不变期间内提出；刑事抗告

[1] 谢冠生：《全国司法行政检讨会议汇编》，司法行政院1947年版，第103~105页。

[2] 付子堂：“法律正义引论”，载《河南省政法管理干部学院学报》2001年第2期。

[3] 周旺生：“论法律正义的成因和实现”，载《法学评论》2004年第1期。

[4] 谢冠生：《战时司法纪要》，“司法院”秘书处1971年重印，第39页。

案，除有特别规定外，为5日，自送达裁定后起算等。

基于普通法院诉讼体系，高等法院或高等法院分院在受理第二审民刑上诉案后，依审判管辖权限，一般应按案件排序的先后，开始书面审或公开审判。主观上，高等法院或高等法院分院推事对法院受理并由自己审理的民刑上诉案，都以积极的态度，在合理的时间内审结之。因此，在普通法院诉讼体系中，法律正义与时间一般不冲突。

但在战区，“巡回审判之期间应由该管高等法院或分院斟酌实际情形定之，并于巡回区域先期布告。”[1]在江西战区，由江西高等法院巡回审判第一区、第二区推事以布告的方式，将巡回审判期间先期告知民众。同时，“关于民刑诉讼案件审理之期日得由巡回审判推事预先嘱托当地司法机关或县政府逐案排例，并传集诉讼关系人及一切人证。”[2]所以，制度设计和战区巡回审判推事的主观愿望，为法律正义在合理的时间内实现提供了保障。

但是，巡回审判自身的缺点和战区严苛的战争环境，在一定程度上阻碍了法律正义的实现。首先，战区巡回审判的定期巡审，客观上拉长了巡回审判法庭受理民刑案件的时间。在江西战区，江西高等法院巡回审判第一区管辖6个县，每县“以一月为限”，则推事下一次到该县的时间为半年之后。同样，江西高等法院巡回审判第二区管辖8个县，则一个巡回周期是8个月。所以，与普通法院相比，江西战区巡回审判第一区和第二区受理民刑上诉案的时间分别晚了6个月和8个月。从某种意义上说，当事人合法权益的保护时间分别晚了6个月和8个月，更进一步地说，“法律正义”晚到了6个月或8个月。1943年7月，左穆在呈文中提及，“即如本区管辖八县，每县留驻一月，即须有八个月期间，而后得轮流到县，在未到县以前所有民刑上

---

〔1〕 谢冠生:《战时司法纪要》,“司法院”秘书处1971年重印，第39页。

〔2〕 谢冠生:《战时司法纪要》,“司法院”秘书处1971年重印，第39页。

诉案件无由进行，未免延长人民之讼案。”[1]

其次，战区环境的严苛又进一步地拉长了巡回审判受理民刑第二审诉讼案件的时间，阻碍了法律正义的实现。以5-1和5-2两表注中推事历次莅临南昌和彭泽两县巡回审判的时间为考察对象，以南昌为例，从罗笃志第5次到第10次莅临南昌巡回审判的时间间隔看，分别约在5、8、6、9、7个月，期间平均为7个月，超过了理论上的6个月时间间隔。值得一提的是，在此期间，罗笃志只到南昌、彭泽、湖口、星子四县巡回审判，九江和德安两县因战事等原因，他并未如期前往。但四个县的巡回审判时间间隔的平均值仍大于理论上的时间值，所以战争拉长了江西战区巡回审判区受理案件的时间间隔。而罗笃志第10、11、12次连续到南昌巡回审判，这是战事等多种原因造成的，此为特例，故不在讨论范围。而罗笃志历次到彭泽巡回审判的时间间隔情况，与南昌情况相类似。

在江西战区，战争扮演着延迟诉讼当事人获得法律正义的角色。以许锡寿与许玉阶因继承遗产事件上诉案为例。因当事人住居沦陷区，传票无法送达，导致诉讼中止。罗笃志裁定诉讼中止的时间是“中华民国二十九年九月十日”。[2]1941年3月19日，“兹经查悉各该当事人住居地之许家坝业已恢复交通，依照前开法条，自应将停止进行之裁定撤销，赓续进行。”于是罗笃志裁定“本件本区于民国二十九年九月十日所为巡字第五十六号中止诉讼程序之裁定撤销”。[3]但战争因素并未因此而消失，同年4月15日，“旋准

---

〔1〕 江西省第二区巡回审判推事巡回第四週工作报告表式，江西高等法院巡回审判第二区民国三十二年七月十六日呈，巡呈字第84号，江西省档案馆民国档案，卷宗号：J018-1-01718。

〔2〕 许锡寿与许玉阶因继承遗产事件上诉案，江西高等法院巡回审判第一区民事裁定，民国二十九年度巡字第56号，江西省档案馆民国档案，卷宗号：J018-4-03207。

〔3〕 许锡寿与许玉阶因继承遗产事件上诉案，江西高等法院巡回审判第一区民事裁定，民国三十年度巡字第73号，江西省档案馆民国档案，卷宗号：J018-4-03142。

彭泽县政府函復：‘以被传人均系县属许家坝对面，为敌占区域内，无法往传’等由到区。按照前项规定，在其住居地与本区交通恢复前，自应中止诉讼程序。”所以罗笃志被迫再次裁定“本件在当事人居住地与本区交通恢复以前，中止诉讼程序”。[1]两次裁定中止诉讼程序的期间已达半年之久，至于何时才能真正撤销中止的诉讼程序，给诉讼当事人真正意义上的裁判，因没有确切的资料，无法给出准确的答案。但因战争关系阻碍诉讼裁判，延迟法律正义给予的时间却是真实的。所以战区巡回审判所祭出的法律正义，因没有时间上的保证，在某种程度上削弱了法律正义的价值。

2. 新证据与巡回审判推事调查权的分离。江西战区巡回审判负责管辖区第二审民刑诉讼案，在民刑上诉案中诉讼当事人可以提出新事实或新证据。依正常的诉讼程序，该新事实或新证据应由第二审法院调查勘验，即由战区巡回审判推事负责调查或派人勘验。但因巡回审判流动性的特点，《办法》对此程序作了相应地变通，即“上诉书状提出新事实或新证据者，在巡回审判推事未到达前，当地司法机关或县政府得先调查证据或为其他准备程序。”[2]即对于诉讼当事人提出的新事实或新证据，主要由原审的兼理司法县政府负责调查或勘验，这为第二审诉讼裁判带来了不利影响。因第二审是对第一审裁判在事实认定与法律适用上的监督，而第二审诉讼当事人提出的新事实或新证据是影响第二审诉讼最关键的因素。但此新事实或新证据在很多情况下是由原审兼理司法县政府调查或勘验的，“作为初审法官，对当事人提出的新的事实与证据再行调查，很难不受成见的影响或摆脱自我回护的倾向”。[3]而按照司法行政

〔1〕 许锡寿与许玉阶因继承遗产事件上诉案，江西高等法院巡回审判第一区民事裁定，民国三十年度巡字第73号，江西省档案馆民国档案，卷宗号：J018-4-03142。

〔2〕 《战区巡回审判民刑诉讼暂行办法》，司法行政部民国二十八年八月三十日训令，训字第2749号，江西省档案馆民国档案，卷宗号：J018-3-00996。

〔3〕 蒋秋明：《南京国民政府审判制度研究》，光明日报出版社2011年版，第68页。

部1936年6月19日“训字第3029号”训令：“凡初验案件，基于当事人之请求或因上诉关系，有须复验者，若仍由原初验机关或人员办理，势难免回护其初验意见，殊不足以得真相而杜弊端。嗣后各法院遇有此项案件，不得仍假手于原鉴定人或原检验人。”[1]但囿于战区巡回审判流动性的特点，此种新事实或新证据的调查权转移至兼理司法县政府手里，也是无奈之举。这样，战区巡回审判推事与新事实或新证据之间一般不再有直接的联系，而是基于原审兼理司法县政府的再次调查或勘验的基础之上再进行自由心证。而实际上，自由心证的核心就是对案件事实的证据力及其价值进行判断和确信，这个带有原审推事主观意见的调查或勘验结果，与巡回审判推事直接调查或派人勘验的结果之间是否完全吻合，对巡回审判推事自由心证的最终确信与判决，将产生重要影响。而此影响的结果，可能会导致巡回审判推事所追求法律正义的偏差或不足。所以，巡回审判推事亲临案件发生地，可以便于调查案件事实的优点，在制度设计与司法实践中有所差异，其效果也打了折扣。

3. 独任制条件下推事与法律正义的矛盾。战区巡回审判推事的遴选，采用公开选拔的模式，这是战时推事选拔制度的一次创新。在江西战区，案件的审理采用推事独任制模式，即由推事一人负责民刑案件和覆判案件的审理，书记官、录事和公丁作为江西战区巡回审判法庭的辅助人员，协助推事处理与司法审判相关的司法行政事务。经公开选拔而出任江西战区巡回审判推事的罗笃志和左穆，乃当时司法推事的优秀代表，他们履行着战时所赋予战区巡回审判的神圣而又艰巨的历史使命。

在严苛的战争环境下，推事独任制审判模式既有优点，也有一

[1] 蒋秋明：《南京国民政府审判制度研究》，光明日报出版社2011年版，第68页。

定的缺点。优点在于独任制审判模式下推事和其职员人数较少，巡回审判法庭规模小，在战争环境下往返于管辖区各县，比较隐蔽，生存能力强，行动比较便利，有利于提高巡回审判的效率。缺点在于，巡回审判推事在巡回审判法庭中的核心地位和中流砥柱角色，是其他人无法替代的，当巡回审判推事因病或其他特殊情况无法履行职务时，整个巡回审判法庭的工作就不得不中断，则诉讼当事人以及战区民众所期待的法律正义就无法得到及时的伸张。如1943年5月，“查推事（左穆）于本年一月二十九日起假回后方疗病，但须在途十余日方可到达归程，驰抵高安，又遇大雨，山洪暴涨，不得通行。至三月二十七日，乃抵奉新，电请销假，奉令前因，理合备文呈请钧院俯赐备核。”〔1〕从中可知，江西高等法院巡回审判第二区巡回审判工作，因推事左穆生病到后方治疗，加上归途遇大雨和山洪，被迫停止了近两个月。而江西高等法院对第二区工作的评价是：“查该区报告第四週工作情形，当称切实办理，该推事虽患病数月，未能如期巡回週遍，而案件并无积压，办事当能迅速，至称工作困难，亦属实在情形，正在分别筹划拟办。”〔2〕但无论如何，推事左穆因病导致了第二区巡回审判工作停滞近两个月，对左穆本人而言，这是无可奈何之事；但对于诉讼当事人来说，则他们所追求的法律正义，也相应地晚到了近两个月。在江西战区，巡回审判推事罗笃志和左穆因病或其他原因导致巡回审判工作停滞的事件，并不在少数。如1940年3月，罗笃志在呈文中提及，“此次巡回途中，因值春天多雨，路途泞滑，土车不能载人，各员丁连日均冒雨步行，计程将近二百里，痛苦万分，体力精神，均难继续前

〔1〕江西高等法院巡回审判第二区民国三十二年五月二十五日呈，巡呈字第68号，江西省档案馆民国档案，卷宗号：J018-1-01718。

〔2〕江西省第二区巡回审判推事巡回第四週工作报告表式，江西高等法院巡回审判第二区民国三十二年七月十六日呈，巡呈字第84号，江西省档案馆民国档案，卷宗号：J018-1-01718。

进。自本月二十五日（二十四日系星期例假）起，请全体给假七日，藉资调养。"[1]又如同年8月，"因推事月来风尘仆仆，伏暑过重，在临川县城及发寒热。自本年八月三十一日起，拟请给假五日，在途中治疗疾病。"[2]与罗笃志年轻力壮相比，推事左穆因年纪稍大一些，身体也较虚弱一些。1941年1月，江西高等法院在指令中提及，"令战区巡回审判推事左穆三十年一月十五日电一件，为病未痊愈，照准续假十五日由。函电悉，所请姑予照准。"[3]鉴于身体极度透支，生病不断，推事左穆多次提出辞职申请。如1942年11月，江西高等法院对左穆辞职的申请给予答复，"令战区巡回审判推事左穆，三十一年十月二十日呈一件，呈为因病请准辞职，俾便静养，检同诊断书，祈核示由。呈暨诊断书均悉。该员患病，不妨暂时请假就医，所请辞职之处，碍难照准。此令。"[4]1944年9月，当左穆再次提出病假申请的时候，为体恤属员，也为推进战区巡回审判计，江西高等法院决定将左穆调离战区推事职务，"令战区巡回审判推事左穆：三十三年九月一日呈一件，呈为因病请假二月，检送诊断书，祈鉴核由。呈件均悉。查该员业经奉令派署萍乡地方法院首席检察官，仰候令派人员接替，迅赴新职，所请给假之处，应毋庸议，诊断书存。此令。"[5]

对于推事左穆而言，因病离开战区乃不得已而为之，这或许是

---

〔1〕江西高等法院巡回审判第一区民国二十九年三月二十三日呈，巡字第421号，江西省档案馆民国档案，卷宗号：J018－3－01872。

〔2〕江西省巡回审判第一区民国二十九年八月三十日呈，江西省档案馆民国档案，卷宗号：J018－3－01873。

〔3〕江西高等法院民国三十年一月二十日指令，文字第333号，江西省档案馆民国档案，卷宗号：J018－3－01875。

〔4〕江西高等法院民国三十一年十一月九日指令，文字第7167号，江西省档案馆民国档案，卷宗号：J018－3－01878。

〔5〕江西高等法院民国三十三年九月二十三日指令，人字第6435号，江西省档案馆民国档案，卷宗号：J018－1－01719。

人生的一大遗憾。但对于战区巡回审判法庭而言，推事因病或其他事务，导致战区巡回审判中断，这是战区巡回审判事业的挫折，也是赋予巡回审判众多政治任务的损失。对于诉讼当事人而言，战区巡回审判的中断，更是痛苦等待中法律正义的流失；对于战区普通民众而言，也是法律信仰在莫名等待中的弱化。战争和战区巡回审判推事独任制审判模式是产生这种现象的根源。

4. 不完全巡回审判中法律正义的欠缺。战区巡回审判司法目标与多重政治任务的实现，依赖于战区巡回审判推事莅临管辖区各县，开展巡回审判，实现真正意义上的司法审判，维护业已断裂的国家司法主权，维护诉讼当事人的合法权益，使法律正义在战火纷飞的战争环境下得以继续实现。同样，战区巡回审判推事莅临管辖区各县巡审，可以抵御伪国民政府的司法侵蚀，捍卫国家法律的尊严，重塑民众的法律信仰。但是，因战争因素的多重阻碍，巡回审判推事长期或一直未能莅临管辖区某县开展巡回审判，则寄予巡回审判之上的司法目标与多重政治祈求将遭受严重的损害，或甚至根本无法实现，那么，所谓的法律正义，其价值或目标也随之遭受严重削弱，或根本无法实现。

江西战区巡回审判施行于1939年10月，江西高等法院巡回审判第一区管辖的范围是南昌、德安、湖口、彭泽、九江和星子六县，第二区管辖的范围为高安、靖安、安义、奉新、新建、武宁、永修和瑞昌八县。按照制度设计，江西省战区巡回审判推事以一县“一月为限”的模式开展巡回审判工作。推事把管辖区各县巡审完毕，此过程称之为“一周”，推事将以报告书的形式向江西高等法院汇报莅临各县巡审的具体情况，以利于江西高等法院监督指导。但是在巡回审判过程中，因战争和其他因素的影响，江西高等法院巡回审判推事未能莅临第一区和第二区的每一个县，开展巡回审判。为了清晰呈现推事历年到各县巡回审判的概况，特制作表5－6和5－7。

表 5-6　江西高等法院巡回审判第一区推事历周到所辖县份巡回审判统计表

周次	期间	莅临县份	备注
第一周	1939 年 10 月 25 日～1940 年 4 月 4 日	南昌、彭泽、湖口、星子	
第二周	1940 年 4 月 4 日～1940 年 7 月 8 日	南昌、彭泽、湖口、星子	
第三周	1940 年 7 月 8 日～1941 年 1 月 12 日	南昌、彭泽、湖口、星子	
第四周	1941 年 1 月 12 日～1941 年 5 月 23 日	南昌、彭泽、湖口、星子	
第五周	1941 年 5 月 23 日～1941 年 12 月 18 日	南昌、彭泽、湖口、星子	
第六周	1942 年 1 月 14 日～1942 年 10 月 12 日	南昌、彭泽、湖口、星子	注 1
第七周	1942 年 10 月 13 日～1943 年 4 月 18 日	南昌、彭泽	注 2
第八周	1943 年 4 月 19 日～1943 年 12 月 31 日	南昌、彭泽、湖口、星子	注 3
第九周	1944 年 2 月 15 日～1944 年年 9 月 14 日	南昌、彭泽、湖口、星子	注 4
	1944 年 10 月 1 日～1945 年 2 月 6 日	南昌	注 5
	1945 年 2 月 10 日～1945 年 12 月 9 日	在临川和南昌办事处书面审理案件	注 6

注：1. 九江、德安二县因交通阻梗，旅费不敷过钜暂缓前往。[1]

---

〔1〕 江西高等法院巡回审判第一区民国三十一年十月十四日呈，文字第 1761 号，江西省档案馆民国档案，卷宗号：J018－3－01878。

2. 湖口、星子因战事关系暂缓前往。九江、德安二县因路途太远，旅费不敷尚未前往。[1]

3. 至九江、德安二县因南浔路尚未恢复，交通断绝，暂缓前往。[2]

4. 至九江、德安二县，远在武宁，因旅费无着，未能前往。[3]

5. 1944 年 10 月 1 日 ~1945 年 2 月 6 日，第一区推事连续三次到南昌巡回审判，时间分别是第 10 次到南昌，期间为 1944 年 10 月 1 日 ~31 日；第 11 次到南昌，期间是 1944 年 12 月 1 日 ~31 日；第 12 次到南昌，期间是 1945 年 1 月 7 日 ~2 月 6 日。

6. 1945 年 2 月 10 日 ~12 月 9 日，第一区推事在临川和南昌办事处书面审理案件。其中在临川办事处有两次：一次期间是 1945 年 2 月 10 日 ~3 月 15 日，另一次是 1945 年 7 月 10 日 ~9 月 3 日。在南昌办事处进行书面审的期间是 1945 年 9 月 15 日 ~12 月 9 日。

资料来源：援引自江西省档案馆民国档案，档案号分别为：J018 -3 -01878，J018 -1 -01718，J018 -1 -01719，J018 -4 -03144，J018 -4 -03206。

由表 5 -6 及注释可知，第一区推事经常到南昌、彭泽、湖口、星子四县巡回审判，其中，又以南昌县为最。自从实施巡回审判制度以来，推事就未曾莅临九江和德安巡回审判，究其原因，在注释中业已明确表达：即战事变化；南浔路交通断绝；鄱阳湖被敌人封锁，只能绕道而行，这样路途太远，而每月下拨的旅费无法满足此长途跋涉的用度；加之九江和德安两县全县沦陷，莅临巡回审判的风险也非常高等因素，故推事被迫放弃前往两县巡回审判的意图。1942 年 2 月 24 日，德安县长赖之麟呈称："窃查政府为便利诉讼当事人第二审上诉起见，赣北曾设江西高等法院第二分院于九江。嗣因浔城沦陷，该院即已他迁，凡所管辖各县第二审上诉案件虽设有巡回审判推事办理，实际因敌情阻碍未能遍历各县，且系流动性质，障碍多端。本县第二审上诉案件常感无法解决，且余九江、瑞昌、星子、永修各县，谅亦有同

[1] 江西高等法院巡回审判第一区民国三十二年四月二十一日呈，文字第 1983 号，江西省档案馆民国档案，卷宗号：J018 -1 -01718。

[2] 江西高等法院巡回审判第一区民国三十三年二月十九日呈，文字第 2184 号，江西省档案馆民国档案，卷宗号：J018 -1 -01719。

[3] 江西高等法院民国三十三年十月二十四日指令，人字第 6950 号，江西省档案馆民国档案，卷宗号：J018 -1 -01719。

样情形。兹为适应环境，补救事实需要计，拟恳钧府函江西高等法院，选派推事一员，经常附驻第九区行政督察专员公署，办理所属各县第二审上诉案件，以利诉讼当事人而案法治精神……"[1]所以，九江和德安两县兼理司法县政府和普通民众迫切期望第一区推事莅临，一方面切实解决迟滞的第二审案件的审理，减轻讼累，缓解兼理司法县政府的司法压力，改善县政府的司法形象，重塑法律尊严；另一方面，通过及时审理上诉案，维护诉讼当事人的合法权益，输送法律正义于水深火热的战区民众之中，重塑战区民众的法律信仰。但是，对于九江和德安两县的政府和普通民众而言，他们几度望穿秋水，也未能等到第一区推事的莅临。而基于战区巡回审判之上的法律正义，在战火焦灼了国土，奴役了民众心理的背景下，显得如此遥不可及。

表5-7　江西高等法院巡回审判第二区推事历周到所辖县份巡回审判统计表

周次	期间	县份	备注
第一周	1939年11月14日~1940年2月7日	高安、新建、奉新、靖安、武宁	
第二周	1940年2月7日~1940年10月11日	高安、新建、奉新、靖安、安义、永修	
第三周	1941年2月10日~1941年12月15日	新建、高安、奉新、武宁	
第四周	1942年3月23日~1942年12月1日	新建、高安、奉新、靖安、安义、永修	注1
第五周	1942年12月2日~1943年10月14日	永修、武宁、奉新、高安	

〔1〕江西省政府民国三十一年三月二十一日公函，秘字第02784号，江西省档案馆民国档案，卷宗号：J018-3-01878。

续表

周次	期间	县份	备注
	1944 年	高安	注 2
	1945 年	高安、奉新、靖安	注 3

注：1. 推事左穆因病请假，故于武宁、瑞昌未赴。[1]

2. 1944 年 9 月，左穆调任萍乡地方法院任首席检察官，同年 10 月，龙超云接替左穆任江西高等法院巡回审判第二区推事，并于 11 月起在高安开始巡审。

3. 1945 年 2 月，龙超云从高安进入奉新，同年 7 月进入靖安巡审。

资料来源：援引自江西省档案馆民国档案，档案号分别为：J018－3－01878，J018－1－01718，J018－4－02939，J018－3－02594，J018－3－01885，J018－4－03208。

从表 5－7 及其注释观之，第二区推事经常到高安、奉新、靖安 3 县巡回审判，不经常到的县份是新建、安义、永修和武宁 4 县，一直未莅临的县份是瑞昌。但即使是经常到的县份——奉新，其兼理司法县长张俊沂却于 1944 年 10 月 15 日电呈江西高等法院，“查本县虽属游击战区县份，而民间诉讼事件仍属不少，尤以上诉案件亟待终结，又因巡回审判第二区迄今年余未曾莅县审理，理合电请钧长鉴核，迅饬巡回审判第二区莅县为感！”[2] 由此可知，巡回审判第二区推事莅临管辖区县份巡回审判的次数比较少。实际上，第二区推事从第一周到第四周莅临各县巡回审判的次数与相应的期间比较匹配，自 1943 年以后，推事莅临管辖区各县巡回审判的次数明显减少。究其原因：一方面是推事左穆在经历了战区长期巡审后，身体极度疲乏，经常生病，导致第二区巡回审判断断续续。另一方面，1944 年的职务交接，拖延的时间比较长，也在一定程度上影响了第二区巡回审判的推行。当然，还有其他多重因素

〔1〕 江西高等法院巡回审判第二区民国三十二年七月十六日呈，巡呈字第 84 号，江西省档案馆民国档案，卷宗号：J018－1－01718。

〔2〕 奉新县政府民国三十三年十月十五日电呈，江西省档案馆民国档案，卷宗号：J018－3－02594。

的影响，如经费不足、战事变化，以及巡回审判途中困难重重等，都是影响第二区巡回审判正常施行的重要原因。

而当特种刑事案件管辖权转交地方法院的时候，战区巡回审判则拥有审理特种刑事案件的权力。案件管辖权的扩大，对战区巡回审判的工作时效提出了更高的要求，“案据兼理司法瑞昌县县长周抚群呈，该县特种刑事案件以汉奸案件居多，本区巡回审判推事即未行莅审或提审，以致案多进行迟滞等情。据此，合行令仰该推事迅即前赴依法办理，毋延！此令。”[1]“危害民国汉奸、违反战时军律及妨害军械等案，由高等法院或分院审理，现鄂东仅由巡回审判推事审理，或经年一至本县，半属沦陷，敌匪交侵，常有上项紧急案件发生，依法审理，深感困难……查战区各省交通梗阻，类此情形……对于巡回审判应切实执行，勤加巡审，不得追忽，以重功令。此令。”[2]所以，当特种刑事案件归战区巡回审判审理后，案件增多、情势紧急情况与战区巡回审判周期长的矛盾愈发明显，而这种矛盾，不仅仅存在于江西战区，同时也存在于所有战区。这种矛盾的发展，必然影响到法律正义的实现。而对于很少得到，或者从未得到推事莅临巡回审判的县份，政府与普通民众对巡回审判及其代表的法律正义更加渴望，虽然希望在等待中逐渐褪色，但历经战火与等待雕琢的民众的心灵，与姗姗来迟的战区巡回审判及其法律正义之间的矛盾，构成了战区司法悲壮的一幕。

二、江西战区巡回审判与道德正义

（一）经费不足与职务的坚守

江西战区巡回审判办公经费，主要由办公费和购置费构成。办

---

〔1〕 江西高等法院民国三十四年九月十二日训令，文字第1877号，江西省档案馆民国档案，卷宗号：J018－3－01885。

〔2〕 司法行政部民国三十四年五月十九日训令，训叁字第3350号，江西省档案馆民国档案，卷宗号：J018－3－01885。

公费分为文具费、邮电费、消耗费、租赋费、旅费和杂支费六种，其中旅费在办公费中所占比重最大。“巡回审判中，最大的问题就是经费。”[1]

江西战区巡回审判办公费不足，主要由以下几个原因构成：一是办公费的基数比较少，且涨幅比较小，与飞涨的物价不成正比。如1941年罗笃志在呈中提及，“查近来米价飞涨，鄱阳方面每石竟至一百一十元；南昌方面，亦达一百元。米价既高，其他各物亦随之而高涨。本区管辖之南昌、彭泽二县，其间相距有六百余里，每次前往，在途期间至少亦需十日，多则半月或二十日不等。在途所耗食米，以十日计亦需五斗，如达二十日，则需食米一石，就食米一项价目计算，其费用即达六十元至一百一十元，此外尚需舟车宿费，亦十余倍于往昔。例如推事此次于本月四日率员丁由湖口赴星子，同月十三日由星子往南昌，共计本月份所耗旅费达二百余元。员丁等在途所度生活均与士兵无异，其苦况可知。则此项旅费系属最低限度支出，无法再事节省，至为明显。惟本区旅费仅月给一百二十元，衡之事实上之需要，相差何止一倍?”[2]二是战事变化比较快，原有的巡回路线被迫改道，造成巡回路途比较远，相应的旅费增长比较快。如巡回审判第一区推事一直未能到九江和德安两县巡回审判，乃是因为战事中断正常的通途，“九江、德安二县因交通阻梗，旅费不敷过钜暂缓前往。”[3]“九江、德安二县因路途太远，旅费不敷尚未前往。”[4]三是因发放与领取经费的环节比较长，

---

〔1〕［日］三桥洋介：《战区巡回审判制度的制定》，第九届海峡两岸及港澳地区历史学研究生论文发表会，四川大学，2009年。

〔2〕江西高等法院巡回审判第一区民国三十年五月二十四日呈，巡字第1128号，江西省档案馆民国档案，卷宗号：J018－6－04794。

〔3〕江西高等法院巡回审判第一区民国三十一年十月十四日呈，文字第1761号，江西省档案馆民国档案，卷宗号：J018－3－01878。

〔4〕江西高等法院巡回审判第一区民国三十二年四月二十一日呈，文字第1983号，江西省档案馆民国档案，卷宗号：J018－1－01718。

加上战争因素的干扰，以及领取款项的银行不断变动等因素，导致经费的领取比较迟缓，影响了经费的使用效率。以江西高等法院巡回审判第一区1940年9月份款项的申请、发放与领收为例，“本年九月份俸薪工饷四百一十元，十月份办公经费一百九十一元五角，共计国币六百零一元五角，照来呈汇鄱阳裕民银行留交。”[1]9月22日高等法院将款汇到鄱阳裕民银行时，罗笃志已经离开鄱阳，[2]前往彭泽。故“查该款为便于提取计，业经本区函请鄱阳裕民银行转汇浮梁裕民银行留交，并经推事于本月二十七日在浮梁裕民银行如数领到。”[3]从9月份款项申请的9月7日，到款项最终领取的10月27日，期间过去了整整57天。而罗笃志在经费申请的呈中提及，“窃本区经费……仅足支持至推事到达彭泽县时，即将支罄。为使经费衔接计，理合备文呈请钧长准将本年九月份俸薪工饷，及十月份办公杂费，即予汇发。”[4]可见，一方面巡回审判区急需相应的经费支持；一方面却因经费领收环节的漫长，推迟了款项的领收。这对矛盾的发展演变，对战区巡回审判的正常运行产生了消极影响。

在办公费不足的情况下，江西高等法院主要采用经费流用和事后按实际开支数补发等办法解决之。这里，就存在经费使用的时间差问题，即当月办公费已经用罄，不足部分须等待下一月经费发放时才能补上。在补发经费尚未到达时，如何解决办公经费不足导致

---

〔1〕江西高等法院民国二十九年九月二十二日指令，会字第5022号，江西省档案馆民国档案，卷宗号：J018-6-04793。

〔2〕“院长梁钧鉴：职巧日（即18日）到鄱阳，即赴彭泽，请汇本月薪饷，下月公费接济。职罗笃志叩巧。”引自江西高等法院巡回审判第一区民国二十九年九月十八日电呈，江西省档案馆民国档案，卷宗号：J018-6-04793。

〔3〕江西高等法院巡回审判第一区民国二十九年十月二十九日呈，巡字第851号，江西省档案馆民国档案，卷宗号：J018-6-04793。

〔4〕江西高等法院巡回审判第一区民国二十九年九月七日呈，巡字第721号，江西省档案馆民国档案，卷宗号：J018-6-04793。

的困难呢？推事主要采用先垫付自己的钱，以维持巡回审判工作的运作，偶尔也会向高等法院、银行，当地司法机关，甚至个人借款，以度过难关。关于个人垫付之例，如“窃本区办公杂费连旅费在内，每月仅发三百元；现因物价高涨，赣东北方面，米价每担售至四百八十元，旅费支出浩大，办公杂费每月皆感不敷。惟本区并无公款可资挪垫，不敷旅费皆由推事私人设法垫付，计上年十月份垫付五百零九元六角二分；十一月份一元七角九分；十二月份壹仟肆百柒十六元零六分，三月之中垫付之数已达壹仟玖百捌拾柒元肆角七分。长此以往，实无钜大之财力继续支垫，为此电恳钧长迅将前开各款汇发，由鄱阳裕民银行留交，俾资周转。”〔1〕关于向高等法院请求垫付之例，如“又出差旅费如不以概算上之数额为限，系照前开规定核实开支，则南昌赴彭泽之旅费，除九月份之办公杂费二百元外，钧院可否先行垫借四百元，俾资维持？”〔2〕关于向银行借款之例，如“遵查职在鄱阳时，因生活困难，此款前经商请鄱阳裕民银行垫付，现该款既经汇发，自应由该行主管人代领归垫。此外尚有上年十二月份不敷旅费一千四百七十六元零六分正，亦经该行垫发，为此电请将该款迅赐汇发，由鄱阳裕民银行留交，俾得归垫，实为公便。”〔3〕关于向地方法院借款之例，如“职所带款项早已用罄，此间人地生疏，告贷无门。宁都地方法院方面，据院长表示，伊本身之经费且感困难，无法借垫。”〔4〕关于向个人借款之例，如1942年罗笃志前往兴国面禀高院院长梁仁杰，“六月十一日，在

〔1〕江西高等法院巡回审判第一区民国三十二年一月十八日电呈，江西省档案馆民国档案，卷宗号：J018－6－04795。

〔2〕江西高等法院巡回审判第一区民国三十年八月十日电呈，江西省档案馆民国档案，卷宗号：J018－6－04794。

〔3〕江西高等法院巡回审判第一区民国三十二年三月二十七日电呈，江西省档案馆民国档案，卷宗号：J018－6－04795。

〔4〕江西高等法院巡回审判第一区推事罗笃志民国三十一年七月二十二日给高院院长梁仁杰的信，江西省档案馆民国档案，卷宗号：J018－6－04812。

南城口上之株良与敌遭遇折回南城，敌又到南城，被围山中无路可逃，夜间爬山越岭希图脱险，又与敌军遭遇，虽侥幸逃脱，然衣物行李全部失落，仅余光棍一条，旅费早已用罄，在途计丢去结婚时之戒指一枚，始得经转到光泽。在光泽时战局紧张，款又罄尽，正焦灼间幸遇同乡商人，商借250元，连同前剩之少数款项，始得到宁都。惟到宁都后即分文无着，当借住宁都地方法院。现每日伙食费用且感困难。当在途遇险时唯恐不能逃脱，但于逃脱之后遭此困难，又悔当时不如一死之为快也。职本拟前来兴国，面禀一切，惟状况如此，无法起程，徒呼奈何耳。钧座仁慈为怀，希予汇款接济，不胜感激之至。"[1]

经费不足之下筹款之艰难，是战区巡回审判遇到的最大障碍。战火纷飞挡不住战区巡回审判职员前行的脚步，但经费不足、筹措无门却可以折断推事的脊梁。战区推事的赔累与巡回审判的艰难施行，展现的是法律人对职业的敬仰，对事业的执着；赔累之下仍坚守着这份执着，那是巡回审判神圣使命与法律正义导引下的推事之道德正义的闪耀。

（二）历经磨难与职责的守护

1941 年 8 月，罗笃志在呈中提及，"盖职以战区巡回审判工作系属革命工作之一种，不成功便成仁；为革命者必具之信条，故早将生死置之度外。且职认为负战区巡审之责者，非存必死之决心，即无以慰战区人民喁喁之望，及报效钧长知遇之恩于万一也。"[2]这是罗笃志和左穆对战区巡回审判性质、任务及履职艰巨性的认知，也是他们对战区巡回审判事业执着与坚守的一次宣言。

---

〔1〕 江西高等法院巡回审判第一区推事罗笃志民国三十一年七月十九日给高院院长梁仁杰的信，江西省档案馆民国档案，卷宗号：J018－6－04812。

〔2〕 江西省巡回审判第一区民国二十九年八月十三日呈，江西省档案馆民国档案，卷宗号：J018－3－01873。

“窃职奉令在本省游击战区办理巡回审判事务，自上年十月起，迄今七月底，已十个月。在此十月之中，计在管区之彭泽、湖口、星子、南昌等县办案时间凡七月，在途中行走时间凡三月。”“往返巡回三月，途程共计五千里，平均每日约行五十里强。”〔1〕从这里，我们可以窥见战区巡回审判推事与职员巡回审判工作的概况：大约一半时间，推事和其职员都在往返于管辖区各县的途中，一半多一点的时间在各县开展巡回审判。

1. 战事变化与巡回途中的艰难险阻。1941 年 3 月 16 日，日军大举进犯新建县之青山，推事左穆被迫向高安进发，但仓促之间仅携带案卷及重要文件，以致表格簿册、纸张文具等遗失殆尽。“是日大雨，途间常遇敌机低飞扫射，推事等隐蔽田埂下或竟卧入水田中以掩蔽目标，以故人人衣履尽湿，满身泥土。十七日进抵高安县境而战事更为激烈……敌机已进占高安之村，前奉新之九仙汤及宜丰之棠浦，以致奉新、靖安、永修、安义、武宁、瑞昌等县无路可通。推事乃不得已率同员役随新建县政府迁移新余县……”〔2〕1942 年 6 月 2 日，敌军在都昌县城附近登陆，罗笃志与职员被迫与星子及都昌县政府一同撤退南峰街。3 日，星子及都昌县政府继续向鄱阳县属之乐亭地方后撤，“职即绕道鄱阳县城，拟赴南昌县政府办事。到鄱阳县城后，始悉东乡、进贤、临川等县均告沦陷，当即乘船前往余干县属之黄金埠，绕道金溪前往南城。到金溪，人民机关均已撤退，仅余一座空城。旋到南城，敌又陷宜黄。职走南丰，至株梁与敌遭遇，职又后撤……遂于夜间由山间小道向硝石方面后撤，又因路途生疏，夜间迷途，竟行抵距南城不远之敌占村庄，骤然发觉，为之大骇。夫役星散，各自逃生，公私物件，除职奋力抢

〔1〕江西省巡回审判第一区民国二十九年八月十三日呈，江西省档案馆民国档案，卷宗号：J018－3－01873。

〔2〕江西高等法院巡回审判第二区民国三十年三月二十八日呈，江西省档案馆民国档案，卷宗号：J018－3－01875。

救一小部分外，余均全部失落。录事罗益之被敌冲散，生死不明。职带同公役匿于深山林中，次晨用重价雇得当地土著充向导，到达硝石始获脱险。六月十三日到达黎川，又闻南丰之敌向黎川进迫，当地银行机关均已撤退，邮电不通，人民疏散，不得已又退光泽，于六月十六日到达光泽县城，借住于光泽县司法处。"〔1〕

由上可知，战区巡回审判的路线与计划，在战争面前荡然无存，留下的只有战火硝烟下推事和职员慌不择路、疲于奔命、饥寒交迫的身影，在硝烟中孤独地忽隐忽现，他们的脸上或许有惊愕、惶恐乃至胆怯的神色，但硝烟过后，他们的身影不再孤单，而是在巡回路上一路前行。

2. 巡回审判员役的坚守。1940 年 11 月，当推事左穆和职员"方拟转赴武宁、瑞昌等县工作，讵料时疫流行，各机关员工及军民人等沾染疾病者十居八九，田禾至无人收割。推事到此未数日即与书记官刘汝霖、公役左青山同日起病，始而寒热交作，继而头痛目眩，状甚危殆。此间无医无药，不得已率同全体员役转回靖安县政府所在地之官庄就医，一俟稍愈即当力疾前往武宁、瑞昌等县工作。"〔2〕1941 年 10 月，"窃推事等前在武宁均各染受寒热症，此次扶病奔走数县，风尘劳顿，病势转剧，已有数日未进饮食，近延医服药，稍稍见效。再查该县积有民刑上诉案件数起，已移送前来，推事就此办案，一面可治疗本身及员役病症，以期恢复健康，增加工作效率。"〔3〕

1943 年 2 月 4 日，"为废历三十一年除夕"，是夜十一时，敌军分途进扰，推事罗笃志与职员临时仓惶撤退，于黑暗中摸索而

---

〔1〕 江西高等法院巡回审判第一区民国三十一年六月二十日呈，巡字第 2004 号，江西省档案馆民国档案，卷宗号：J018－6－04812。

〔2〕 江西省巡回审判第二区民国二十九年十一月十二日呈，江西省档案馆民国档案，卷宗号：J018－3－01872。

〔3〕 江西高等法院巡回审判第二区民国三十年十月十七日呈，江西省档案馆民国档案，卷宗号：J018－3－01883。

行，后罗笃志“被挤坠入山谷涧中，涧中水深数丈，头没涧底，几遭灭顶之祸”，经同事扶救，始获登岸，战栗而行。“天已明，始换衣，感冒甚重，当在义木略事勾留，延医服药。又闻湖口、都昌之敌同时进扰，战事激烈。职俟病体稍愈，拟即前赴鄱阳领取二月份经费后，即转往南昌办事。”〔1〕

在此艰苦卓绝之际，却经常遇到断炊之艰难。1941 年 5 月，罗笃志在呈中提及，“惟查赣东北之彭泽、湖口、都昌等县，因去冬采办军粮过多，今春粮食恐慌万分，当地县政府亦感无米为炊。本区员丁此次在彭泽、湖口、星子等县，曾屡次绝粮断炊多日。”〔2〕

也许在英雄的赞歌中看不见战区巡回审判推事和其职员的身影，但在战火纷飞的岁月中，他们却忠实地演绎着属于自己的角色。他们虽然疾病缠身，却坚定地前行；虽然生命遭遇一次次威胁，却昂视前方，为追求法的尊严与法律正义，踯躅独行，即使在瘟疫流行的地方，即使在岁末隆冬家人欢聚的时刻，他们仍在路上。路上，正是他们演绎道德正义的最好舞台，没有鲜花、没有掌声，却有忠诚与坚毅相伴，有法律与正义相随。

（三）对江西战区巡回审判的思考

疾病与危险、疲乏与困顿、窘迫与落寞、坚韧与坚守，这是战区巡回审判推事与职员在巡回审判过程中的艰辛与心路历程的真实写照。而对江西战区巡回审判施行过程中的不足提出意见和建议，是巡回审判推事忠于职守、勇于探索精神的体现。变更原定的巡回审判第一区和第二区管辖范围，是推事提出改进江西战区巡回审判工作的核心内容。

江西高等法院巡回审判第一区和第二区管辖范围的划分，正是

---

〔1〕 江西高等法院巡回审判第一区民国三十二年二月六日电呈，江西省档案馆民国档案，卷宗号：J018－3－02479。

〔2〕 江西高等法院巡回审判第一区民国三十年五月二十五日呈，巡字第 1135 号，江西省档案馆民国档案，卷宗号：J018－3－01875。

基于“战前地形及交通状况为标准，当时南昌经德安至九江有南浔路可以直达，九江至星子，更属便利。由星子乘轮船往湖口、彭泽，瞬息可达，尤无阻滞”。[1]自1938年九江、德安二县相继沦陷后，各该县政府行署均设于瑞昌附近之岷山，其与彭泽、湖口虽仅一湖及一铁路线之隔，但其间经敌军占领，无法飞渡，交通断绝。其时南昌、高安、奉新、安义等地尚在我军手中，绕道前往，犹无十分困难。“迨二十八年三月南昌、奉新、安义、高安等县陷落敌手后，其交通情形更与从前不同。于是第一区巡回审判推事既须到赣东北滨临长江之彭泽、湖口，復须绕道南昌以南各县，而往赣西北滨临长江之瑞昌附近之九江、德安二县。第二区所管辖之八县，北起瑞昌，南迄南昌附近之新建，不仅为第一区巡回审判推事前赴九江、德安时所必经之地，且其巡回路程仅为第一区巡回审判推事所行路程之二分之一。”[2]鉴于此，罗笃志建议，“惟有按现时交通状况及地形，将区域予以重新调整。调整方法，即将毗连第一区之南昌县之新建、高安二县划归第一区，而将邻近第二区瑞昌县之九江、德安二县划归第二区，于是第一区北起彭泽，南迄高安；第二区北起瑞昌，南迄奉新。”[3]变更后的益处：减少巡回路程，节约途中经费；减少巡回审判人员旅途劳顿，提高战区巡回审判效率。

但遗憾的是，罗笃志关于调整巡回审判区管辖范围的建议，并未得到江西高等法院的采纳，“呈为赴九江旅费过钜，无力赔累，再请将巡回审判区域重新调整，特在临川俟令祇遵，并办理未结事

---

〔1〕 江西高等法院巡回审判第一区民国三十一年二月四日呈，巡字第1477号，江西省档案馆民国档案，卷宗号：J018-3-01878。

〔2〕 江西高等法院巡回审判第一区民国三十一年二月四日呈，巡字第1477号，江西省档案馆民国档案，卷宗号：J018-3-01878。

〔3〕 江西高等法院巡回审判第一区民国三十一年二月四日呈，巡字第1477号，江西省档案馆民国档案，卷宗号：J018-3-01878。

件由。呈悉，如赴九江旅费过钜，仰按期巡回管辖其他各县，毋得久驻临川，致误诉讼进行，切切！此令。”[1]关于江西高等法院未采纳此建议的原因，我们不得而知，但九江和德安两县因战火阻隔、交通断绝，路途太远和所需旅费过钜等原因，一直未能得到推事莅临巡回审判却是事实。既然调整巡回审判区为江西高等法院固有权限，又可获得多重益处，那为什么在罗笃志一再请求调整之下，江西高等法院却一再拒绝呢？笔者以为主要原因有两点：一是为了保持江西战区巡回审判区的稳定，只有战区巡回审判区的稳定，江西高等法院才可以合理地拒绝诸如都昌县申请加入巡回审判区的问题，才可以尽量避免其他不利因素对业已困难重重的战区巡回审判的影响。二是作为战时司法临时救济措施的战区巡回审判，它施行的期间及将来的命运如何，江西高等法院都一无所知，鉴于此，维持现状就成为江西高等法院在司法行政管理上的首选。

1940 年，鉴于战事改变了战区交通状况，推事左穆也有针对性地提出了变更江西战区巡回审判区管辖范围的建议，“查瑞昌县与第一区所辖之德安县及第二区所辖之武宁县均属接壤，但最近因战事关系，其县政府迁驻县属之源头村，距离德安县政府所在地之岷山甚近，而距离武宁县政府所在地之银炉则有七八日之路程，且沿途多阻，未易通行，就此情形，即有改归第一区管辖之必要。况查本省游击战区共有十四县，而隶属于第二区者乃居其八，比较第一区多管二县，区域亦有广狭之不同，似宜平均分配，以资划一。”[2]对于此建议，高等法院明确指出，“瑞昌虽与德安接壤，而德安交通阻塞，上週巡回审判未得前往执行职务，所

---

〔1〕 江西高等法院民国三十一年三月二日指令，文字第 1475 号，江西省档案馆民国档案，卷宗号：J018 -3 -01878。

〔2〕 江西高等法院巡回审判第二区民国二十九年六月二十二日呈，江西省档案馆民国档案，卷宗号：J018 -3 -01872。

请改归第一区管辖，暂毋庸议。”[1]瑞昌也是第二区巡回审判推事一直未能莅临巡回审判的县份，提出变更巡回审判区管辖县份，或许能改变该县一直未被推事莅临巡回审判的命运。但遗憾的是，无论是罗笃志提出的把九江、德安划归第二区，还是左穆提出的把瑞昌划归第一区的建议，均被驳回。驳回或许只是司法行政管理权上的一个简单的决定，但九江、德安与瑞昌3县一直未能被推事莅临巡回审判的结果，却是让充满改革精神，并取得巨大成就的战区巡回审判，带着深深的遗憾而谢幕。

与此同时，推事左穆还提出了其他方面的改进措施：如借用县印诸多不便，关于职务上之秘密常因借印而漏泄，且诉讼当事人亦往往因借用县印而发生误会，所以应该颁发关防。又如，关于汇款事宜请高等法院商请邮局特别通融，嗣后本区经费直接迳汇战区各县，以免除一切困难等。再如，巡回审判制度宜广为宣传，推事所至之县虽已张贴布告，但事属创办，人民尚未切实明了，似应印散白话传单，使人皆晓然于此制之良法美意，庶可容易推行。

无论是变更巡回审判区管辖权，还是颁发关防，这些建议都是巡回审判推事基于司法实践基础上提出的具有针对性的意见，都是为了更好地推进巡回审判制度的实施，更好地实现巡回审判的宗旨和目的而提出的。这些建议浸透了战区巡回审判推事忠于职守、勇于探索的精神。这些建议更是战区巡回审判推事勤于耕耘、善于思索、敢于创新、锐意进取等道德正义的体现。

三、江西战区巡回审判的社会功能

“就司法言，近年以来力求改进，权经支用，标本兼筹，一面为适应战时迫切之需要而作种种权变之处置；一面继续进行固有之

---

〔1〕 江西高等法院民国二十九年七月六日指令第2977号，江西省档案馆民国档案，卷宗号：J018－3－01872。

事务以安定地方秩序，保障人民权利，期与抗战建国纲领完全适应。”[1]

（一）维护战区国家司法主权

江西战区巡回审判区共分两个区，涵盖了赣北已经沦陷的14个县。巡回审判区的第一审民刑诉讼和非讼部分由兼理司法县政府负责，即行政机关兼理司法事务，此乃战前司法行政部对于战区司法组织无法履职情况下的临时处置措施，“则战区内各法院，固有未能执行职务者，因之司法院特规定变通办法。即关于第一审，如原设有地方法院各县不能执行审检职务者，在未恢復前准暂由各该县政府受理。”[2]此举措虽然与现代化的司法独立目标相背离，但鉴于战区特殊的政治环境和司法生态，此为司法行政部应对时局的应急之策。兼理司法县政府履行司法职责，实现了战前司法变通的部分目标。

而江西战区第二审诉讼审判，由巡回审判暂代江西高等法院和江西高等法院第二分院之权责，履行审检职能。此种代理权由《战区巡回审判办法》授予，具有法定的权能和效力。巡回审判推事，则以《战区巡回审判办法》规定的条件选拔，择优录取，并取得了与高等法院推事同等的地位，此乃巡回审判推事地位尊贵的表现。而补助俸的单独享用，则是巡回审判推事待遇优厚的表现。所以巡回审判推事地位尊贵，待遇优厚，乃法律赋予，具有稳定性。而“一以删繁就简”的《办法》，则依据战区特定的司法生态与战区环境而设计，在程序上删除了《中华民国民事诉讼法》和《中华民国刑事诉讼法》烦琐的诉讼程序，达到诉讼程序的简便。《办法》既赋予诉讼当事人相当的诉讼自由权，又赋予推事简化诉讼程序、便于裁判的权力，使战区巡回审判在注重法律正义的前提下，

〔1〕谢冠生：“抗战建国与司法”，载《中华法学杂志月刊》1940年第2卷第3期。

〔2〕谢冠生：“抗战一年中之司法行政”，载《中华法学杂志》1938年第1卷第11期。

更注重法律效力的提升。

因此抗战爆发后，战区司法组织在司法体系断裂基础上的重新调整与设计，是立法先行，组织建构在后，是有法可依基础上的调整与建构。同样，战区巡回审判的司法实践，也是在有法可依的基础上，适应战区严酷的环境与司法生态的有效的司法实践，“战区巡回审判，为争取敌军占领区内民众，救济当事人赴诉之不便而设。此种制度，在我国尚属创举，施行以来，颇著成效。”[1]所以，战区巡回审判所维系的司法体系，是法律系统与组织系统完整基础上的维系，是立法与司法两大系统的相互运作、协力共进基础上的维系。所以，战区巡回审判具有系统性、适应性、持久性与实效性等多重特点。

与战区巡回审判制度与组织的系统化、适应性与实效性相比，在江西战区立足的伪政权司法组织的系统化、适应性与实效性均大打折扣。首先，在组织系统上，伪司法组织在内部政权的争斗中有一次管辖权的变动，即伪九江地方法院与看守所在1941年归属伪湖北省高等法院，1943年则划归伪江西高等法院管辖，这是伪政权内部斗争妥协的结果。伪司法组织依1932年《法院组织法》的内容而构建，实行三级三审制度。在江西战区，伪南昌地方法院和伪九江地方法院为管辖第一审诉讼，伪江西高等法院和伪高等法院南昌分院管辖第二审诉讼。在人员的配置上，1945年4月，伪江西高等法院的院长为易恩侯，推事为陈文新和易国栋二人，其他人皆为书记官和录事等司法辅助人员，[2]所以从人员配置上，虽号称伪江西高等法院，却只有院长和两名推事有裁判权。因此，伪江西高等法院的人员配备并不齐全，或者说只有其名，而实际能力严重不

〔1〕 谢冠生：“战时司法之进展”，载《中央周刊（1928年）》1941年第3卷第39期。

〔2〕 伪江西省政府民国三十四年五月　日公函，财三字第187号，江西省档案馆民国档案，卷宗号：J018－1－00551。

足。更甚者，作为伪高等法院院长的易恩侯，还要兼任九江地方法院的院长，而九江地方法院，除了院长易恩侯外，并无其他推事，只有司法辅助人员。[1]所以，伪九江地方法院作为第一审法院，其人员配置也不齐全。但是，伪司法组织却是在其所谓“和平区”上运作，从司法体系上看是完整的，即管辖第一审与第二审的诉讼机关都有，并未断裂，但因司法人员的配备严重不足，这削弱了伪司法组织系统化运作的实际效果。其次，从司法程序的适应性上看，伪司法组织遵循的诉讼程序与法律依据，与国民政府普通法院相同，皆是中华民国民法、刑法、民事诉讼法和刑事诉讼法等基本法，“依我国现行的法院组织法、民诉法、刑诉法所设定的审级是那么的重叠，程序是那么的复杂，诉讼费用是那么的繁重，要想原原本本搬到沦陷区域内去实行，那当然是不可能的。”[2]对于伪司法组织而言，其所谓的“和平区”，也就是战区。既然是战区，炮声隆隆与硝烟弥漫就是常态，它与和平时代是截然不同的。所以伪司法组织虽有完整的法院体系作支撑，但改变不了战区的基本事实，用普通法对应战区的司法，还是有不适应之处，则其适应性与可行性将大打折扣。所以，相比之下国民政府的战区巡回审判制度及其实施，因其制度的设计与运行均以战区为背景，故在战区环境下其适应性更强。最后，从法院组织运作的实效性上看，伪政府司法组织以完整的法院体系与普通法为载体，运行于其所谓的“和平区”，其适应性较弱。但因伪司法组织的法院采用“以当事人就法官”的普通法院审判模式，国民政府的战区巡回审判法院采用“以法官就当事人”的巡回审判模式，单就案件审理的效率而言，伪法院的审判效率更高。但就民心向背而言，战区巡回审判推事代表国

---

〔1〕 伪江西高等法院民国三十三年六月 日高行字第525号，江西省档案馆民国档案，卷宗号：J018-1-00702。

〔2〕 张宗浚：“沦陷区域内应设立巡回法院之刍议”，载《中华法学杂志》1938年第1卷第12期。

民政府行使司法主权，具有无可比拟的优越性。同时，由于伪法院服务的宗旨是维护日本在中国的利益，所以其实效性大打折扣，而其命运也只能以日本的投降而终止。

因此，战区巡回审判法庭与伪法院司法审判权的争夺，是战区司法生态的重要表现。战区巡回审判推事与职员冒着生命危险，克服千难万险，在执着与坚韧中履行巡回审判职责，他们的行为在给予诉讼当事人法律正义的同时，又抵御了伪法院对司法权的侵蚀，捍卫了国家司法主权。

(二) 便利当事人与维护战区社会秩序

1. 便利诉讼当事人。与英美巡回审判模式一样，战区巡回审判也采用“以法官就当事人”的审判模式。不同的是，英美巡回审判法官是在和平环境里的巡审，而战区巡回审判是在沦陷区巡审。所以，战区巡回审判是在交通断绝的情况下，推事与职员冒着枪林弹雨的巡审。无论从巡回审判的难度，还是巡回审判的意义上，战区巡回审判都有较强的战时性特征。

江西战区“以法官就当事人”的巡回审判模式，即战区巡回审判推事定期到管辖区各县开展第二审民刑诉讼案件的审理。对于诉讼当事人而言，当其对兼理司法县政府的第一审裁判不服时，可以直接将上诉状递交兼理司法县政府代为转送，“原审机关收受应送达第二审法院之文书卷证，除俟巡回审判推事到达后移交外，应先开列案由，随时报告巡回审判推事。”[1]所以，从提起上诉状本身而言，免去了诉讼当事人必须将上诉状递交第二审诉讼机关的奔波，节省了诉讼当事人的时间和精力。因此，“以法官就当事人”的巡回审判模式，便利了诉讼当事人，有利于维护诉讼当事人的合法权益。

“以法官就当事人”的巡回审判模式，在便利了诉讼当事人的同时，却给巡回审判推事与职员带来了无数的艰难与考验。江西战

〔1〕 谢冠生:《战时司法纪要》,“司法院”秘书处1971年重印，第39页。

区巡回审判推事巡回审判的历程，就是巡回审判推事卓绝奋斗的历史，它在给予诉讼当事人法律正义的同时，也彰显了战区司法人员的道德正义。

2. 维护战区社会秩序。社会秩序，即表示社会有序状态或动态平衡的社会学范畴。在同一个社会内部，社会秩序可以分为经济秩序、政治秩序、劳动秩序、伦理道德和社会日常生活秩序等几个大的方面。在阶级社会中，社会秩序主要凭借国家权力，通过强制性的手段加以维护。

因受战争影响，战区的政治秩序和经济秩序具有明显的战时性特征。通过个案的裁判结果，表达国家禁止或允许某种行为的存在，是战区司法维护社会秩序的基本手段。

（1）维护战区社会经济秩序。通过对经济管制案件、个人财产权益案件的裁判，战区巡回审判维系经济管制秩序，维护个人合法权益，发挥了司法维护战区社会经济秩序的功能。

全面抗战爆发以来，中国的经济就进入了战时经济体制。所谓战时经济体制，简言之，即“全国的经济活动，在军事第一，胜利第一总目标之下，作统一的周密的调整与管理而已”。[1]经济统制，就是战时经济体制的管理模式，经济统制的两大主要工作：一为限价的执行；一为物资的统制。在江西战区，涉及经济统制的案件主要集中在违反食盐管制的犯罪，如鄢定生、曾还锁侵占食盐上诉案[2]等，通过对私人贩卖食盐犯罪的刑罚惩处，巡回审判确立了战区私人贩卖食盐非法的法律与舆论导向，为战区包括食盐统制在内的经济统制方针的贯彻执行提供了司法上的保障。

对私人合法财产的保护，是司法维护战区社会经济秩序的重要

---

〔1〕 简贯三：“自由经济、管制经济、计划经济”，载《军事与政治》1941年第1卷第5期。

〔2〕 鄢定生、曾还锁侵占上诉案，江西高等法院巡回审判第二区刑事判决，民国三十年度上字第13号，江西省档案馆民国档案，卷宗号：J018－2－03381。

内容。江西战区巡回审判维护私人合法权益的案件比较多，类型也很丰富。如张曾初妹等确认田产所有权上诉案[1]等。战区巡回审判保护的是所有权人对所有物的占有、使用、收益和处分的权利，如叶照吾、叶青赎典田地上诉案，[2]它保护的是权利人使用收益标的物的权利；周吉占因买卖田产，终止租约上诉案[3]，它保护的是权利人占有并处分标的物的权利。罗刘氏、况林氏因终止租赁契约上诉案，[4]战区巡回审判保护的是债权人向债务人请求某种作为或某种不作为的权利；谦益商店因损害赔偿事件上诉案件等[5]，它维护的是债权人请求损害赔偿的权利。在巡回审判推事审理的刑事案件中，也有涉及侵犯物权的案件，如窃盗罪、抢夺罪、侵占罪等，比如彭兰轩因窃盗上诉案，[6]熊木水、魏宾俚因盗窃及杀人未遂覆判案[7]，万良义、万义生等因抢夺上诉案，[8]高远平因侵占上诉案[9]等。

---

〔1〕 张曾初妹等确认田产所有权上诉案，江西高等法院巡回审判第一区民事判决，民国三十二年度巡字第156号，江西省档案馆民国档案，卷宗号：J018-4-03204。

〔2〕 叶照吾、叶青赎典田地上诉案，江西高等法院巡回审判第二区民事判决，民国三十年度上字第19号，江西省档案馆民国档案，卷宗号：J018-4-03143。

〔3〕 周吉占因买卖田产，终止租约上诉案，江西高等法院巡回审判第一区民事判决，民国三十一年度巡字第127号，江西省档案馆民国档案，卷宗号：J018-4-03203。

〔4〕 罗刘氏、况林氏因终止租赁契约不服一审判决上诉案，江西高等法院巡回审判第二区民事判决，民国三十年度上字第23号，江西省档案馆民国档案，卷宗号：J018-4-03143。

〔5〕 谦益商店因损害赔偿事件上诉案件，江西高等法院巡回审判第一区民事判决，民国三十二年度巡字第147号，江西省档案馆民国档案，卷宗号：J018-4-03204。

〔6〕 彭兰轩因窃盗上诉案，江西高等法院巡回审判第一区刑事判决，民国二十八年度巡字第9号，江西省档案馆民国档案，卷宗号：J018-4-02938。

〔7〕 熊木水、魏宾俚因盗窃及杀人未遂覆判案，江西高等法院巡回审判第一区刑事判决，民国二十八年度巡字第5号，江西省档案馆民国档案，卷宗号：J018-4-02938。

〔8〕 万良义、万义生等因抢夺上诉案，江西高等法院巡回审判第一区刑事判决，民国三十年度巡字第69号，江西省档案馆民国档案，卷宗号：J018-4-02938。

〔9〕 高远平因侵占上诉案，江西高等法院巡回审判第一区刑事判决，民国三十二年度巡字第152、154号，江西省档案馆民国档案，卷宗号：J018-4-03204。

所以，通过对民刑案件的审理，战区巡回审判编织出维护社会经济秩序运行的法网，包括维护战时经济统制政策，它保障包括食盐在内的民生物资与战略物资的有效供给，满足战区民众的基本生存，保障军队物资的战时供应；包括维护权利人对物的支配权，使战区民众能够自由享用物权带来的权益；保护个人缔结契约的自由权，使战区民众能够通过契约，完成生活、生产等的经济交流，促进战区经济有序发展。对于破坏个人、集体和国家经济法益的行为，战区巡回审判则以禁止性与惩罚性的裁判，宣示其行为的非法性，帮助战区民众辨别是非，导引战区民众在合法的经济行为中实现生存与生活。

(2) 维持战区社会日常生活秩序。通过对涉及个人自由、名誉和身体伤害，破坏婚姻和家庭等案件的裁判，战区巡回审判惩罚非法侵害者，保护被害人的合法权益，传递保障个人自由、名誉，生命与身体的安全，维护合法婚姻，保障妇女、儿童权益等思想，进而维持战区社会日常生活秩序。

战区巡回审判推事审理的涉及侵害个人自由、名誉的案件比较少，如周廷绂与万国钧互诉伪造文书诈欺及妨害自由不服上诉案，[1] 姜玉丞等因诬告伪造罪，黄磐石、黄鲍氏因杀人案不服上诉案等[2]；涉及侵害个人身体和生命的案件，相对比较多一些，如张金显因伤害上诉案[3]，钟震寰杀人上诉案[4]等。法律对个人自

---

〔1〕 周廷绂与万国钧互诉伪造文书诈欺及妨害自由不服上诉案，江西高等法院巡回审判第一区刑事判决，民国三十年年度巡字第66号，江西省档案馆民国档案，卷宗号：J018-4-02938。

〔2〕 姜玉丞等因诬告伪造罪，黄磐石、黄鲍氏因杀人案不服上诉案，江西高等法院巡回审判第一区刑事判决，民国二十九年度巡字第36、32号，江西省档案馆民国档案，卷宗号：J018-4-02938。

〔3〕 张金显因伤害上诉案，江西高等法院巡回审判第二区刑事判决，民国三十年度上字第8号，江西省档案馆民国档案，卷宗号：J018-2-03381。

〔4〕 钟震寰杀人上诉案，江西高等法院巡回审判第二区刑事判决，民国三十年度上字第17号，江西省档案馆民国档案，卷宗号：J018-4-03143。

由、名誉、身体和生命的保护，是现代社会秩序运行的基本起点。在江西战区，对于侵犯个人自由、名誉、身体，乃至剥夺他人生命的严重犯罪，战区巡回审判推事依自由心证原则，查清案件事实真相，正确适用法律，严惩罪犯，保护被害人的合法权益，从而在战区祭起保护社会个人权益的大旗。

家庭乃社会的细胞，是组成社会的基本单元。维护婚姻和家庭的稳定，就必须对破坏婚姻家庭的非法行为，予以法律上的惩处。在江西战区，巡回审判推事审理的涉及妨害婚姻家庭的上诉案，如黄兴样妨害家庭上诉案[1]，万三堂因妨害家庭等罪上诉案[2]等。战区巡回审判推事对涉及破坏别人婚姻与家庭的非法行为，予以刑法上的惩处，确立保护战区婚姻家庭的法律导向，引导战区民众保护婚姻家庭的法律自觉，为战区社会秩序中最小单元的稳定奠定了司法基础。

而保护合法遗产继承与尊重传统社会风俗，也是江西战区巡回审判推事在审理相关案件中，向战区民众输出的法律导向，它也成为维持战区社会日常生活秩序的重要内容。在遗产继承方面，如陈良谓与陈贤芳等因继承遗产上诉案[3]，巡回审判推事依法肯定了传统的嗣子遗产继承现象存在的合理性，同时对嗣子继承遗产现象进行了现代法的解读，即“民法亲属编施行前所立之嗣子女，与其后父母之关系与婚生子女同”。[4]此案给予战区社会中关于嗣子遗产继承纠纷以正确的法律导引，有利于引导战区民众正确解决嗣子

---

〔1〕 黄兴样妨害家庭上诉案，江西高等法院巡回审判第二区刑事判决，民国三十年度第10号，江西省档案馆民国档案，卷宗号：J018－2－03381。

〔2〕 万三堂因妨害家庭等罪上诉案件，江西高等法院巡回审判第一区刑事判决，民国二十八年度巡字第3号，江西省档案馆民国档案，卷宗号：J018－4－02938。

〔3〕 陈良谓与陈贤芳等因继承遗产事件上诉案，江西高等法院巡回审判第一区民事判决，民国二十九年度巡字第23号，江西省档案馆民国档案，卷宗号：J018－4－03207。

〔4〕 “民法亲属编施行法”，载《立法院公报》1931年第26期。

遗产继承问题。张维勋等因侵害坟墓上诉案[1]，本案涉及风水、挖掘坟墓等与传统风俗相关的案件事实，巡回审判推事在审理中，用法律诠释风水、土地所有权与棺椁之间的关联性，并对私自挖掘他人祖先坟墓的行为给予刑事上的处罚，此案的裁判有利于导引民众正确认知传统风俗与维护个人合法权益之间的关系。

通过对涉及个人自由、名誉、身体与生命权利案件的裁判，战区巡回审判推事用司法和法律奠定了战区社会日常生活秩序的司法起点；通过对妨害婚姻与家庭案件的审理，维护了社会最基本单元——家庭的稳定，从而奠定了战区社会秩序平稳运行的司法基础；通过对涉及战区社会传统习惯与风俗案件的审理，战区巡回审判推事用法律诠释了传统习惯与风俗的合理性与合法性的精神内涵，导引沉浸在传统习惯与风俗中的战区民众更好地维护自己的合法权益。所以，战区巡回审判的司法实践，正是从保护单个人的权益开始，继而到维护家庭的稳定，再到正确地诠释影响战区民众生活的传统习惯与风俗的合理性与合法性，形成了从点到线，再到面的全覆盖，编织成维护战区民众日常生活秩序运行的法网，导引战区民众在有序、合法的社会秩序中生活。当然，影响战区民众日常生活秩序的最大因素是战争，但在战争因素的巨大影响下，战区巡回审判的司法活动，仍然发挥了其维护战区社会日常生活秩序运行的社会功能。

（3）维护战区社会政治秩序。1944 年 1 月 12 日，《特种刑事案件诉讼条例》颁布，该条例将特种刑事案件管辖权转移给地方法院，其中明确规定“但系危害民国、汉奸、违反战时军律及妨害军机之案件，由高等法院或分院审理之”。[2]所以战区巡回审判拥有了对危害民国罪、汉奸罪、违反战时军律罪和妨害军机罪等第一审

---

〔1〕 张维勋等因侵害坟墓上诉案，江西高等法院巡回审判第一区刑事判决，民国三十二年度巡字第 177 号，江西省档案馆民国档案，卷宗号：J018－4－03204。

〔2〕“特种刑事案件诉讼条例”，载《江西省政府公报》1944 年第 1305 期。

的诉讼管辖权。对于其他适用特种刑事诉讼程序的案件，战区巡回审判享有第二审的诉讼管辖权。因该条例于当年的 11 月起施行，所以在 1945 年以前，战区巡回审判无审理特种刑事案件的管辖权。战区社会政治秩序的维护，在司法方面，主要是通过战区军法会审体系来维护的。1945 年江西高等法院巡回审判第一区审理的特种刑事案件共 5 件，即万秋子（军人）杀人案、郭辉云汉奸案、裘有来泄露军机案、罗会发汉奸案、罗周润秀汉奸案等，[1]这 5 件诉讼案，就是战区巡回审判法庭审理特种刑事案件的典型代表，也是巡回审判法庭通过司法程序维护战区社会政治秩序的明证。

值得一提的是，在战区巡回审判推事审理的刑事第二审案件和覆判案中，有相当一部分案件属于军法会审的案件，但兼理司法县政府却把这些案件当作普通案件审理，如彭寿如、傅霖因渎职案件上诉案、[2]王少初因盗匪覆判案[3]等。对于这类案件，巡回审判推事判决"原判决撤销，本件不受理"，然后再由县长兼理司法依据军法会审的程序与法律适用，重新审理。对应该属于军法会审之案件，巡回审判推事则从诉讼程序上加以维护，为军法会审顺利开展提供诉讼程序上的救助，这也是巡回审判维护战区社会政治秩序的重要表现。

（三）实现战区司法与政治、军事的联动

1. 巡回审判与战区军事政治共同发展。在江西战区，巡回审判扮演着与政治和军事互动的角色。"巡回审判就其管辖区域内司法机关或县政府或其他适宜处所开庭。"[4]这为战区巡回审判与地

〔1〕 江西高等法院巡回审判第一区民国三十四年十月四日公函，发文巡（一）刑字第 131 号，江西省档案馆民国档案，卷宗号：J018 -2 -20420。

〔2〕 彭寿如、傅霖因渎职案件上诉案，江西高等法院巡回审判第一区刑事判决，民国三十二年度巡字第 167 号，江西省档案馆民国档案，卷宗号：J018 -4 -03204。

〔3〕 王少初因盗匪覆判案，江西高等法院巡回审判第一区刑事裁定，民国三十四年度巡字第新 7 号，江西省档案馆民国档案，卷宗号：J018 -4 -03206。

〔4〕 谢冠生：《战时司法纪要》，"司法院"秘书处 1971 年重印，第 38 页。

方政治和军事联系提供了契机。首先，巡回审判开庭的地点在辖区内的各个县政府内，所以巡回审判法庭与县政府在战火中共进退。如1941年4月，推事左穆“于上月二十七日率同员役到达新建县政府所在地之青山……本月十五日，敌人大举进犯，青山地处锦江之滨……县长常赐如力劝推事与之同行，乃于七时许离开此地，向高安前进……探问高安县政府消息，该县政府已由黄沙冈迁徙大阳墟，乃转赴大阳墟，孰料该县政府又谋迁徙……推事乃不得已率同员役随新建县政府迁移新余县……”〔1〕其次，县政府为战区巡回审判的顺利开展提供了多方面的协助：一是如前所述，巡回审判的开庭地点在县政府内；二是巡回审判的文件必须借用县政府的印信，“巡回审判推事、书记官所经办之文件得借用当地司法机关或县政府之印信。”〔2〕三是兼理司法县政府协助战区巡回审判推事，告知诉讼当事人巡回审判审理案件的时间，并协助巡回审判推事排列诉讼案件，通知诉讼关系人及一切人证；四是覆判案件由原审机关，即兼理司法县政府直接送巡回审判推事覆判；五是在巡回审判推事未到达前，兼理司法县政府协助巡回审判推事实施紧急处分权；六是在江西战区，巡回审判推事接收的羁押及徒刑、拘役、易服劳役之执行，均交县政府或邻近监所处置；七是协助巡回审判推事收受上诉审书状，然后转交巡回审判推事审理等。所以，没有兼理司法县政府的协助，战区巡回审判的推行几乎不可能。最后，战区巡回审判对相关案件的审理，纠正了兼理司法县政府一审中的不合理判决，维护了诉讼当事人的合法权益。与此同时，战区巡回审判推事对辖区内各县司法的监督与指导，不断改善着兼理司法县政府的司法工作环境，提升了它的管理与审判水平。

---

〔1〕江西高等法院巡回审判第二区民国三十年三月二十八日呈，江西省档案馆民国档案，卷宗号：J018－3－01875。

〔2〕江西高等法院巡回审判第二区民国三十年三月二十八日呈，江西省档案馆民国档案，卷宗号：J018－3－01875。

兼理司法县政府是三位一体的机构，县政府既负责地方政治，又领导地方武装，还兼理地方司法工作。战区巡回审判推事履行着司法职能，衔接起县政府与江西高等法院，江西省政府和战区军事机关的联络，因此战区巡回审判对县政府整体工作带来便利，有利于提升县政府的政治形象，提高县政府的军事影响力。所以，战区巡回审判与兼理司法县政府的互动，就是战区政治、军事和司法的联动与共同发展。

2. 巡回审判与战区民心的凝聚。“因为法官巡回审判，周行各地，对于各地民情习惯以及民难民怨莫不洞悉，那么他就可以转饬中央奖励或改善；又法官是代表国家的，当他巡回审判的时候，就可顺便为国家宣达厉行法制精神，所以巡回法院是国家与人民间的一道桥梁。”〔1〕

江西战区巡回审判同样扮演着国家与人民间的桥梁角色。首先，巡回审判将兼理司法县政府工作中存在的不足，与战区民众的心声，传递给江西高等法院。因此，它扮演着联系战区民众的角色：一是巡回审判推事视察辖区内各县司法工作，发现其不足，提出改进意见，呈报江西高等法院与江西省政府。如 1940 年 6 月左穆提出改进战区各县司法的建议，对此建议，江西高等法院以训令第 1518 号；江西省政府以公函，财字第 14307 号作出回应，并提出相应的改进措施。〔2〕此举对改善战区各县司法、凝聚民心均有积极意义。二是针对战区民众对巡回审判的呼唤，巡回审判推事积极响应之，并向江西高等法院反映民声。如都昌人向善提出的把都昌划归战区巡回审判管辖区的提议，〔3〕罗笃志以江西高等法院巡回审

---

〔1〕 张宗浚：“沦陷区域内应设立巡回法院之刍议”，载《中华法学杂志》1938 年第 1 卷第 12 期。

〔2〕 具体内容请见本章第二节第（三）部分：对江西战区巡回审判的思考。

〔3〕 江西高等法院巡回审判第一区呈，巡字第 292 号，江西省档案馆民国档案，卷宗号：J018 - 3 - 01868。

判第一区呈的方式，向江西高等法院反映了此提议。虽然高等法院最终并未同意此项提议，但巡回审判推事对战区民众疾苦的关注与呐喊，其本身就是关心民瘼的具体体现。

其次，战区巡回审判代表国家履行司法职责，扮演着国家厉行法治与维护法律正义的角色：一是巡回审判推事每到一县，皆用布告广而告知，此举有助于提升战区民众对国家与法律的认同感。二是战区巡回审判无论是纠正一审中的不合理裁判，还是维护一审中的合理裁判，都从司法和法律的角度维护诉讼当事人的合法权益，惩处不法分子，维护社会正义。因此巡回审判有助于培养战区民众对国家司法和法律的信心。在诉讼过程中，国家免除诉讼当事人的诉讼费用等救济政策，有助于战区民众感受到国家对他们的特别关注，有利于民心的凝聚。三是战区巡回审判制度与近 7 年的推行过程，表达了国家维护司法主权，维护法律正义的坚定意志；也是国家关心战区民瘼，推进抗战建国的具体体现，这有利于提升战区民众的国家认同感，有利于凝聚民心，推进抗战建国事业的发展。四是战区巡回审判“尚著成效”的背后，是推事与职员所付出的千辛万苦，这也是战区巡回审判取得的成就之一。洋溢在战区巡回审判职员身上的敢于担当、勇于奉献、坚韧不拔和奉公忘私的精神，是传递国家与法的最好平台，也是感染战区民众、树立司法信念、凝聚民心的最好载体。

“抗战时期国民政府分给司法的任务可知是协助总动员体制下之军事与行政，以此来安定后方及争取民众。”[1]江西战区巡回审判成功地扮演了国家与人民间桥梁的角色，完成了历史赋予其的使命。

---

〔1〕［日］三桥洋介：《战区巡回审判制度的制定》，第九届海峡两岸及港澳地区历史学研究生论文发表会，四川大学，2009 年。

结　语

一、具有创新性改革特征的战区巡回审判制度

战区巡回审判制度是基于战区司法环境的严重破坏而出台的临时救济措施，在战时国民政府的众多司法改革中，无论是从运行模式，还是从社会效果看，战区巡回审判都引人注目，并没有因其为临时性的救济措施而埋没了它所具有的创新性改革特征。

其一，战区司法体系断裂是战区巡回审判制度产生的时代背景，战区巡回审判制度是国民政府司法当局顺应战区特殊司法生态而推出的改革举措。因此，顺应时代要求是其生命力存在的基础。"一种哲学的命运如何，不是看对这种哲学喧嚣的程度，而主要取决于它能够在多大程度上表达自己时代的特点，满足时代的要求。"[1]对于具有鲜明应用性特征的法律和司法制度而言，更是如此。所以，战区司法审判体系的断裂与战区民众对上诉审的呼唤，催生了在战前业已被学界广泛讨论的巡回审判制度在战区的落叶生根。其二，战区巡回审判制度借鉴了英美法系巡回审判制度的基本模式，此为典型的法律移植，而"法律移植是世界法律发展的一个基本历史过程，是法律发展的规律之一"。[2]而且，为了更好地了解英美战区巡回审判的基本情况，国民政府司法当局还委托当时驻英美大使收集相关的资料以供参考，其中，驻美大使胡适于1939

〔1〕 吴声功：《转型时期的哲学》，东南大学出版社1994年版，第76页。

〔2〕 何勤华："法的移植与法的本土化"，载《中国法学》2003年第3期。

年写了一篇《美国巡回审判制度研究报告》，[1]详细介绍了美国巡回审判制度的发生、发展和终结的历史和原因。所以，仅从法的移植角度看，战区巡回审判制度是对英美巡回审判制度的吸收与采纳，是近代中国法律移植历史的延续，其移植本身就具有创新性。其三，战区巡回审判制度是基于1935年《中华民国民事诉讼法》和《中华民国刑事诉讼法》基础上的"一以删繁就简"，它适应了战区司法组织体系的断裂与战区恶劣的政治、经济和军事环境，它的制定过程就是学习借鉴和吸收再创造的过程。所以，战区巡回审判制度的创设，体现了国民政府司法当局应对时局突变，在司法制度上不断探索和创新的精神，它对当今中国的司法改革也有一定的启发意义。其四，巡回审判推事的公开选拔，打破了长久以来施行的"三缺为一轮"的选拔方式，为年轻而有实力的推事走上战区巡回审判的舞台提供了机会，这既是对战区特殊司法环境的直接回应，也是司法行政部突破旧有的藩篱，直面战区真实需求在选拔制度上的创新之举。其五，就战区巡回审判制度本身而言，具有创新性特征的具体制度还有很多，如战区巡回审判无检察官设置，其部分检察职权下放给战区兼理司法县政府或由战区巡回审判推事兼理；又如，战区巡回审判布告制度，它既是对诉讼当事人参与诉讼的事前通知，又表达了国家对战区民众司法诉求的一种关注；与此同时，它既是对司法主权的一种宣示，又是对战区民众的一次法律普及。

二、实现预期目标的战区巡回审判

首先，"战区各地交通失其常态，当事人上诉不便，第二审之审判与其以当事人就法官，毋宁以法官就当事人，战区巡回审判即

[1] 谢冠生：《战时司法纪要》，"司法院"秘书处1971年重印，第52~57页。

本此旨而设。"[1]所以，实现“以法官就当事人”的目标就是战区巡回审判最基本的旨意，而推事在辖区内各县定期巡回审判就是实现此目标的基本途径。“查本部前以战区各地方交通失其常态，当事人赴诉不便，爰经呈准采用巡回审判制度施行以来，尚著成效。"[2]其次，保护诉讼当事人的合法权益，维护战区社会秩序，是战区巡回审判的本质要求，“而战区诉讼事件，人民疾苦所关，能否得到解决，人心之向背系焉。"[3]战区巡回审判的主要使命，是衔接战区业已断裂的司法组织体系，履行司法审判职能，维护战区民众的合法权益。但在战区特殊环境下，在“以法官就当事人”的审判模式下，司法效率的提高就成为战区巡回审判推事首选的目标，因此在审判程序上就出现了“一以删繁就简”的变革，比如战区巡回审判推事的一造而为判决，或自为判决等，这些变通措施的施行，并不意味着对法律正义要求的削弱。战区巡回审判推事在业已成熟的自由心证的模式下，对战区案例中出现的战争因素和传统法文化的现象，都以自由心证经验法则的无限性，对案件事实成功地进行诠释与判断，并做出合法与合理的判决，纠正了一审中的不合理裁判，维护了一审中的合理裁判，捍卫了战区诉讼当事人的合法权益。所以，战区巡回审判是司法效率和司法公正并举的诉讼裁判。而当违法的行为得到制止，合法的行为就得到了支持和发扬，所以战区巡回审判发挥了维护战区社会秩序的司法职能，这也是战区巡回审判追求的目标之一。最后，战区巡回审判还肩负着众多的政治使命，如抵御日伪司法的侵蚀，维护战区司法主权；又如实现战区司法与政治、军事的联动，推动抗战建国目标的实现等，“司法院爰有战区巡回审判制度之创设，所颁战区巡回审判办法，自二

---

〔1〕 谢冠生：《战时司法纪要》，“司法院”秘书处1971年重印，第37页。

〔2〕 谢冠生：《战时司法纪要》，“司法院”秘书处1971年重印，第48页。

〔3〕 中国第二历史档案馆编：《中华民国史档案资料汇编·第五辑·第二编·政治(一)》，江苏古籍出版社1998年版，第767页。

十八年开始实施后，战区司法颇能与行政、军事打成一片。”[1]这些都是在抗战建国总目标下，战区巡回审判应履行的职责和完成的历史使命，也是战区巡回审判取得的社会效果和拥有的社会意义。

三、战区巡回审判的历史地位

首先，战区巡回审判乃为应对战区特殊司法环境而推出的临时性救济措施，但在施行过程中，战区巡回审判成功地履行了赋予其上的多重使命，并取得了一定的社会效果，因此，它在南京国民政府司法制度史上应具有一定的历史地位。其次，战区巡回审判履行了抵御日伪司法机关的侵蚀，捍卫国家司法主权的职能，因此在抗日战争的历史上，它应该有一席之地。最后，战区巡回审判制度是集移植外国法与“一以删繁就简”的改造于一身的，具有创新性特征的司法制度。它具备了中国法律现代化的移植与改造并举的特点，因此，它在中国法律现代化的历史上也应该有一定的历史地位。

---

〔1〕 中国第二历史档案馆编：《中华民国史档案资料汇编·第五辑·第二编·政治(一)》，江苏古籍出版社1998年版，第767页。

参考文献

一、档案资料

1. 1943 年江西高等法院巡回审判卷，江西省档案馆民国档案，卷宗号：J018 -1 -01718。

2. 1945 年司法行政部关于修正推事检察官任用审查规则卷，江西省档案馆民国档案，卷宗号：J018 -1 -01631。

3. 1944 年江西高等法院战区巡回审判卷，江西省档案馆民国档案，卷宗号：J018 -1 -01719。

4. 1945 年江西高等法院战区巡回审判卷，江西省档案馆民国档案，卷宗号：J018 -1 -01721。

5. 1941 年江西高等法院巡回审判第一、二区关于汇报在奉新县工作情形及张春莲、杨乐峰、熊金根等杀人、伤害、妨害家庭、侵害所有权等上诉、覆判案件裁定书的呈，江西省档案馆民国档案，卷宗号：J018 -2 -03381。

6. 1944 年江西高等法院及巡回审判第一区关于裁定案件，拟令各县移送核办的指令、呈，江西省档案馆民国档案，卷宗号：J018 -2 -03750。

7. 1945 年江西高等法院及第一分院，江西高等法院巡回审判第一区关于贪污案第一审误判上诉如何办理，南昌寄押黎川人犯可否将卷移送黎川办理的训令、指令、代电、呈，江西省档案馆民国档案，卷宗号：J018 -2 -03781。

8. 1945 年江西高等法院巡回审判第一区民刑事案卷，江西省档案馆民国档案，卷宗号：J018－2－20410。

9. 1941 年江西高等法院巡回审判第二区呈送承办靖安县民刑各案裁判书案，卷宗号：J018－2－21424。

10. 1939 年关于战区巡回审判办法的训令、函、呈，江西省档案馆民国档案，卷宗号：J018－3－00996。

11. 1939～1940 年江西高等法院战区巡回审判文件卷，江西省档案馆民国档案，卷宗号：J018－3－01868。

12. 1940～1941 年江西省战区巡回审判文件卷，江西省档案馆民国档案，卷宗号：J018－3－01872。

13. 1940 年江西省战区巡回审判文件卷，江西省档案馆民国档案，卷宗号：J018－3－01873。

14. 1940 年江西省战区巡回审判文件卷，江西省档案馆民国档案，卷宗号：J018－3－01875。

15. 1942 年江西省战区巡回审判文件卷，江西省档案馆民国档案，卷宗号：J018－3－01878。

16. 1943 年江西省战区巡回审判文件卷，江西省档案馆民国档案，卷宗号：J018－3－01883。

17. 1944～1946 年江西省战区巡回审判文件卷，江西省档案馆民国档案，卷宗号：J018－3－01885。

18. 1942～1943 年江西省战区巡回审判文件卷，江西省档案馆民国档案，卷宗号：J018－3－02479。

19. 1942 年江西高等法院关于修正推事检察官任用资格审查的训令，江西省档案馆民国档案，卷宗号：J018－3－02476。

20. 1943～1944 年都昌党部呈请将该县上诉案件划归巡回审判第一区管辖卷，江西省档案馆民国档案，卷宗号：J018－3－02577。

21. 1944 年战区巡回审判卷，江西省档案馆民国档案，卷宗号：J018－3－02594。

22. 1944～1945 年江西高等法院巡回审判第一区训令卷（文牍

十三卷），江西省档案馆民国档案，卷宗号：J018－3－02627。

23. 1941 年江西高等法院巡回审判第一区民刑案件表报判决卷，江西省档案馆民国档案，卷宗号：J018－4－03142。

24. 1941 年江西高等法院巡回审判第二区民刑案件表报判决卷，江西省档案馆民国档案，卷宗号：J018－4－03143。

25. 1944～1945 年江西高等法院巡回审判第一区民刑案件表，江西省档案馆民国档案，卷宗号：J018－4－03144。

26. 1943 年江西高等法院巡回审判第一区民事案件表报，江西省档案馆民国档案，卷宗号：J018－4－03204。

27. 1945 年江西高等法院巡回审判第一区民事案件书报表，江西省档案馆民国档案，卷宗号：J018－4－03206。

28. 1940 年江西高等法院巡回审判第一区民事案件收结表，江西省档案馆民国档案，卷宗号：J018－4－03207。

29. 1944～1945 年江西高等法院巡回审判第二区民刑案件表，江西省档案馆民国档案，卷宗号：J018－4－03208。

30. 1943 年江西高等法院巡回审判第二区民刑案件收结表，江西省档案馆民国档案，卷宗号：J018－4－02939。

31. 江西高等法院巡回审判第一、二区 1939 年度民刑案件年报表，江西省档案馆民国档案，卷宗号：J018－4－03169。

32. 1942 年江西高等法院巡回审判第二区收结案件卷，江西省档案馆民国档案，卷宗号：J018－4－03212。

33. 1943 年江西高等法院各法院推事考绩表卷，江西省档案馆民国档案，卷宗号：J018－4－03497。

34. 1944～1945 年江西高等法院巡回审判第二区民刑案件报告表，江西省档案馆民国档案，卷宗号：J018－4－03205。

35. 1940 年江西高等法院巡回审判呈送办结民刑案卷，江西省档案馆民国档案，卷宗号：J018－5－01652。

36. 1940 年江西高等法院战区巡回审判经费卷，江西省档案馆民国档案，卷宗号：J018－6－04793。

37. 1941 年江西高等法院战区巡回审判经费卷，江西省档案馆民国档案，卷宗号：J018－6－04794。

38. 1942 年江西高等法院战区巡回审判经费卷，江西省档案馆民国档案，卷宗号：J018－6－04812。

39. 1943～1944 年江西高等法院战区巡回审判经费卷，江西省档案馆民国档案，卷宗号：J018－6－04815。

40. 1945 年江西高等法院战区巡回审判经费卷，江西省档案馆民国档案，卷宗号：J018－6－04821。

41. 1939～1940 年巡回审判推事支俸办法卷，江西省档案馆民国档案，卷宗号：J018－6－04824。

42. 1941 年江西高等法院关于呈请解释法令卷，江西省档案馆民国档案，卷宗号：J018－8－00281。

43. 1944～1945 年关于萍乡地方法院首席检察官左穆接收移交案，江西省档案馆民国档案，卷宗号：J018－8－01432。

44. 《讨论采用巡回审判会议卷》，司法行政部卷宗，台北“国史馆”：022000008724A，目录统一编号：154，案卷编号：0574。

45. 《巡回审判法》，司法行政部卷宗，台北：“国史馆”：00100000482A，卷宗号：001－012033－0013。

46. 江苏等十二高院巡回审判推事所制作之判决书记载法院名称方式卷，台北：“国史馆”：022000008895A，目录统一编号：154，案卷编号：0745。

47. 第三审之民事案件，如当事人所在地已指明为巡回审判区域，一律免收诉讼费用卷。台北“国史馆”，入藏登录号：022000009277A，目录统一编号：154，卷宗编号：1126。

48. 颁发巡回审判推事造送民刑事案件报告书式卷，台北“国史馆”，入藏登录号：022000008894A，目录统一编号：154，卷宗编号：0744。

49. 巡回审判推事隶属办法卷，台北："国史馆"，入藏登录号：022000005722A，目录统一编号：153，卷宗编号：0378。

50. 战区巡回审判推事书记官俸给规则卷，台北："国史馆"，入藏登录号：022000005864A，目录统一编号：153，卷宗编号：0519。

51. 解释战区巡回审判办法第八条后段释义卷，台北："国史馆"，入藏登录号：022000008824A，目录统一编号：154，卷宗编号：0674。

52. 解释战区巡回审判办法释义卷，台北："国史馆"，入藏登录号：022000008825A，目录统一编号：154，卷宗编号：0675。

53. 请示战区巡回审判办法无设置检察官之规定，关于刑事诉讼程序发生释义卷，台北："国史馆"，入藏登录号：022000008826A，目录统一编号：154，卷宗编号：0676。

二、地方志

54. 《江西省法院志》，方志出版社 1996 年版。

55. 《江西省检察志》，中共中央党校出版社 1995 年版。

56. 《江西省司法行政志》，江西人民出版社 1995 年版。

57. 《南昌县司法行政志》（送审稿），江西省方志馆藏。

58. 《湖口县志》，江西人民出版社 1992 年版。

59. 《九江县志》，新华出版社 1996 年版。

60. 《南昌县志》，南海出版社 1990 年版。

61. 《德安县志》，上海古籍出版社 1991 年版。

62. 《安义县志》，南海出版社 1990 年版。

63. 《奉新县志》，南海出版社 1991 年版。

64. 《高安县志》，江西人民出版社 1988 年版。

65. 《彭泽县志》，新华出版社 1992 年版。

66. 《靖安县志》，江西人民出版社 1989 年版。

67. 《瑞昌县志》，新华出版社 1990 年版。

68. 《武宁县志》，江西人民出版社 1990 年版。

69. 《新建县志》，江西人民出版社 1991 年版。

70. 《星子县志》，江西人民出版社 1990 年版。

71. 《永修县志》，江西人民出版社 1987 年版。

72. 《江苏省志·检察志》，江苏人民出版社 1997 年版。

73. 《安徽省志·司法志》，安徽人民出版社 1997 年版。

74. 《山西通志·政法志·审判篇》，中华书局 1998 年版。

三、专著

75. 谢冠生:《战时司法纪要》，“司法院”秘书处 1971 年重印。

76. 汪楫宝:《民国司法志》，商务印书馆 2013 年版。

77. 史尚宽:《民法总论》，中国政法大学出版社 2000 年版。

78. 陈朴生:《刑法总论》，正中书局 1969 年版。

79. 陈朴生:《刑法各论》，正中书局 1978 年版。

80. 陈朴生:《刑事诉讼法论》，正中书局 1970 年版。

81. 陈朴生:《刑事证据法》，三民书局 1979 年版。

82. 郭卫:《民事诉讼法释义》，中国政法大学出版社 2005 年版。

83. 戴修瓒:《刑事诉讼法释义》，中国政法大学出版社 2012 年版。

84. 陈祖信:《县司法行政讲义》，广西省地方行政干部训练委员会 1941 年印。

85. 徐白齐:《中华民国法规大全》，商务印书馆 1937 年版。

86. 张学尧:《中国民事诉讼法论》，中华法学社 1947 年版。

87. 刘澄清编：《中国刑法分则精义》，贵州贵阳西南印刷所 1947 年版。

88. 赵琛:《刑法分则实用》，大东书局 1945 年版。

89. 俞承修:《刑法分则释义》，上海法学编译社 1946 年版。

90. 何任清:《刑法提要》,大东书局1947年版。

91. 郑民:《新刑事诉讼法要论》,上海新业书局1947年版。

92. 谢冠生:《全国司法行政检讨会议汇编》,司法行政院1947年版。

93. 罗福惠、萧怡:《居正文集》,华中师范大学出版社1989年版。

94. 张希坡:《马锡五与马锡五审判方式》,法律出版社2013年版。

95. 张希坡:《马锡五审判方式》,法律出版社1983年版。

96. 蒋秋明:《南京国民政府审判制度研究》,光明日报出版社2011年版。

97. 付海晏:《变动社会中的法律秩序——1929~1949年鄂东民事诉讼案例研究》,华中师范大学出版社2004年版。

98. 谢冬慧:《中国刑事审判制度的近代嬗变:基于南京国民政府时期的考察》,北京大学出版社2012年版。

99. [美] E. 博登海默:《法理学——法哲学与法律方法》,邓正来译,中国政法大学出版社2004年版。

100. 陈荣华主编:《江西抗日战争史》,江西人民出版社2005年版。

101. 王桧林:《中国现代史》(上册),高等教育出版社1988年版。

102. 余子道等:《汪伪政权全史》,上海人民出版社2006年版。

103. 范忠信等:《为什么要重建中国法系:居正法政文选》,中国政法大学出版社2009年版。

104. 张智辉、杨诚:《检察官作用与准则比较研究》,中国检察出版社2002年版。

105. 毕玉谦:《证据制度的核心基础理论》,北京大学出版社2013年版。

106. 王泽鉴:《债法原理》，北京大学出版社 2009 年版。

107. 吴声功:《转型时期的哲学》，东南大学出版社 1994 年版。

108. 王立民:《中国法律与社会》，北京大学出版社 2006 年版。

109. 谭世贵:《中国司法改革研究》，法律出版社 2000 年版。

110. 谢振民:《中华民国立法史》，中国政法大学出版社 2000 年版。

111. ［美］约翰·罗尔斯:《正义论》，何包钢等译，中国社会科学出版社 2009 年版。

112. 陈瑞华:《程序正义理论》，中国法制出版社 2010 年版。

113. 张晋藩:《中国司法制度史》，人民法院出版社 2004 年版。

114. 高其才:《中国习惯法论》，中国法制出版社 2008 年版。

115. 费孝通:《乡土中国》，上海人民出版社 2007 年版。

116. 何勤华:《法的移植与法的本土化》，法律出版社 2001 年版。

117. 吴永明:《理念·制度与实践——中国司法现代化变革研究（1912～1928）》，法律出版社 2005 年版。

118. 曾代伟:《中国法制史》，法律出版社 2006 年版。

119. 公丕祥:《中国法制现代化》，中国政法大学出版社 2004 年版。

120. 韩波:《法院体制改革研究》，人民出版社 2003 年版。

121. ［德］拉德布鲁赫:《法学导论》，米健、朱林译，中国大百科全书出版社 1997 年版。

122. 左卫民:《在权利话语与权力技术之间：中国司法的新思考》，法律出版社 2002 年版。

123. ［日］松冈义正:《民事证据法》，张知本译，上海法学编译社 1937 年版。

124. 前南京国民政府司法行政部编:《民事习惯调查报告录》，中国政法大学出版社 2005 年版。

125. ［德］马克斯·韦伯：《经济与社会》，阎克文译，上海人民出版社 2010 年版。

126. 张晋藩：《中国法律的传统与近代转型》，法律出版社 2005 年版。

127. 王立民：《中国法律与社会》，北京大学出版社 2006 年版。

128. 谭世贵：《中国司法改革研究》，法律出版社 2000 年版。

129. 公丕祥：《法制现代化的理论逻辑》，中国政法大学出版社 1999 年版。

130. ［德］卡尔·拉伦茨：《德国民法通论》，王晓晔译，法律出版社 2013 年版。

131. ［美］罗斯科·庞德：《普通法的精神》，法律出版社 2010 年版。

132. ［以］巴拉克：《民主国家的法官》，毕洪海译，法律出版社 2011 年版。

133. 程汉大、李培锋：《英国司法制度》，清华大学出版社 2007 年版。

134. 何勤华：《美国法律发达史》，上海人民出版社 1998 年版。

135. 高鸿钧：《英美法原论》，北京大学出版社 2013 年版。

136. 陈业宏、唐鸣：《中外司法制度比较》，商务印书馆 2000 年版。

四、学术论文

137. 谢冠生：“论司法组织”，载《组织》1943 年第 1 卷第 13 期。

138. 谢冠生：“抗战一年中之司法行政”，载《中华法学杂志》1938 年第 1 卷第 11 期。

139. 谢冠生：“战时司法之进展”，载《中央周刊（1928 年）》1941 年第 3 卷第 39 期。

140. 吴公耐:“我国酌量施行巡回审判制之研究”,载《现代法学》1935 年第 1 卷第 3 期。

141. 诸盈之:“创设巡回裁判之私议”,载《法轨》1935 年第 1 期。

142. 林志钧:“巡回裁判调查报告”,载《司法公报》1921 年第 146 期。

143. 方善徵:“巡回裁判制议”,载《法律评论》1926 年第 4 卷第 2 期。

144. 仇鸣佩:“巡回审判制度之检讨”,载《东方杂志》1935 年第 32 卷第 22 期。

145. 董康:“中国巡回审判考”,载《法学杂志》1935 年第 8 卷第 3 ~6 期。

146. 吴祥麟:“改进中国司法制度的具体方案”,载《中国法学杂志》1937 年新编第 1 卷第 5 ~6 期。

147. 张宗涘:“沦陷区域内应设立巡回法院之刍议”,载《中华法学杂志》1938 年第 1 卷第 12 期。

148. 洪钧培:“战时司法法规纪要”,载《中华法学杂志》1940 年第 2 卷第 3 期。

149. 谢冠生:“抗战建国与司法”,载《中华法学杂志》1940 年第 2 卷第 3 期。

150. 居正:“三年来之司法概述”,载《中央周刊(1928 年)》1940 年第 3 卷第 1 ~2 期。

151. 陈舍我:“宗祧继承与遗产继承”,载《桂潮》1932 年第 3 期。

152. 涂藻德:“论宗祧继承之应否存在”,载《学林》1925 年第 1 卷第 12 期。

153. 俞承修:“论宗祧继承之变迁及其在现行法例上之地位”,载《法令周刊》1935 年第 239 期。

154. 王世杰："中国妾制与法律"，载《现代评论》1926 年第 4 卷第 91 期。

155. 高续威："法律上'妾'之地位各面观"，载《大众》1942 年第 1 期。

156. 姚虞九："妾"，载《法轨》1933 年第 2 期。

157. 黑土："自由心证主义之'自由'"，载《震旦法律经济杂志》1945 年第 2 卷第 9 期。

158. 简贯三："自由经济、管制经济、计划经济"，载《军事与政治》1941 年第 1 卷第 5 期。

159. 付子堂："转型时期中国的法律与社会论纲"，载《现代法学》2003 年第 2 期。

160. 杜健荣："法律与社会的共同演化——基于卢曼的社会系统理论反思转型时期法律与社会的关系"，载《法制与社会发展》2009 年第 2 期。

161. 房列曙、胡启生："抗战时期国民政府战区划分的演变"，载《抗日战争研究》1995 年第 1 期。

162. 肖周录、马京平："马锡五审判方式新探"，载《法学家》2012 年第 6 期。

163. 李娟："马锡五审判方式产生的背景分析"，载《法律科学（西北政法学院学报）》2008 年第 2 期。

164. 张卫平："回归马锡五的思考"，载《现代法学》2009 年第 5 期。

165. 袁晓东："论法律变革的内在动力"，载《政治与法律》2005 年第 5 期。

166. 何勤华："法的移植与法的本土化"，载《中国法学》2002 年第 3 期。

167. 马德安："试析法的价值争议问题——正义与效率"，载《法制与社会》2011 年第 21 期。

168. 左卫民："法学实证研究的价值与未来发展"，载《法学研究》2013 年第 6 期。

169. 黄辉："法学实证研究方法及其在中国的运用"，载《法学研究》2013 年第 6 期。

170. ［日］三桥洋介："抗战时期重庆国民政府之战区巡回审判制度的制定"，第九届海峡两岸及港澳地区历史学研究生论文发表会，四川大学，2009 年。

171. 谭志云："民国南京政府时期妾的权利及其保护——以江苏高等法院民事案例为中心"，载《妇女研究论丛》2009 年第 3 期。

172. 李永军："从契约自由原则的基础看其在现代合同法上的地位"，载《比较法研究》2002 年第 4 期。

173. 王亚新："刑事诉讼中发现案件真相与抑制主观随意性的问题——关于自由心证原则历史和现状的比较法研究"，载《比较法研究》1993 年第 2 期。

174. 汪海燕、胡常龙："自由心证新理念探析——走出对自由心证传统认识的误区"，载《法学研究》2001 年第 5 期。

175. 张斌："法律正义的三重维度"，载《法制与社会》2010 年第 24 期。

176. 周旺生："论法律正义的成因和实现"，载《法学评论》2004 年第 1 期。

177. 张仁善："论中国近代司法文化发展的多层面冲突"，载《法学家》2005 年第 2 期。

178. 谢冬慧："南京国民政府时期的民事审判监督机制研究"，载《法制与社会发展》2009 年第 4 期。

179. 聂鑫："近代中国审级制度的变迁：理念与现实"，载《中外法学》2010 年第 2 期。

180. 张培田："近代中国检察理论的演进——兼析民国检察制度存废的论争"，载《中国刑事法杂志》2010 年第 4 期。

181. 侯欣一："中国近现代史上的法官职业"，载《法学》2006 年第 10 期。

182. 罗金寿："国民政府战区巡回审判制度述略"，载徐昕主编：《司法——司法的历史之维专号》，厦门大学出版社 2009 年版。

183. 姚莉："中国法官制度的现状分析与制度重构"，载《法学》2003 年第 9 期。

184. 陈波："法官遴选制度与司法能力建设——以两大法系法官遴选制度为例"，载《北京社会科学》2014 年第 1 期。

185. 王明新："关于完善中国法官选拔制度的理性思考"，载《人民司法》2005 年第 5 期。

186. 谭世贵、梁三利："构建自治型司法管理体制的思考——我国地方化司法管理的问题与出路"，载《北方法学》2009 年第 3 期。

187. 左卫民、万毅："我国刑事诉讼制度改革若干基本理论问题研究"，载《中国法学》2003 年第 4 期。

188. 杨光明："现代司法理念下中国民事审判制度改革"，载《西南民族大学学报（人文社科版）》2006 年第 12 期。

189. 杨知文："中国审判制度的内部组织构造"，载《浙江学刊》2013 年第 3 期。

190. 李祖军："自由心证与法官依法独立判断"，载《现代法学》2004 年第 5 期。

191. 曾代伟、毕凌雪："南京国民政府时期自由心证制度驳议——以民国司法档案为据"，载《贵州社会科学》2013 年第 1 期。

192. 曾代伟："民国时期刑事审判中的自由心证——基于司法档案的考察"，载《法制研究》2010 年第 9 期。

193. 唐宏强："全球化背景下中国法律变革与发展关系论"，载《南京大学学报（哲学·人文科学·社会科学版）》2003 年第 3 期。

194. 金勇："法律移植与本土化的理性思考"，载《法制与社会》2009 年第 13 期。

195. 胡启忠："法律正义与法律价值之关系辩证"，载《河北法学》2010 年第 3 期。

196. 张恒山："论正义和法律正义"，载《法制与社会发展》2002 年第 1 期。

197. 龙宗智："印证与自由心证——我国刑事诉讼证明模式"，载《法学研究》2004 年第 2 期。

198. 苏号朋："论契约自由兴起的历史背景及其价值"，载《法律科学》1999 年第 5 期。

199. 李永军："从契约自由原则的基础看其在现代合同法上的地位"，载《比较法研究》2002 年第 4 期。

200. 肖宏："中国司法转型期的法院管理转型——兼对司法行政权与司法审判权在法院内部分离管理的论证"，载《法律适用》2006 年第 8 期。

201. 付春扬："从宗祧制度的废除看法律变迁之诸因素"，载《法学评论》2009 年第 4 期。

后　记

本书是在博士论文的基础上修改而成的，也是我主持的江西省社科规划一般项目《抗战时期江西战区巡回审判制度与司法实践》(14FX15) 的成果。

回顾博士论文的写作历程，发现我不是一个人在战斗。

感谢恩师曾代伟教授和师母陈老师。老师以渊博的知识、广阔的视野，引领我进入学术的殿堂。学生较为愚钝，但老师从未批评指责，总是用激励的话语，鞭策着我蹒跚前行。每当写作遇到困难时，老师总是悉心指导，不厌其烦。记得预答辩后，为了重新厘清论文修改的思路，老师和几名学生在工作室整整讨论了一个下午，从论点的修正到框架的调整，从行文的精炼到语词的正确表达，老师皆细致入微、耐心地予以梳理与指导。老师的睿智与耐心、诚恳与关切，汇成了冬日的一缕阳光，暖暖地照在我们的心中。而在平时，老师无数次的电话与电邮，成为我不断奋进的勇气和跨越困难的桥梁。而师母亲自下厨招待学生，还有师生对饮劲酒，都成为学生心中永恒的记忆。

感谢博士点导师组的俞荣根教授、陈金全教授、龙大轩教授、胡仁智教授和吕志兴教授。老师们严谨求实的态度、勤勉奋进的精神、诲人不倦的热情对学生专业知识的积累、研究思路的拓展和学术素养的养成都产生了深远的影响。

感谢我的硕士研究生导师廖信春教授、吴永明教授和黄加文教授，在读博期间，导师们时刻牵挂着学生的学业，在学生求学和人生的道路上，一直有导师们的支持、鼓励和帮助。因此，你们不仅是我学术研究的引路人，更是我人生的导师。

在读博期间，有幸和同窗李明辉、邓长春、秦涛、刘昂、苏洁、樊钒、毕凌雪、陈绍辉、谢九华等相识相聚。彼此学习上相互提携，生活上相互帮助，我们有课堂上的妙语连珠、真知灼见；有酒桌上的推杯换盏，共话人生；有磁器口的狼吞虎咽、欢声笑语；有朝天门的凭江远眺、荡气回肠；有乒乓桌旁的腾挪闪跳、挥汗如雨……感谢好友们的一路相伴。师兄曾绍东是我考博、读博路上的引路人，一路上有师兄的指导、鼓励和帮助，是我人生的一大幸事！师兄戴利朝、吴赘、张宏卿、王满生、罗金寿，师姐肖文燕；好友余朝阳、闫兴亚、陈华、王水兴、桂国祥、王华平、杨树明、蓝春娣、韦志银、董月利、李志荣、杨小华、李令建等在我平时的学习和写作中均给予了各方面的支持和鼓励，在此一并感谢。

在资料的收集过程中，有幸和龚汝富教授相识。龚老师视学生如弟子，无数次的解惑答疑和悉心指导，让学生备受感动。台湾政治大学历史系博士研究生张智玮君，在学业紧张之际，帮我查阅和复印台湾“国史馆”的相关档案资料，我们的友谊跨越了浅浅的海峡。赣南师院的刘攀老师、师弟谢志民、师妹周海燕分别在武汉档案馆、华东政法大学和南京第二历史档案馆帮我查阅了相关资料，在此一并感谢！同时也感谢江西省档案馆、南昌市档案馆的工作人员所给予我的帮助。

感谢我的父母和岳父母，他们都已年迈，却用柔弱的肩膀扛起照顾我幼女和料理家务的重任。无论是寒冬腊月，还是炎热盛夏，他们都无怨无悔。他们蹒跚的脚步是我不断奋进的战鼓；他们慈祥的目光是我心灵的港湾。感谢哥哥嫂嫂孙西斌、阚可彩，侄儿博文和启航以及廖鹏、张洁和外甥乐乐在日常生活中所给予我和家人的支持和帮助。

携手张晶和爱女梓祺，我的生活不再孤单。有了你们的陪伴，我才品尝到了家的温馨；有了你们的支持和鼓励，我才有了不断奋进的动力；有了你们的默默等待和无悔的付出，我才有了一往无前的勇气和胆量。妻子的一句叮咛、女儿的一声“爸爸”，是上天赐予我最好的礼物。感谢你们！你们的爱就是我最大的幸福，也是我奋斗的目标所在。

本书即将付梓之时，感谢江西师范大学政法学院的领导对我工作的悉心关怀，感谢江西师范大学卓越法律人才培养基地的基金支持，感谢中国政法大学出版社的编辑李闯老师，他对本书稿进行了细致的校对与修改，他的付出让我感受到一名学者对学术的认真、执着与尊重的态度，我受益匪浅。同时也感谢中国政法大学出版社的马旭老师对本书出版的支持和帮助。

孙西勇

2016年10月1日

于江西师范大学寓所

图书在版编目（CIP）数据

抗战时期江西战区巡回审判研究/孙西勇著.—北京:中国政法大学出版社,2016.11
ISBN 978-7-5620-7139-6

Ⅰ.①抗…　Ⅱ.①孙…　Ⅲ.①审判—研究—江西—1937-1945
Ⅳ.①D927.560.504

中国版本图书馆CIP数据核字(2016)第269859号

出版者　中国政法大学出版社
地　址　北京市海淀区西土城路 25 号
邮　箱　fadapress@163.com
网　址　http://www.cuplpress.com (网络实名：中国政法大学出版社)
电　话　010-58908435(第一编辑部)　58908334(邮购部)
承　印　固安华明印业有限公司
开　本　880mm×1230mm　1/32
印　张　7.75
字　数　201 千字
版　次　2016 年 11 月第 1 版
印　次　2016 年 11 月第 1 次印刷
定　价　32.00 元